无定河

张雁霄 改编

● 根据张润民的回忆录《平凡的历程》改编

美国南方出版社
Dixie W Publishing Corporation U.S.A.

无定河 / 张雁霄 改编

责任编辑：吴　蕾
版面设计：张龙道

Wu Ding He © 2021 by Yanxiao Zhang

Published by
Dixie W Publishing Corporation
Montgomery, Alabama, U.S.A.
http://www.dixiewpublishing.com

All rights reserved.
No part of this book may be reproduced in any form or by any electronic or mechanical means including information storage and retrieval systems, without permission in writing from the publisher. The only exception is by a reviewer, who may quote short excerpts in a review.

本书由美国南方出版社出版
▪ 版权所有　侵权必究 ▪
2021 年 7 月 DWPC 第一版

开本：229mm x 152mm
字数：202 千字

Library of Congress Control Number:　2021940743
美国国会图书馆编目号码：　2021940743

ISBN-13: 978-1-68372-360-8

作者简介

张雁霄，出生于中国西安。毕业于沈阳药科大学，瑞典 Uppsala 大学生物化学博士，美国 Georgetown 大学博士后。先后在中国上海，美国和加拿大从事新药研发工作。曾作为省级文学期刊和出版社的邀约知青作者创作小说。近年以"米笑"为笔名在北美中文媒体上发表大量文章和博客。近期出版作品：长篇小说《从未走远》。

目 录

1 子招 - 招子 1
2 走西口 7
3 落叶归根 12
4 支应差事 17
5 王先生 25
6 叫天，天不应 30
7 活着就行 37
8 活不下去 41
9 凶神恶煞 49
10 桃花出嫁 53
11 有苦难言 57
12 五叔拍板 62
13 栓柱，拴不住了 67
14 高级小学 75
15 起蛟啦 83
16 瘟神降临 90
17 大驾光临 94
18 突然袭击 102
19 东窗事发 109
20 哭笑不得 115
21 有口难辩 119
22 刀枪不入 125
23 拨云见日 135
24 小放，不放了 141

25 洞房花烛夜 145
26 陪　桩 149
27 寄人篱下 154
28 兴昌杂货铺 161
29 他在苏区 167
30 榆林报考 171
31 榆林中学 178
32 大人物 182
33 土红军 188
34 私下退婚 194
35 收编土匪 199
36 走马换将 204
37 飞来横祸 208
38 三校罢课 212
39 小学教员 220
40 到延安去 225
41 陕北公学 231
42 重返榆林 235
43 《前哨》被查封 242
44 战地服务团 247
45 长城内外 253
46 沈木宣演 258
47 大漠惊魂 263
48 东盛保卫战 272
49 胜利归来 277
50 走出无定河 280
后　记 287

1　子招 - 招子

　　在陕北黄土高原上，一条条涓涓小溪跌跌撞撞地向东潺潺流淌，渐渐汇成一条湍急的河流，在黄土地上冲刷切割出沟沟壑壑，在狭窄幽深的河谷中左冲右突，裹挟着黄土泥沙，向着黄河奔流直下。当河流冲出山谷，到了渔河堡这一带，地势豁然开阔，河流摆脱了河谷的羁绊，便不安生起来，"十年河东，十年河西"，河床没有个定性，故得名无定河。

　　无定河畔地处陕北边陲，这里可不是太平之地。那年，马化龙的回军骑兵像黑色风暴从西北杀将过来。不分老少，抓住辫子长的男人就杀。马脖子下挂着人头，踏得村坡上的石头直迸火星，所过之处鸡犬不留，老百姓一窝蜂跑进深山沟里逃反。没多久，刘大人率领清兵杀过来，一队一队的官兵，挂着洋枪，背着马刀，驮着大炮，红缨顶子大盖帽，当官的帽子后边还有根尾巴，刀把上红布挽手。官兵抓住辫子不长的男人就杀，人们又一窝蜂藏进山里。接着是革命军"兴汉灭旗"，抓住戴红缨顶子的清军就杀。连年打仗，杀翻了城镇，杀翻了山庄，无定河畔散发着死尸的腐臭。先是狗儿扯着死人的肢体在村坡上日争夜斗。接着又是野狼的世界。

　　也不知道从哪里跑出来那么多野狼？大白天成群结队穿村过岭，吃死人，吃家禽牲畜，吃红了眼，连活人也吃。饿狼嘴里淌着馋涎，脖颈下的长毛结满了血疙瘩，大白天从墙头上跳进院子，蹲在窗台上，尾巴扫得窗户纸沙沙响。夜间伏在暗角里，眼里闪动着绿光，有人出来就扑倒吃掉。有时候狼等得不耐烦，便用爪子扒门缝，刨门槛，放开嗓子怪声地嗥叫。人们走路干活，关门睡觉，喂牲畜，说话，做梦，都摆脱不掉狼的阴影。

　　说也奇怪，等着兵退了，漫山遍野的狼，说没便没了，不知跑到何处去了。

人们松了口气，伸长脖子睁大眼睛，发现世界已经变了样。清朝被民国取代，男人们的长辫子齐脖根子剪掉，统统变成短发。旗人也都剪掉辫子，全消失在汉人堆里。黄龙旗换成了红黄蓝白黑的五色共和旗。过去的学堂现在叫学校，城里当官的举人秀才摘下红缨顶戴换成大礼帽。当年震动衙门府殿的朝靴，如今只能当殉葬品卖。鞋帽店赶着做礼帽和洋皮靴。县衙门和镇公所的牌子，一会换成这儿，一会换成那儿，大印刻了一样又一样，总是定不来。

不管你叫个啥，偏远山庄的人还是把孙中山当成民国的皇帝。可是他刚登了基，又下了野。一会儿胜了，一会儿又告急，总是稳不住阵势。民国了，还是天下大乱，到处打仗。数不清的军头，道不尽的山大王，各有各的地盘，各有各的人马。这个同那个一起打另外一个，说话间这个倒了戈，又同对手合伙了。今天这个杀过去，明天那个又杀过来，弄不清谁和谁是一伙的。不久，袁大头当了新皇帝。改国号，换旗帜，铸银圆。只是登基不久便一命呜呼。过了这些年，还是那么乱，老百姓又盼望出来个真龙天子，把世事安定下来。于是乡间冒出来不少"真龙天子"。某人睡了一觉起来，声称上天托梦赐他为天子，下凡治世。于是人们跪倒驾前，三呼万岁。过不了几天，又出来一个，穿上龙袍，摆起銮驾，连三宫六院都指定了。一时"真龙天子"成了灾。可是这些"真龙天子"都短命，都很快升天消失了。

世道这变那变，到了无定河南畔的宕岔，却都差不太多。不管哪朝哪代，富人依旧越来越富，穷人依旧越来越穷，总要缴纳名目繁多的税款和没完没了的官银，上面下来个差人，能把山庄震得乱颤。已经民国了，北庄阳畔上的刘二先生，每逢庙会或祈雨，仍旧穿戴起他的功名，头顶皇恩，假辫子长垂，摇动三尺高的骨架，长跪神像前读祭文。

宕岔地处黄土高原特有的丘陵沟壑上，当中有一条沟把村庄分为南庄和北庄，南高北低。南北两座对峙的山岭上，屹立着两座土寨子，蜿蜒的寨墙映在天空。北庄的首富是地主刘福清，大片山川农地都是他家的，长工一大群，骡蹄子踏得山村直晃悠。南庄的首富是财主刘汉玉，他家同盛昌的生意做得越来越大，钱袋子一抖全村山响。宕岔人有两个大姓，刘姓和任姓，勾来勾去都能勾出个辈分。任姓家族中有一个人穷得叮当响，他却不姓任，而是姓张，名子招，排辈为"三叔"。张子招本来也姓任，祖上也是小康之家，只是被鸦片败了家。

鸦片战争失败之后，大量鸦片涌入中国，大把银子送给洋人。于是有"聪明人"提出，既然鸦片赚钱，为何不自己种呢？于是朝廷提倡种植"土烟"。谁也没想到"土烟"竟然在贫瘠的陕北黄土地上大放光彩，结果是盛产了"土烟"，也盛产了大烟鬼。张子招他爹叫任富贵，染上了吸倒泰山的大烟（鸦片）瘾。越抽越穷，越穷越抽，抽光了几十垧村边良田，抽光了婆姨（方言：老婆）的金银首饰。最心烦的是钱没了，娃却越来越多。两儿两女已经让他捉襟见肘，婆姨一窝又生了一对双胞胎。任富贵急了眼，抓起一个按在尿盆里溺死，转身又来抓另一个。婆姨护住死活不让，两条命给了一个娃。剩下的这娃不怕风不怕雨，冻不死饿不死，好歹给点吃的就活下来了。

有一天，无定河北岸渔河堡的张凤楼来宕岔走亲戚。他也是个大烟鬼，那杆烟枪的小小葫芦头也好生了得，把祖上留下的一百多垧田地和一座骡马大店硬是给吸光了。家境虽然败落下来了，但仍然有房有地，开一座杂货铺，有吃有喝，日子满不发愁。只是他今年五十开外，至今膝下无子。这让他愁肠百结，恨不得拿大烟钎子从婆姨肚皮里挖出来个娃来。事有巧成，他和任富贵在大烟灯前抽到一起。这两个大烟鬼，一个娃多得发愁，一个发愁没得娃，"盲人背跛子-取长补短"，烟灯下做成交易。任富贵一包大烟土把三岁的小儿子卖给了张凤楼。

任富贵的婆姨护不住，眼睁睁地看着小娃哭着喊着被张凤楼带走。那天正赶上大风，这小娃渡过无定河，看到渔河堡就被吓得不哭了。就见西北风呼啸着卷带起沙石，漫天蔽日价地刮过来，大石头被淘空了根基，一跟头接一跟头地翻滚，庞大的东山早已失去真面目，沙浪起伏，渔河堡深陷在沙漠的包围中，北城墙埋没了，威严的城隍庙，只露出兽头在挣扎。如此狂风乱沙，让任家小娃对未来的生活有了不祥之兆。

张凤楼给这男娃起个大名叫张子招，"招来儿子"的意思。小名叫大应，这边招呼，那边还得答应。子招也真争气，时间不长真给张凤楼"招"来一个儿子。张凤楼老来得子，大喜过望，给这个亲生儿子起名叫张子荣，小名叫二应，成了满门供奉的小祖宗。张凤楼夫妇想尽法子叫二应吃这吃那。可这小祖宗偏偏不吃这也不吃那，动不动就发烧，拉肚子，哭闹不停。请郎中，请巫婆，许愿心，磕头烧香，都没用，眼看这亲娃就要不好了。有人出个馊主意，说亲娃不好的根源是子招"妨主"。于是张凤楼把"招子"有功的子招从正房赶出来，扔到院墙阴面小破草房里，不准他靠近正房。也是邪门，子招一离开，子荣的病真就见好，这下做实了他"妨主"的罪名。从此张凤楼夫妇对子招不理不睬，由他自生自灭。而他呢？饿了，揪把苦菜咽下去，爬满苍蝇的剩饭吃下去，可是从来不生病，竟然一年一年长大了。

张家院墙后正是鱼家大户的空场院。这家子弟众多，请来一个武教师，榆树杈上吊个沙口袋，地上扔着五六个大小石锁，每天早晚在场院练拳脚。子招伏在墙口看，渐渐胆儿大了，跳出去，跟在后边练。他态度认真，灵猴般的手脚像模像样。时间久了，武教师不时过来指点指点，允许他击沙袋，玩石锁。慢慢地，他学会一些拳脚，身体也强壮起来。

张凤楼一直对子招动不动就打，可是渐渐地，发现打不疼他，也打不动了，定眼一看，子招长大了，瘦骨头硬邦邦像铁打的。他不敢再打了，对子招说："我养活你这么大，总不能养活你一辈子。从明格起，你给我到街上去找活干，赚多赚少拿回来打壶酒，也叫我长出口气嘛。"

子招便每天到街上，有人干活他就不声不响地跟着干。时间长了，他成了宕岔的公用小杂役。打墓穴，抬棺材，骡马店里铡草，给官兵遛马，往野外扔死娃，什么都干。白天吃百家饭，夜间回到草房。别人赏给他几个铜钱，双手捧来交给张凤楼打酒喝。

那年春天，西北风裹着沙土狂叫着刮过城堡，逃难的人随着西北风一伙一伙地投去南老山。有一天，太阳透过沙幕，映出黄漠漠的一个圆盘。周家沟的周老爹领着十来岁的小女儿向张家大院走来。小女孩留一根瘦小的辫儿，褪了色的旧衣裤补丁压补丁，一双脚缠得紧绷绷，她满面风沙满脸泪，迈着小碎步子畏怯怯拉住老爹的腰带："大（方言：

父亲），我不去，我跟你讨饭去。"

"傻孩子，听话，嗯？没法子，逃个活命吧！别哭啦，叫人家看见笑话。"老爹俯下身子，用粗糙的手摸抚着小女儿，痛苦地安抚她。他要南下去逃荒，如果带着女儿走，多半要死在路上，他想把女儿送给张凤楼。

按祖代传下来的风俗，收了养子，必得好歹说个媳妇，成了家才能打发出去。张凤楼再刻薄，这条规矩还是违不得，于是他留下那女孩。婆姨不愿意，扔碗摔笤帚地埋怨。他擦着烟袋葫芦头说："女人见识！灾荒年月，人比牲口贱，不花一个子儿就弄来一个干活的，不好？就算子招死了，卖媳妇不比贩牲口强？"

婆姨一想也对，看那小女娃傻呆呆地站着，手儿不知放在哪儿好，只是不停地拧衣角，她狠狠地说："还不快去洗碗！卖不掉的干草，立在那里等甚？"

张凤楼这些天对子招打骂得勤了，因为子招拿不回钱来给他打烧酒。可是，现在大灾不断，人心惶惶，谁还要打杂的？他把子招叫来，指指地下拉风匣的小女孩："这是给你童养来的婆姨。"子招不敢回头看，童养媳低下头拼力拉风匣，"我不亏待你，但是我只能管一口人的饭。你不小了，该走出渔河堡去闯闯，多赚几个钱回来养活家口。"

"那，那我试试看。"子招只能答应。

正好，鱼四先生要招雇贩马的把式。鱼家老四是一个老童生，每逢科考就进场，每次都名落孙山，五十出头还功名不就。于是另辟蹊径，你金榜不给题名，我就私下"得中"，自己买顶秀才帽子戴上，红缨顶子下吊根长辫子，蓄起一撮八字胡子，二尺长的烟袋不离嘴，长袍马褂招摇门户，人称四先生。念过书的总是点子多，他钻营揣摩，在口外开拓出一条生财之路。

口外就是三边和伊克昭盟一带。那地方蒙汉杂居，地广人稀。纯朴的蒙古族人酷信神鬼，过着半游牧生活。四先生曾在殖边训育所学会一套蒙语，摸透了牧民的脾胃，编造出一套捉鬼弄神的骗术。用不着花什么本钱，牛马骆驼大烟土便到了手，这是一本万利无本尽利的买卖。现在四先生又重整鞍镫，要雇一些人，去口外跑一趟贩马生意。

贩马把式是既苦累又危险的营生。顶风卧雪忍饥耐渴不说，在马群里套马，搞不好会被拖下马，被群马践踏，非死即伤。更危险的是给野性暴烈的马儿带笼头，如同和老虎搏斗。马儿咆哮着前蹄直立起来，防不住一啃啃下来，不是折臂便是断腿，或者把马头一摆将你打倒，用乱蹄子刨，更是九死一生。但这是一个难得的赚钱机会，子招顾不了那么多，就跑去报名。鱼四先生知道他的身世，即便死了也生不出什么麻烦，于是将张凤楼叫来，让他在生死文书上具结画押，扔下二两银锞子，收了子招。张凤楼喜笑颜开，嘱咐他一句："听四先生的话。"拿着银锞子，哼着小调回家了。

2　走西口

　　驼铃叮咚，鞭梢挥动．四先生骑着小黄马，一伙人护着一小帮骆驼，驮着藏民需要的布匹茶叶红糖，还有包裹得严严实实的神物鬼具，向北出发了。从养父母的阴影下走出来，子招有一种脱离牢笼的喜悦。倒洗脚水，提尿壶，挑水，抬骆驼驮子，大哥们叫他做什么，他蹦起来干得利利落落。四先生的眼睛一动，子招就知道该干啥。大伙都喜欢他，他也向远方伸伸腰，觉得自己真的是个人了。

　　看惯黄土高原的沟沟岔岔，陡然看到一望无边如此平坦的大草原，子招顿觉心旷神怡。草原上远有马群游动，近有牛羊漫步。时而野狼远近呼应，时而猎枪此起彼伏。正感叹着草原的辽阔，突然一阵风来，立刻飞沙走石天昏地暗，豆大的砂石迎面扑打，眼睛都睁不开，便不说草原辽阔了。

　　这里地广人稀。蒙古人过的是游牧生活，马背上卸下蒙古包，择地一搭就是家。汉人多有固定住所，在地上挖一个坑，上面盖上树枝茅草，就是屋子。屋顶经风沙覆盖，除了正面，看不出房屋的模样，已经踏在屋顶上，还不知道脚下有人。草原上唯有喇嘛庙高高矗立，老远就看见庙顶上那颗金光四射的大铜球，沉重的钟鼓声回荡在空旷的原野。屋前竖根百尺高"嘛咪畔"，划破劲风啸啸作响。

　　蒙古人下穿长筒靴，上穿不染色的羊皮长袍。头上一匝一匝围着布头巾，腰间束根布带子，僧俗男女老幼的腰带颜色各有规矩，看腰带就知道是什么身份。男人腰上挎一套小刀具，青铜刀鞘刻镀着景泰蓝花纹，插把匕首，一双骨头筷子。女人头戴着彩珠结成的头饰，耳旁对称地垂下两根珠棒。难得遇见一个行路的。向他们问路，有的随手指个方向，加一鞭子，隐没在风沙中去。有的说句"莫得贵"（蒙语：不知道），摆动猎枪策马而去。

　　驼帮到了藏区，四先生熟门熟路，一边把带去的紧俏货高价卖给牧民，一边到处装神弄鬼为当地人捉妖驱邪。四先生乔装打扮粉墨登场，子招为他摇旗呐喊收钱接礼，当地人迷信，这种无本生意更容易赚钱，让子招大开眼界。四先生赚得盆满钵满，拿着钱去低价买马。子招学过一些三脚猫功夫，身子灵活，手疾眼快，很快就成了套马好手，四先生看在眼里，心里一动，有了主意。等他买好一大群马，一帮骆驼驮着大包小包各种草原土特产，准备牵着往回返的时候，他叫住猛劲往高长的子招说："我知道你家咋对你，回去，再想出来就难了。你真想回哪个家？"他看子招不说话，又说，"我知道你有个童养媳，那算啥？人家想卖就卖了，你回去做甚？"

"我，我。"子招想到凶狠刻薄的养父，抱住头蹲下来，不知如何是好。

"念你跟了我这一回，也出了力。我替你做主咧。你别急着回去，工钱我给你几个，剩下的带回去交给你爹。你有本事，在这里不愁没活干，留下来替我打听点门道，短则几个星期，长则几个月，我下次来再带你回去，我鱼某不会亏待你。"四先生说着，慢条斯理装起一锅潮烟。子招赶快吹旺香火去点烟。四先生的烟嘴挨近嘴边又停住，"有你在外头或许他还不敢卖掉童养媳，给她留条活命呢，就这么地吧，啊？"

"我听你老的。"子招勉强地答应。

第二天东方鱼肚发白，骆驼峰上下波动，头发辫子，马尾巴，鞭梢儿，一齐来回摇摆。马群，驼帮和四先生摇摇晃晃地消失在晨光中，把子招独自留在草原上。

子招到处打零工，等着四先生回来接他。可是没想到，四先生回到宕岔，突染暴病一命呜呼，把子招撂到口外的草原上。他左等右等，不见四先生回来，只好随着季节变化更换主顾。放羊套马，收鸦片，割麦子，犁地锄田，挤牛奶，什么都做。不知不觉中，二年多过去了，他长成一个粗壮后生。当他制服一匹咆哮狂跳的烈马，跃上马背在草原上飞驰，他纵声呐喊。当枯黄的牧野变成碧绿涌涌的麦浪，当大烟花像彩霞似的飘浮在草原上，他袒开胸膛，高唱牧歌。当他赢得摔跤比赛，被蒙古族人抬起连连抛上半空，请他享用酥油奶茶和大碗喝酒，他放声大笑。草原给了他温饱和快乐，他用勤劳和汗水来报答。

有一天傍晚，秋风冷雨，草木枯黄，子招独自看守马群。他头顶破草帽，披条落地毛口袋，拎根长鞭，依住栅栏，凝视着空荡荡的寒野。忽而野狼在蓬草里长声怪叫，忽而牧犬一阵猛吠，马儿抖动鬃毛刨着蹄子，鼻子呼呼喷着粗气。这时，天空中飞来一队大雁，"嘎，嘎，嘎"它们相互召唤着，排成整齐的人字形，向南方飞去。子招的心也随着大雁向南，飞向无定河畔的渔河堡。

忽然，闯来三个骑马人，挥动马刀叫他闪开，要挑几匹马带走。他立马横鞭挡住。第一个人策马过来，掠过他，扬起马鞭在他背上抽了一鞭。他咬着牙挺住，接这一鞭表示无意反抗，挺住不动则是警告。那人不罢休，马头一摆，第二次马鞭又抽下来，子招侧身拨开马鞭，顺势背后一掌，把那人推下马。第二个刚举起马刀，子招的长鞭扬起恰好击到他手腕，马刀脱手落地。第三个一看不好，勒转马头要走，子招的长鞭飞去一个套马动作，将他拽下马来。子招跳下马，抢前一步抓起马刀，左臂揽刀，双手抱拳，连连赔礼："三位好汉，小弟远来贵地，给人家放马，少了几匹怎交代？一时心急，得罪了各位，这里赔罪了。"说罢双手将马刀奉还对方。

"后会有期！"三人颇为尴尬，接刀上马，隐入夜幕中去了。

第二天过午，那个拿刀的骑马人单骑来到。他披件深蓝色布褂子，腰里缠一根泛白的鬼见愁（铁链鞭），皮靴筒里露出匕首柄，头上围着布头巾，马鞭上扎了几节红缨子，银手镯金戒指，嘀哩哨啷的富贵全在身上。马上没有马鞍，马背捆条鼓鼓的皮袋子，一旁挂口马刀。他老远就招手，跳下马走近身边，大手拍拍子招的肩膀，笑呵呵价说："看不出老弟笨手笨脚，倒是有路数的。"

"不敢当，昨天急了，放马人耍弄鞭子，谁都能来两下子。"

"不，瞒不过我，艺藏不露嘛！"他靠近一步，"这年头饿死胆小的，撑死胆大的，跟兄弟们合伙吧，有刀，有马，有猎枪。马鞭一挥，刀一出鞘，啥都有啦！何必受这号死罪？"

"不敢，不敢呵。咱是受苦人，不图外（方言：那个），你老兄行行好，高抬贵手，放过我吧。"子招弓下腰不住地作揖，恳求。那汉子失望地说："死猫扶不上树，你就是受罪的命哩。"

那土匪走了，子招心却乱了。他不想当土匪，当土匪就回不了家。过去他一心等四先生来接他，回家只是时间问题。现在他知道等不来了，却越来越想着那个家。过去他做梦都离开那个家，可是在外面漂泊久了，刚离开家时的喜悦已经被思念压倒。那个曾经让他畏惧的家，在他的印象中越来越温暖。养父母的冷酷在他心里渐渐淡去，他们的各种好渐渐浮现放大。虽然他还没有仔细看过那个童养媳，可是日思夜想，那个模糊的身影越来越清晰，深深地扎进他的心里。土匪走了，他回家的决心也定了。

第二天，他辞去工，背起铺盖卷，往南方走去。不管路多远，走一步，就离家进一步，心里倒踏实起来。

他沿路打着零工，一程一程向南走。有一天，来到有名的食盐产地花麻池。通往盐池的路上人来人往，骡驮子和骆驼队络绎不绝，他决定停下来去盐池干一阵再走。离盐池十多里的路上，遍地都是亮晶晶的大粒盐。这是因为盐场卖盐不过秤，论筐或论驮作价钱。谁都想多装，上路一晃荡，冒尖的盐就洒到地上。庞大的盐场，如同一畦一畦稻田，盐工晃动沉重的担子川流不息。子招到公事房报了名，领来一副筐担，一双鞋。这双鞋，鞋底排满了蘑菇钉，鞋帮被盐卤泡得梆梆硬，一双足有五六斤，没气力的人只要掂量一下这双鞋，便知道干不了，扔下鞋就走。

子招力气大，盐场这么重的活儿难不倒他。第一次领工钱，他点过来数过去，说好的钱怎么少了一半？他去问账房先生，账房先生朝屋前的高台上努努嘴。子招一看，平时耀武扬威的工头坐在那里，一脸横肉，一手提着马棒，一手在挑牙粪，懒洋洋地向远处望。子招走过去，仰起脸问他。工头瞟了他一眼，一下子没反应过来。平时只有他向盐工发话，没有盐工主动和他说话，更没有盐工敢来质问他，他不相信自己的耳朵："哼，你说啥？"

"我的工钱怎少了一半？"

工头愣住了。工头克扣半数工钱，老规矩呀！还有人敢问这个？他恶火直冲头顶，吼一声："狗杂种，我打死你！"抡起马棒从上头扑下来。子招等他靠近，突然一侧身，工头扑了空，用力过猛栽倒在地，马棒飞出几丈远，撞得鼻嘴流血，在地上连翻几个滚。

这还得了？！工头扬手指定他，口里喷着血喊："打！打！打！"旁边一个黑大汉领着两个打手，一人提一根木棒，从高处跳下直扑过来。这时夜色昏暗，正是收工的时候，人群立在那边，手捏两把汗，倒抽一口冷气，估计这后生十有八九过不了这道鬼门关。

"狗杂种！"黑大汉竖起猪鬃般的眉毛，袒开毛杂杂的胸膛，木棒"呜"地劈下来。子招迎上去，一手举起盐工鞋，乓一声响挡住木棒，另一只蘑菇钉鞋打过去，把那黑大汉打翻在地直打滚，血从手腕上流出来。子招挥动蘑菇钉鞋打前击后，车轮般翻滚，两个打手的木棒被打飞老远。这些打惯了人的人，今天竟碰上这茬口，慌了手足撒腿就跑。

"好！打得好！"盐工们涌过来，塞给他几块干粮，掩护他连夜逃出盐场。

子招躲开追赶他的打手们，继续往家走，却不知道家里的童养媳出了一件奇事。

11

3　落叶归根

"叮咚，叮咚，"那天深夜，渔河堡沉睡在梦乡中，骆驼队的大咚铃不紧不慢地穿街响过。张家大院静荡荡，从上房传出公婆同亲儿子的咬牙和打鼾声。童养媳还在磨房里艰难地推着石磨，两扇石磨发出沉重的哼哼声，吐出一层层雪白的面粉。不远处，圈里的小毛驴啃哧啃哧地啃着草节。右上房的张三爷，起来喂毛驴。他酷信神鬼，六十多岁，眼神不好使，抱个草筐朝驴圈走来。

夜色朦胧，寒气逼人。他一脚高一脚低只怕绊倒，低着头看路，正好走到磨房门口。就在这工夫，童养媳捧着一只面罗从磨房出来，面粉落了她满身，白花花的脸，活溜溜的黑眼睛。三爷猛抬头，赫然看见一个怪物就在眼前！吓傻了，张开大嘴可是发不出声音。童养媳呢，冷不防看见三爷，见他瞪着眼张大嘴眼一脸恐怖，吓得她头皮一阵发麻，战战兢兢声音颤抖着叫一声："三，三爷？"没想到话刚出口，三爷大叫一声："鬼！"仰后跌倒在地。

"鬼？！"三爷的骇人惊叫，把童养媳吓得"咿呀"一声蹦起，她觉得身后有一阵阴风刮来！吓得把面箩儿扔在地上打滚，几步跑回正房西侧的小黑屋，那是她住的地方。她进屋后顾不及闩门，只用脊背死死抵住门扇，上牙打得下牙响，生怕鬼挤进来。很快，听见院子里人声唧唧，脚步匆匆，一阵骚动后，她隐隐约约地听到有人说："鬼，白的，抱颗人头，吱吱叫。"

第二天，惊恐不已的张家人，附着耳朵压低声音喊喊喳喳传说大院出了鬼。人们将老辈子的传说和各种不幸和意外统统都和这个鬼挂连起来。一到晚间，恐怖就降临张家大院，风吹窗纸响，头发根子就发紧。童养媳自己在院里住，更是像惊弓之鸟，有点动静就吓得慌作一团。

三爷躺在炕上，一会儿明白，一会儿糊涂，翻来覆去地念叨：

"三四尺高，披麻戴孝，黑眼睛，抱颗人头，一闪就到眼前，冲我吱吱叫。"三爷吓得魂不附体，说是鬼来收他，活到头了，叫儿女们准备后事。童养媳忙着干活，但是心里惦记着三爷，瞅个空儿，溜去看他，想安慰一下，也想问问当时那个鬼是不是在她身后？她去的时候三爷正明白着，自己坐在炕上发呆。突然看到她，神色骤然大变，嘴哆嗦着："你，你，你！"一翻白眼，又昏过去了。她这才寻思过来，那个"鬼"，十有八九说的就是她自己呀！

三爷再也没明白过来。童养媳明白了，却不敢说。她晚上倒是安心了，自己是"鬼"，还怕鬼吗？

临近年关的那天，童养媳一个人正在院子里干活，觉得蓦地有人进来。她猛抬头，看见一个粗壮的后生朝她走来。他浓眉大眼，圆堂脸黑里透红，穿身粗布棉袄，补丁裤，束一条羊毛线腰带，头上缠块好大的布头巾，那双编纳鞋硬朗朗价踏得石板响，肩上挎个沉甸甸的包袱，眼睛看着她，放出兴奋的光。

"你？！"她一愣，便知道是他。整整三年，他的影子从来没有离开，她知道，他，回来了！

子招一踏进大院，便看见日夜挂在心头上的人。她没死，也没被卖掉，她熬过来了！他没有回答，只是睁大眼睛直直地看着她，满怀热泪往上涌，像娃似的抽咽起来，大手一把一把抹泪水。她呢，抬起袖子掩住脸儿，扭身跑回小屋，想从窗户缝再看他一眼，可是止不住的泪水模糊了眼帘，她隔着窗户呜呜呜地哭了。

子招抹把眼泪四处看。大院变小了，变旧了，灰塌塌地，那么生疏又那么亲切，每一块石头，每一个墙角，裂开口子的磨盘，龇牙咧嘴的小草房，都散发出叫人喜爱的家院气息，处处都勾起童年的记忆。

"哒！你是大哥吧？"忽然一个清脆欢乐的声音，叫着跳到身边来，抱住他的胳膊。子荣一声一声地朝屋里喊，"我哥回来啦，哥回来啦！"

"哎哟，回来啦？还不快进屋！"养父张凤楼趴在窗口上看到，急忙招呼。子招进门来，望望衰老了的爹娘，双膝跪倒，趴下磕了三个头。起来解下包袱，两手颤抖着递给父亲，含着泪笨嘴拙舌地说："大，孩儿几年的辛苦都在这里。初出门，没大本事。"说着哽咽着泣不成声。

张凤楼接过包袱，连连说："好，好，不忘养育之恩就好嘛。"手暗暗地摸摸捏捏包袱，便知道里头是白花花的银锞子。他笑上眉梢，催促一直发愣的婆姨，"愣什么？快去做饭呀，好赖吃碗热乎的。"说罢仔细打量着子招，暗自忖度，后生可畏，长大啦！想起过去对他的刻薄，心里有点发虚。

子招第一次感受到父母的温情，热泪奔流，止不住抽咽。过往的一切，父母的打骂，鄙弃，苛刻，都化作是严父的家教。他的心窝里涌起阵阵感恩的热流。

除夕这天，子招成家了。童养媳的小辫儿挽成了发髻，破衣裳加了几块新补丁。小西屋扫去积尘，炉灶里添了几把柴草，没有酒席，没来亲友，没放鞭炮，没拜天地，只是在小西屋的那扇门贴出个大红喜字。就算是张家向街坊邻居做出的合法宣告。

正月初二，父母把子招夫妻叫到正房。小两口进来一看，吓了一跳。除了父亲母亲和弟弟子荣，还有几位族中长辈人，列坐炕上，摆成半弧形，父亲不苟言笑地坐在半弧的正腰。看这阵势肯定是有大事情要交代。他俩赶忙跪下，朝长辈磕了几个头，立在灶台前听候发落。

几个长辈都不说话，捏着潮烟袋"吧嗒，吧嗒"地吸烟。"呋——"张凤楼长长呼出烟雾，这是他要发话的信号。他慢条斯理地磕掉烟灰，子招赶忙上前给他装上潮烟，媳妇吹着香火过来点上烟，他吧嗒几下，烟雾打鼻孔窜出来："你们长大啦。我张凤楼不亏待你们，给你们成了家，以后自己过去吧。嗯，我不耽误你们的好光景，过了初一就是过了年，今格初二逢双，是出门的好日子。"

"大，我们不走。"子招夫妇大吃一惊，双双跪下磕头，"留下我们孝敬您老人家，弟弟还小哪！"

"走吧，走吧，这些长辈作证，你们出去自己过吧。"他连连挥手，躺回大烟灯前，抓起烟枪，不理不睬。他这样做，一来是子招"妨主"这个疙瘩还没解开，子招不走，亲娘有个三长两短咋办？二来自己曾经对待子招过于无情，万一这个粗壮后生在意起来咋办？想来想去，还是扫地出门求个安生。子招夫妇见养父主意已定，只好磕头告辞。

正月初二，家家团聚欢乐，各处神位前插满香火，爆竹连连笑声阵阵。子招夫妇噙着泪，带着养父母送的两双碗筷，一小袋米，挟个行李卷，走出家门。他们回过身朝张家大院深深地作揖告别，来到渔河堡外的岔路口上。

张凤楼自从有了亲生儿子，就不再忌讳子招知道他的亲生父母是谁，子招也一直留意老家的消息。所以子招知道亲生父母已经去世，但是大哥二哥还在。看来只有回到老窝去投奔他们了。于是他们踏过封冻的无定河回到宕岔，找到了他大哥，可巧分出去独身另过的二哥也在大哥家。两个哥哥早知道他被卖到张家的事，亲弟兄们见了面抱住头，痛哭了一场，认下了头顶"张"姓的弟弟。

两个哥哥日子过得艰难，正在为难处，蓦地想起，北庄小井泉右上方的阳坡上，有渔河堡张家遗弃的祖产，两孔窑洞收拾收拾应该还能住。他们来到这个破窑院，塌墙败壁，墙基留下的石片，歪歪斜斜标示出院落的分界线。一进一开的两孔窑洞没门没窗，里里外外积了一层厚厚的浮土，茅草鸡粪鼠雀的踪迹散乱交错，谁也说不上啥年月住过人。他们找来任家户头上的几个后生，赶走鼠雀，扫去蜘蛛网，一筐一筐倒出尘土，刨通炉灶烟道。高粱秆扎起窗户，荆条编了一扇门。借来水缸饭锅，抱来几搂柴火，点起了炉灶，左邻右舍送来急需的家具，柴粮。众人的力量胜过菩萨，很快就安顿好了。子招夫妇眼含热泪千恩万谢，就在这破窑院住下了。

宕岔的新年比渔河堡更红火热闹，里里外外的大红对联和福符把整个山庄的气氛烘托得喜气洋洋。正月初五，秧歌队的锣鼓声震动山川，纯朴的庄稼汉，擦红抹白化装成神话中的人物，穿红戴绿地跟在锣鼓后头，扭着舞步敲打着手里的小乐器。腰鼓队押后，鼓手头上挽着白毛巾，上套红坎肩，下穿又宽又大的黑色大裆裤，扎着白色腿带，鼓箭挽着红布坠，鼓箭起落，红坠飞扬，鼓声阵阵动人心魄，把欢乐推到高峰。娃们蜜蜂似的前前后后跟着疯跑，嬉笑着在扭跳的行列中指指画画，这个是哪个叔叔，那个是哪个哥哥。妇女们站在院畔挤眉弄眼唧唧发笑。秧歌队沿门逐户一家一家闹，进得院来祝福道喜，走几个过场，唱几段适应门户的赞歌，茶水招待鞭炮迎送，把这家灾祸驱走，把平安和喜幸留下。秧歌队来到小井泉背上，领头人停住手铃，将号伞扣在地上，锣鼓顿息，队伍停住。领头人指指坡上那孔小窑洞，那正是子招落脚的地方，问大伙："这家去不去？"

"得去。"领头的腰鼓手说，"贵贱是一家人哩。"

"不去，不去。"有人说，"去了叫人家作难呢。"

领头人想了想，说："大队不去啦，大伙歇一歇。我同掌号的上去吹几声，道个吉利就成，你们在下面敲打几下。"

子招夫妇听到秧歌队到了坡下，一阵心跳。手里一无所有，人家上来咋办？忽儿锣鼓停住，以为过去了。过了片刻，突然，大锣大鼓又响起来。"嘟，嘟，嘟"一丈多长的号筒，从小坡吹了上来，吹进小窑院，吹进破窑洞。"大吉大利，四季平安！"领头人举着号伞，欠身道吉。不待招呼，一转身，长号吹出门来，吹出院口，吹下小坡。

子招夫妇连连作揖："担不起哟，担不起哟。"一揖接一揖送到院畔，朝井背上看热闹的人们长揖到地，向坡上坡下的秧歌队道谢。领头人摇响手铃，欢快地转动号伞，锣鼓铙镲一齐响，擂动腰鼓，彩带飘舞，宛如满坡花树迎风摇荡。子招夫妇满怀感激，一直没改变躬谢的姿势，目送秧歌队带着欢乐和喜庆涌去上庄。

于是，宕岔人都知道新来了一家人，是任家老三回来了。

4　支应差事

　　张子招回到宕岔认祖，但没归宗，仍然姓张。也不是不想改，而是没必要，因为从来就没人叫过张子招这个名字。他在任家排行老三，小辈的叫他"三叔"，平辈或长辈的叫"他三叔"，这就够了。

　　张子招回到宕岔，转眼之间几十年过去。虽然还是穷，但已经是热烘烘的一家人。他家租种下三十来亩薄田，糠菜半年粮，正常年头还过得去。两个男娃两个女娃，大儿子栓柱三十出头，娶的是童养过来的媳妇。大女儿杏花已出嫁，二女儿桃花也是该找婆家的丫头了，小儿子乳名小放。

　　当年他们搬进这个窑院，在门口种下一棵指头细的小榆树，现在已经碗口来粗，侧着树干，撑开树冠守住院口。河卵石垒起的小院墙踩上去吱吱响，迎门那段残缺的砖墙仍然保留原样，向阳的墙根下有几棵牵牛花，爬满墙头，花繁叶茂，引得蜂蝶忙忙碌碌翩翩来去。似曾相识的家燕，年年飞来，穿窗入户，衔着新泥叶筑新巢，家鸡麻雀在磨道下叽叽喳喳扒土啄食，破窑院不时传出欢乐的笑声。

　　"三叔"张子招虽然才五十出头，看上去却有六十多。头上的辫子也随着民国革命剪掉了。头上苍白短发，脸上胡子拉碴，嘴下巴掌长的胡须，梢尖触到胸口。满脸皱纹纵横交错，肢体灼晒得好似长了层铁锈，血管树根般地暴起，如同一棵压弯了腰冲掉了根土的老榆树，缕缕根筋坚强地支撑着躯体，深陷的眼睛仍然有着渴望和企盼。

　　"三婶"身材瘦小，皱纹满面，嘴唇抽缩得像扎紧的口袋，脑后的发髻随着岁数的增加而缩小，手上裂痕交错。她从早到晚不停地操劳，嘴老是闲不住。走到哪儿，做到哪儿，也就说到哪儿。每隔一段时候，她便搬开大缸，移动厨柜，从角角落落里将那些破破烂烂的杂物翻腾出来，嘴里念叨着"东西到用着的时候都有用呀！不当家不知柴米贵哟。""成物不可毁啊。""哪儿拿的，用过放回原处，下回好找，过日子要仔细哟。"每一次翻腾，浑身落满了尘土，末了拿笤帚从头到脚拍打过后，坐下来长吁口气，感到一次满足和慰藉。谁要找什么，哪怕一针一线一块碎布，她立即能找出来。

三婶有个小佛堂。在紧靠门窗的窑壁上架块案板，摆着三盏佛灯，墙壁上又掏了个小龛洞儿，里边供着观音菩萨为首的一组小铜像。村里人有什么小灾小难的，背来这里烧香磕头送灯油。三婶自己则是一日三叩首，早晚一炷香，宁愿菜里不放油，佛前的三盏灯说啥也得亮。她生下第一个娃时，为了感谢老天爷开恩，开始吃斋念佛"为娃积阴德，也为自己的来世修条路"。她去前村佛寺拜入佛门，佛教会给她登记在册成为佛门弟子。她郑重地请来佛像供上。从此饭桌上禁绝一切荤腥，为了后代甘愿承受一切痛苦，让一家人的不幸到他们身上结束。

张子招告诫儿女们，财主有钱，军头有兵，官府有权。穷人有啥？只有一双手和一颗良心。只有吃苦受罪才能创家立业。只是他苦也吃了罪也受了，日子还是过得紧巴巴。农民生活在最底层，除了种地收粮交租，还要被摊派各种税款费用，出了钱，还得出力，支应各种差事。

民国十五年，上面派下来一个前所未闻的差事：让娃上学！一个穷人家，家里没有账本，家外没有公文，娃上学干啥？赔钱搭工夫，做甚？

原来，民国政府要"教育兴国"，推行"强迫教育"政策。于是办教育就像拜神灵做善事，成了乡绅出头露面的功德。宕岔以前没小学，只有南庄财主刘汉玉为他家子弟办的私塾，他的大儿子刘壁就是从这私塾出去考上洋学堂的。刘财主有时在冬季出钱给宕岔的小孩子们办几天冬学，这次又发个开明，拿出他家东岔口那一排空闲的六孔大石窑，和北庄地主刘福清一合计，挂起"宕岔初级小学"（一到四年级）的牌子。村公所差人铜锣穿村，下令凡十六岁以下的男孩都得入学，不入学的照摊费用，娃多的三抽一，五抽二。

宕岔小学请来邻村富家子弟王重清当先生。他念过七八年私塾，二十八九岁了，高不成低不就。干庄稼活受不了那份罪，也不甘心埋没于粪土之中。现在终于适逢其时，"强迫教育"成全了他教书育人的理想。他体面地戴上礼帽，穿起阴丹士林长衫，拿根软溜溜的藤教鞭，带上两个跟差的,沿门逐户抓小孩。

穷人家的娃不知道啥叫读书,只知道读不好书要挨先生打,再听大人说的不堪,认定不是好事。现在,先生提着藤鞭来抓人,都吓跑了魂,纷纷藏在被摞后,猫在马槽下,躲在草垛间门背后,生怕被捉住。王先生踏进家门宣布命令,拿出本子叫报名,还要叫出娃来验明正身。大人们或者说娃太小,或者说年龄过了头,说的更多的是供不起,家里顶一个人干活,脱不开。王先生一边训斥家长不明大理,一边让两个差人到处搜寻。"出来!藏在那里装啥?"差人一咋唬,有的娃娃沉不住气乖乖出来,猫眉鼠眼地打哆嗦。两个跟差的像逮兔子似的从各家藏身处揪出娃来,张子招家九岁的小放也没能幸免,在花名册上记上姓名,叫按指定的日期送上学。

开学第一天,家家不情愿地把娃送来。可是热闹了一天,第二天都不来了,只剩下刘汉玉家的那几个。于是两个当差的拎着马棒挨家叫。所有上了名册的都得送来,娃不来,老子顶替,学费加倍收。

张子招知道,小放已经上了花名册,在劫难逃了。他没好气地对着小放藏身的地洞里吆喊:"放儿,出来吧,躲不过啦,跟我上学去。咳,多一口人,多一桩是非。"

小放从洞里爬出来,头上两绺小鬏鬏还挂几根蛛网丝。张子招怜爱地拍打掉小放身上的尘土,拽拽他的辫角:"这年头,娃娃也像逃兵似的抓。你敢去见先生吗?"

"怎不敢?"小放毫不畏惧,"他是狼变的?"

"没法子。"哥哥拴柱说,"先支应几天,过了这阵子再说吧。"

"胡折腾人嘛,穷人家念什么书?"母亲边说边拆洗缝补,东拼西凑,将小放收拾的不露皮肉不现污垢,"到了学堂要守规矩,听先生的话,要不然先生要打的,打出毛病来……"

学生上学要自家带书桌。张子招找来木头简简单单地打出一个。"走,跟我上学堂!"张子招扛起书桌,伸出大手将小放牵出院口,边走边嘟噜,"想法儿摆弄人呀,没吃、没穿,念啥书?自个的娃娃也由不得自个。这叫啥世道?"

春风吹暖了山川,村口的榆树吐出嫩叶,绿柳摆动枝条,好像在欢迎这些第一次进学堂的娃娃。东岔口小河边的高畔上，小学校没墙的院口两旁，对称地插出两杆五族共和旗，大幅旗面被风吹得啪啪响。家长们扛着书桌，领着娃登上院坡，从大旗中间跨进来，无可奈何地相互瞧瞧，打着招呼："你也送来啦？""没法子，顾不住嘴也得陪伴财主羔子哦。""支应几天再说。""唉！啥世道，连娃娃都由不得自家啦！"

刘福清的孙子刘锦贵也来了。他十五六岁，穿身崭新的三蓝布衣裳，口袋装得鼓鼓的，瓜皮缎帽顶上钉颗大红珠，脖颈露出好几层衣领儿，红裤带垂下两条长穗子，白布袜子牛鼻子鞋，满脸油光，嘴唇二寸厚，愣头愣脑。他家的长工扛着大书桌后边走。刘锦贵踩着踏石跳过河，转过身来抓起石头击河水，河水溅湿了长工的鞋袜衣裤，他开心地笑。长工好心地说："少掌柜，别把你的衣裳弄脏啦。"

"穷唠叨，老子要你管？"

长工苦笑笑，再不作声。笨重的黑漆书桌，每换一次肩头，里边的东西呼啦呼啦地响。刘锦贵望见院畔上的五色旗，兴奋得蹦跳起来。上陡坡的时候，刘锦贵拽住长工的后衣襟，拖着走。长工两手抓住肩头书桌，弓下腰喘粗气，睁大眼睛吃力地挣扎。"嗒啾，嗒啾"刘锦贵欢快地像赶毛驴似的吆喝着。

学校里，王先生兴奋地用教鞭在娃娃们的眼皮前头顶上指指点点。根据不同的身份调整座位，用不同的态度接待家长。他大声吩咐穷人的家长："你的书桌放在这儿！""你的放在那儿！"他亲自替同盛昌几家子弟搬书桌，调座位。王先生瞟一眼衣衫褴褛的张子招，大声训斥："敬酒不吃吃罚酒，不上硬的还请不来哩。"拿教鞭指指，"没地方了，先放在那里等着。"

"那我们回去，把我家的名字勾了。"张子招气昂昂地说，"放儿，跟我回家！"

"哎哎哎，你往哪里走？"王先生拦住去路，态度缓和下来。

"不是满了嘛！"张子招将书桌扛上肩头，"你少教一个少操一份心，高抬一下手，放我们走，少了我一个也不显啥嘛。"

"你死了那条心吧。"王先生夺下书桌，"一字入公门，九牛拔不出，上了名册就由不得你哩。"他指了一个炕角，"就放在那儿。"回过头来用教鞭指着小放严厉地说，"帮你父亲把书桌抱上去，到你的位子上端正地坐下。"

书桌刚放好，王先生就张开两臂向外送张子招。扭头迎见刘锦贵跨进门来了，脸上一下子挂上笑容："哎呀，来啦！"

他本想在校门口接刘锦贵，可是几次到院畔眺望没迎上，现在赶紧扔下教鞭，双手去接长工肩上的大书桌。没想到这书桌沉的像棺材，要不是长工扶一把，他差点被书桌压趴下。他绷紧腰帮子使出吃奶的气力勉强将书桌放在炕沿上，喘几口气，指着靠窗户的空位子，叫长工摆好书桌铺好坐垫。笑盈盈价打量同他差不多高的小学生，讨好地说："啊，该识几个字啦！"

刘锦贵瞟了他一眼，跳上炕，大大咧咧地坐在书桌上。

王先生用对待财主的礼貌，将长工送出院口。长工临下坡时说："你可要小心着点儿，这锦贵可比金子贵得多咧！"

"知道，知道，转告老掌柜，放心！请放心！"

他没想到这说话间，屋里的锦贵已经让人不放心了。

刘锦贵看见小放坐在他前面，挡住他的视线，开口就骂："穷鬼，怎么偏偏坐在老子的眼前头？"

"你骂谁？"小放回头问。

"没听清？老子骂的就是你！"

"你吃了疯狗奶咧？"

小放虽然家穷，可没受过这号气。父亲一直说"人穷骨头得硬，挤浓塌水的没活路。越软越受欺侮。"今天遇上了，他不怕，大不了一命抵一命。

"狗骨头！"刘锦贵在家里骄横惯了，没想到穷小子居然敢顶嘴，抓起坐垫打过来。

"狗杂种！"小放挡开坐垫，拉出抽屉照准刘锦贵的脑袋砸下来，没等他还手，又抓起沙盘往下劈。

"娘呀，娘呀！"刘锦贵抱住头跳下炕，直声嚎。小放抓起块砚石站在炕沿上瞅着怎下手。"打，打，打呀！"屋子里几十颗小脑袋乱蹦乱跳，都抓起坐垫做盾牌，笑的，叫的，闹翻了大石窑。

王先生听见书房闹翻了，三步并做两步跑回来，高叫："混蛋，混蛋！"挥动教鞭快刀斩乱麻，窑洞恢复了平静。他见刘锦贵一只脚跨在门外，提一只钉了几颗蘑菇钉的牛鼻子鞋，耳根子淌血染红了脖领。小放站在炕沿上，抓块砚石，双方怒目而视。

"混蛋！"王先生怒火直冲头顶，抡起教鞭抽打小放，"你造反！"

"他欺侮人，先动手。"小放躲闪着申辩。

教鞭打断了，先生手里握着小半截，立在当中喘粗气，心里想，差点叫这穷小子打碎了饭碗，思量怎样来挽回。

"狗杂种"是刘锦贵最不爱听的绰号。据说是他爹生不出娃，他娘设下移花接木的圈套，才从长工身上得到他。他娇贵成长至今，是刘家大院的小皇帝，没人敢动他一手指头。他想骑在背上玩，强壮如牛的长工就得爬下叫他骑。今天没想到比他矮了一头的穷小子暴然反击，他吓得吱哇乱叫。王先生慌了手脚，搀住少爷，躬下腰，掏出白手帕帮他擦血迹。经过王先生一番屈意哄弄，少爷安稳下来，搬到先生的身旁落座。

经过这次骚乱，王先生换了根粗教鞭，又特意做了根戒尺，上面写了"人心似铁不是铁，王法如炉真如炉"，看谁敢捣乱？

村里人把小学叫洋学堂。过去私塾开门课第一个字是"人"：人之初，性本善。民国的小学开门课第一个字是"狗"：狗，大狗，小狗。现在的宕岔小学，古的，今的，洋的，土的都在背诵。学生大的十六七岁，小的六七岁，念的书也大不相同。王先生教育有方，几十个大小不一的学生，很快就能以同一节拍和声韵，以和谐的格调朗诵不同的内容。"人之初，性本善……""狗，大狗，小狗，大狗跳，小狗也跳，大狗叫，小狗也叫……"这情形如同人们头顶上的"国民革命"，长辫子，中山头，大背头和光头，同时在城乡走动。

念书就是背书，背得熟就是好。至于是什么意思，无须去问。每当外人来视察，王先生便示意学生们打起精神来齐声背诵。一个领起头，同声响应，在座位上一起来回摇摆，如同山风吹动了庄稼，书声琅琅，潮起潮落。

"好！好得很哩。"绅士们都赞扬。如果哪个学生记不住生字，背不好书，先生便拿戒尺把左手掌打肿。"教不严师之惰"，家长看着自己娃被打肿的手，非常满意。王法重说明先生严格认真，挨打的越多说明先生越是偏爱。开学几个月，宕岔小学便声名鹊起，周围几个村的也送子弟来，住校上学。

小放记性好，认字背诵朗读全不费事，手上没有挨打的痕迹。张子招怕是先生不喜小放，问："人家的娃娃都挨打，先生为啥不打你？"

"叫我认字我就认了，叫我背书我就背了，怎打呀？"

"这么说难不住你？"他半信半疑。

凡是学生都要起个正式的官名。谁没名字，王先生就根据各家的身份和辈分给起个名字。他看小放的学习不错，给他起个名字叫"张学德"。小放高兴地跑回家，跳上院口就叫："大，我有官名啦，我叫张—学—德。"

张子招坐在门台上，对他那股欢喜劲儿并未引起兴趣，官名对那些有身份的人才有用。公事上，功名碑上，祭文里，委任状上，官场里，来往书信里，都能用得上。至于乡下的受苦人（方言：干体力活的人），一不做官，二不祭奠，出门在外也没有什么书信来往，托人捎个口信就是了，要官名有什么用？他淡淡地说："有啥用？穷人家有官名也叫不出去。名字不顶饭吃，也叫不出富贵，受苦人最根本就是受苦，明格起，跟我受苦吧，不念啦！"

"真的？不念了？"小放刚开始喜欢念书，又不让念了。

"咳。咱家哪能供得起你念书？支应几天差事就是了，你倒当真起来。"张子招抹一把杂乱的胡子，"念书是有钱人的事，明格不去啦。"

小放几天不去上学，王先生找上门来，开口便问："张学德呢？"

"谁？"张子招对这个生疏的名字直发愣，以为他走错了门。王先生说："张学德就是你家小放呀。"他这才明白，苦笑笑："唉！跟他哥下地去了。王先生，你看我这家能供得起念书的吗？比我家强的不也退了嘛！你不在乎他一个，穷人家念书叫人家笑话，实在陪伴不起，饶了我吧。"

"不行，谁都不准退！养不教父之过……"王先生大动说辞，三皇五帝说了一大堆，直说得马头上长出牛角，太阳从西边出来。王先生连说带吓唬，张子招就是不听，一股劲抹胡子找理由。说来说去就是一个穷字。王先生就抓住这一条："不让上学能给你赚回多少？二升米五十斤炭拿不起？有他受苦也是穷，有他念书也是穷，我看这娃有点灵性，别耽误了，你家能有个读书知理的不好？"

张子招被说得张口结舌，长吁口气："穷秀才偷萝卜都有理，你也是一番好意哦！升官发财我没这个命，识几个门面字就行啦，那就再叫他去念几天吧。"

于是小放，不对，于是张学德又坐在小学校的书桌前，摇头晃脑地背书了。

秋收过后又开学，很多学生不来了。上学期两孔石窑四盘炕不够用，现在只剩下二十来个人，并到一处缩小了一半。王先生并不着急，因为花名册上的名字没减少，人不来书桌还没搬走。现在小学的名声已传出去了，只要有这几十个来上学，书声不断，不论哪方面都能说得过去。

张子招又不叫学德上学了。他央求父亲："咱老变卦叫人家说咧，再叫我念几天吧，把那些课本念完。再说，大，我在家能顶多大的事嘛。"

张子招看他喜欢上学，也知道这个这个差事不应也难，扬扬手，同意了。

5　王先生

　　王先生这一阵子情绪低落，脾气不好，动不动就打人，挨板子最多的就是有钱人家的那几个子弟，戒尺都打断了几根，也不怕把这个小学打散。往常学童朗诵的声浪让他兴致勃勃，现在却让他心烦意乱，拿着长箫独自到书院旁的坟地里，踏着蒿草，慢步吹箫，箫声深沉委曲婉转如泣如诉。

　　他自视清高，自认为是上流社会的有识之士。可是乡村教师类似公差，干上了公差，就得受公家的气。那些拉动枪栓大喊大叫的官兵，来到宕岔都给支使到小学来。有几回竟将学生赶走，住在学校，叫他挑水做饭伺候，被大兵用下流话粗暴地呼来喝去，真是"秀才遇上兵有理说不清"，又气又怕没个奈何处。好在乡下人把当兵"吃粮的"比做牲口，在官兵面前低声下气，挨骂甚至打几枪托子，如同被牲口踢了几蹄子，没人笑话。如此乱世没王法，让他发出忧国忧民的感慨，在小学窑壁上题诗一首：

　　无定河畔白骨留，国事纷扰何时休？忍看坐间孺子读，南山重锁志士忧。

　　除了对付官兵，王先生还得侍候刘福清和刘汉玉。刘福清三天两头叫他去抄账。他的学生刘锦贵像呼唤长工一样："我爷爷叫你晚上跟我去。"王先生就顺从地跟着他去刘家大院，和下人一起吃过粗餐淡饭，爬在炕桌上半夜半夜地抄账。开头他将这看作是老地主抬举他，着意让人知道他能同刘地主说上话，殷勤地为刘家做事。可是，刘福清总是坐在他旁边喝烧酒。不时地打饱嗝，还在他的手笔里吹毛求疵地挑毛病。连对联都认不得的老地主，指头戳打着账本："这一笔，不够粗啦。那一笔，不够长啦。""嗔，这么潦潦草草还能当先生？""你看看，你看看，这一笔太短啦，也没力气，不如大老粗哩！你这先生是怎当地嘛？"

王先生满脸涨红，提起笔，照地主的要求将俏秀的一划涂得像哭丧棒。夜深了，刘福清张开大嘴打呵欠说："该走啦，明格早点来。"叫长工："去给看住狗。让他走。"王先生觉得人格受到侮辱，去刘家的荣幸变成了痛苦和厌恶，可是人在屋檐下，不得不低头呀。

　　财主刘汉玉也没把王先生放在眼里，论文墨比不过自己的儿子刘壁，论家业是个倒了架的破落户。在他的心目中，小学教员是半公差半奴才的下等营生，大不过是个体面混饭的。刘汉玉酷爱下象棋。在同盛昌院畔的石桌上刻出一面棋盘，经常摆副大象棋，握根铜杆潮烟袋大声吆喊："有本事的来几盘！"他下起棋啥都顾不得。柜上的佣人，村公所办事的，瞅空儿请示他事情该怎办。他一手举棋子盯住棋盘，随口发话"就那么办"或者"完了再说"。冷不丁大喊一句"将军！"许多非他点头不可的事就这么定了，许多急着要办的事就这么耽误了，一局棋下不完不吃饭，或者接过吃食，眼睛盯着棋盘看也不看便往嘴里塞，高兴起来嘴里喷出饭渣子，得意忘形地大叫："将军，将军！看你往哪儿跑？"

　　王先生也酷爱下棋。有一次路过，看见刘汉玉下棋，便走不动了。看到忘乎所以，给对手出点子，把刘汉玉将得走投无路。刘汉玉急了眼，推开对手暴叫："这盘不算，你闪开，叫他来！"拽住王先生，"你来，你来。看样子你也知道马走日象走田哩。"

　　王先生一上手，刘汉玉便瞪大了眼，正可谓"棋逢对手将遇良才"，王先生有心巴结，使出手段让刘财主一会走投无路，一会绝地逢生，最后险中取胜，撩拨得刘汉玉棋兴大发，从此，刘汉玉把王先生当成棋友，抓住王先生不放，甚至上课时间也打发人来，叫他马上跟着走，"那边已经摆好了棋，等着呢！"

　　王先生和刘汉玉泡在棋局上，惹恼了刘福清，他冷言讽语地说："整天坐在棋盘前，是个干啥的？公鸡带串铃，装什么大牲口？"王先生知道"甘蔗没有两头甜"，刘汉玉虽然论财产比不上刘福清，但他社交广，名望高，长期主持村公所，极力支持办小学，是校董之首。而且和刘汉玉下棋，是和财主平起平坐，有茶有水，一起享受下人的服侍，可以用鄙视乡下人的口气同刘绅士一起讥高讽低，享受人们的羡慕。

于是对刘福清敷衍了事,一心放在刘汉玉身上。

可是久而久之,王先生发现人家没当自己是"棋友",而是把他当成"棋奴"。刘绅士喝呀,吃呀,目空一切地喊呀,全没想到他的存在。有一次刘汉玉为村里的事情犯难,王先生试图说几句话为他出个主意,话刚出口,刘汉玉就变了脸,怒斥他多嘴。他像挨了一耳刮子,浑身不自在。

"呵!我得回学校看看。"王先生想脱身。

"不行!"刘汉玉摆手不允,"叫大的娃管小的不就行了嘛!快,该你走啦。"

王先生内心无比失望和痛苦。他苦思冥想,是不是要显示出真本事,才能叫财主瞧得起?一技之长傲王侯嘛。于是他打定主意,要露两手叫刘汉玉知道,让他赢是客气,不是赢不了他。那天,他俩棋盘对阵,围了一圈人。王先生一上手便拿出真功夫把刘汉玉杀得丢盔卸甲,直逼得他老将推磨走投无路。

"臭东西!"刘绅士咆哮如雷,抓起棋子朝王先生的脸上打来,"老子也是你赢的?没长眼的东西!"棋子从王先生脸上弹回来纷纷落地,互相碰撞着四下滚跳。

"何苦呢,何苦呢。"王先生自我解嘲,脸面发烧,耳根子涨得通红,苦笑笑,"值不得,值不得嘛!"他掩饰着屈辱,噙着泪花,昏昏沉沉价转回学校来,一头栽倒在炕上,盯住壁上的长箫,慨然呻吟:

一局棋罢满面羞,薄羹犹能梗咽喉。长箫化作三尺剑,尽斩城乡虎狼头!

王先生带着难消的恼恨,找碴儿收拾那俩财主家的学生。他口喷唾沫,暴叫"王八羔子!"戒尺愤愤敲打,每一戒尺下去都打得学生"娘呀,娘呀"地嚎叫。这让他心中的郁闷有所减轻,似乎那刘福清和刘汉玉都被他征服了。

此时,王先生再看衣衫褴褛的穷学生,反倒起了怜悯之心。这天,王先生在书房来回踱步,瞧着坐间朗读的学生,小脑袋整齐地摇动,心里一高兴,在孔夫子牌位前停住,拉开抽屉翻找出一支旧毛笔和指头大的一截墨锭,隔着一行书桌扔给张学德:"给你用。教本也借给你用。"

　　王先生向来只对有钱人家的学生客气，突然对张学德这个穷小子施恩惠，显得极其突兀，课堂里的学生都愣住，就像正在鸣叫的蛙群，听到飞石落入池塘，戛然哑静下来。王先生很满意他的施舍产生的效果，得意地把箫管挨近嘴唇，悠悠扬扬地吹出书房。

　　王先生这个突然举动，让学德不知所措，脸蛋热烘烘价不知怎样才好。他现在用的那支笔是不知哥哥从哪里拣来的，一笔一道粗沟儿。扣子大的墨块磨得手指疼，没法用。人家都用上毛笔，他还在用沙盘写字。现在突然两件文宝从天而降，那笔杆上刻着"扶学士直上青云"，那截墨锭上的"金不换"三字还剩下半个金字。这一支笔一锭墨，比学德原先的好多了，他既难堪又激动。

　　"咿呀哟。"刘锦贵在对面炕上龇牙咧嘴地叫，"卖，卖屁股挣来的哦。"

　　"哈哈哈……"同学们一齐笑。

　　"狗杂种！"学德忍不住，跳起来一扇砚石照准他的头飞去，同时握着裁纸刀扑下去。

　　"娘呀！"刘锦贵急叫，顾不得穿鞋，跳出门去抓起块石头。

　　"住手！"王先生迎面喝住，一边一个扭住两个的耳朵牵进屋，站在孔夫子供桌前，"嗯？谁惹谁？"

　　"我，我，我说着玩。"刘锦贵知道王先生这些天看他的眼神充满煞气，赶紧解释。王先生大怒，抓住刘锦贵的左手，举起戒尺，带着对刘福清的恼恨，狠狠地接连打下去。刘锦贵急剧地扭动肩膀，疼得直声嗷叫。王先生停住戒尺，指着刘锦贵的鼻尖："听着，我一打你爷爷做事不留情，惯坏了你这个愣头青。二打你爹太刻薄，教歪了你这个龟儿子。三打你这狗头愚顽不化，仗势欺人。今天我打你家三辈子！"

　　刘锦贵伏在桌上抽咽，左手放在砚台上。王先生扭头瞧一眼张学德，厉声说："滚，你的账以后算。"

　　学德回到家，对父亲说了发生的事："财主家的狗也仗势呢。刘锦贵专同我作对，开学的头一天我们就打了一架。"

"嗨嗨嗨，像我的娃。"张子招搂住他，长胡须亲昵地在他的头上扫动，"穷人就得硬气些，软骨头没法活，叫人家踩扁了。别看他们财大气粗，都怕死。和他们打架出手要快，一棒子照头劈下去，没有不躲的，一躲正打不到要命处，可吓跑了他的魂。"说着，他站起来，把住学德的手脚比画，"再教你两手。"

"哎哟，老糊涂！"三婶制止，"忘了你惹过的事啦？教娃一点正经的。不要听你大的，不要惹是生非，忍着点，让着点，躲着点，老佛爷保佑哦。"

"这世道，讲文墨的洋学堂也同外边一样，猫不上树狗撵着哩，由你？"张子招不以为然。他的两个娃，大的栓柱性格怯弱，只能养家守业，这个小的倒是有胆量的，说不定能有些出息？

王先生执教两年，将小学校办得很像样。县教育局的督学来视察，同意宕岔小学登记在册，赋予官办性质，课本经费都纳入教育系列。小学从"民办"升级到"官办"。刘汉王觉得挺光彩，对王先生另眼看待了。学德越学越有意思，对读书来了兴趣。怎耐上天不随凡人愿，谁也没料到，一场空前的灾害降临陕北。

6　叫天，天不应

民国十六年，春夏两季风调雨顺，满山遍野的庄稼绿油油黑汪汪。谷子挺起大肚皮，穈穗露出多半截，高粱熟的低下了头。早熟的豆类已开始收了。张子招领着栓柱在柳树岭谷地锄草，培上防风的根土。

骄阳西下，绿波涌涌，谷黍叶沙沙作响，凉风习习送来阵阵穈谷清香。刘福清家的长工群在对山，从半山腰排成梯形，锄头挥动，带起飞土，一趟一道地往上锄草。越过山沟传来吭长的"信天游"：

东山的太阳哟，西山吆红，受苦人盼的是好光景。

大肚肚谷子呦，生娃娃。我是你的哟，亲爸爸。

张子招笑笑说："这会儿你是亲爸爸，收割回财主家，你就成了干巴巴。"

丰收在望，穷人家都喜冲冲地，想着秋收后把欠地主家驴打滚的债还了，以后就轻松了。可是，刘福清不高兴了。如果佃农把欠债都还了，他家驴打滚的利息哪里来？于是，他叫来儿子刘来运，面授机宜，让他去提前逼债。

刘来运提一根捅猪的长铁杖，管账的刘选拿着蓝布包着账本，从上庄头，一户一户地吆喝下来逼债。

张子招早听到风声，只怕躲不过。正在提心吊胆，猛听墙西头有人唤："三叔在家吗？"他心里咯噔一下，头上冒出了汗。

"谁，怎？"他声音发颤地迎出去，正是刘来运和刘选。

"没什么要紧的。"刘来运故作轻松，"你欠的那点钱该还了吧？"

"不是腊月才到期吗？"

"我的账上是七月十六，已经过期九天了。"

张子招不识字，自然没有账本，只好吃哑巴亏。刘来运"哗啦"端起铁算盘，拨动算珠，"二八一十六，三七二十一，本利加欠租一共三十二块三毛三，看在老面子上，三分不要，听清楚了吧？"

"哎呀，来运，高高手吧，前年我要还清，你不让，这会儿，这会儿你这账上咋这么多了？"

刘来运抓起账本，一双脚踏在短墙上，手指着张子招的鼻尖："当初借我的一分不差，这会儿想赖不成？"

"我一大家子人，好歹秋后还嘛！"张子招口说无凭，搞不过人家，只好退一步。

"你尿得高？一张纸画个驴头，脸面倒是不小哇！"刘来运蛮横地说。

"哎哎哎，这样吧。"刘选接上来，口气和蔼，"咱老弟兄好商量，不难为你，庄稼人嘛，啥都出在庄稼上，没现洋，我们就把川根底那点庄稼替你收割了吧。"

"使不得，这可使不得。我全家都指靠那一块呀！"张子招大惊。

"别急嘛，看在老面子上，多折合几斗，连根算上一石五斗，价钱按集上的市价算。剩下还不完的，下年再说吧，这该行了吧？"

这样明显吃亏，当然不行，张子招不肯："唉唉唉，今年至少能打两石五，咋才算一石五？好歹秋收……"

"老哥，够便宜的啦，你看，待到秋后加上利息你算算。"刘选唱红脸。

"嗔，不识抬举，要不，还我现洋来！"刘来运唱白脸。

"哎呀，这不是逼人吗？"

"就这么地，川根底的地我收啦！"刘来运不由分说，转身又去另一家。这就是刘福清打的好算盘。今年庄稼大丰收，他家长工去割，按一般年景算账，多割的庄稼归他。

张子招靠着短墙蹲下，抱住头："天呀！这到哪儿去说理嘛？！"可是，财主家的嘴大，穷人说不过，只得认了。

再过十几天就要开镰了。庄稼灌浆一天一个样，这是一年中最紧要的关口。人们每天都关切地望着天，看老天给不给这碗饭。可这几天，秋风骤然停住，放出火炎炎的太阳，天气闷热，哪里像秋天？庄稼人心里惶惶不安。

八月初五，天已过午。张子招领着家人在沙湾地摘豆角。忽而风声劲起，闷热消退，西北的天空上布出笤帚云，接着一片片毛絮般的黑云，打着旋，排着队低空飞飘而来。

"哎呀，不好！"张子招大喊一声，爬上高处张望天道，很快跳下坡来，惊恐地招呼，"快，天要变了，别摘了，连根拔，抢来多少算多少！"

顿时，沙湾地，榆树坡和宕岔山川的各处田地到处都是人，都在同老天爷抢时间。

时近傍晚，狂风呼号，大雨夹着冰雹铺天盖地泼打下来。谷黍高粱的穗头拼命摇摆，嘣嘣一声便折倒。低空云乱，大雨瓢泼，狂风卷着飞云，电光划破夜空，雷声像拉磨般地没个间断。龙王庙亭上几杆土炮闪出点点火光。"轰隆隆"山洪咆哮，"哗啦啦"院墙倒塌。人们惊恐不安地躲在窑洞里发抖。当狂风卷着黑云远去，雷声离开头顶，这才听见龙王庙上咣当当的锣鼓声。

黑云携带暴雨向南边杀去，沉雷隐隐，山那头不时射出闪光。人们披上毛口袋，露出来的天空令人寒栗。栓柱出去探看一圈转身回来："完啦，冰雹打场风收粮，天杀人啊。"

"就看后半夜吧。"张子招期盼着，"云不散风不停，还能收上五六成。"

雄鸡刚刚叫过一遍，关帝庙，龙王庙亭上响起急迫的锣鼓声。全村都慌乱地跑出窑洞。真的是怕什么，偏偏就来什么。盼着云不退，云退得干干净净。盼着风不停，风停得纹丝不动。疏星冷得打颤，地面上，墙头上，铺满了盐碱似的霜冻层，朝露加快冷却，霜层迅速加重。家家按照流传下来的法子，在院口上点燃一堆柴草，烟雾升起弥漫了沟岔。做完这件事，撇下无望的余烬，垂下头叹着气，转回家精疲力竭地躺倒，听天由命吧。

血红的太阳爬上了山头，地表面冻结起一层僵皮。霜花晶晶耀眼，眨眼间化为水珠挂在叶梢上，如同泪珠滴滴滚落。昨日满含浆液沉甸甸地低垂着头的长穗，这会儿却轻晃晃地仰起来，指向天空。折断了杆的高粱横三竖四倒在地上，没倒的高粱披下长叶，挑着空虚的红穗头。只露出半截头的谷黍被卡住了。气温回升得快，那些曾是绿色的庄稼，野草树木，所有的叶子统统萎缩干枯了。昨天黑旺旺的山川，这会露出白花花的地皮。倒折了的庄稼，卷着枯叶躺在田垄间。秋风吹来，遍野煞煞响。大片山川瞧不见生命的迹象。一夜工夫，宕岔陷入绝望的深渊。

"不管怎说，财主家的账总算还得差不离啦。"张子招想到地里庄稼已经抵了账，心里暗自庆幸。他挺起腰来："今格，你娘领上小放挖野菜，见绿的就抓。栓柱砍荆条编筐篓，我去跑闹荞麦籽抢种上。抢，只要是能吃的东西就抢。麻利点，迟一步都没了。"

刘福清逼着佃户以地上的庄稼抵债，眼看又能大赚一笔，没料到能遭此大灾，他哪能吃这个吃亏？他立即撒出人马大量收购晚秋作物的种子，除了自己种还以双倍的作价放出去。接着又派刘来运和刘选领着本姓本家的几个长工从上庄头吆喊下来。

"三叔在家吗？"

张子招听见西墙那头有人叫，瞧见是他们。因为债已经还了，他也不怕："怎？大清早地，叫啥？"

刘来运轻描淡写地说："看在你老的面子上，川根底那块地还归你收。欠下的债缓后再还吧。"

"啊？"张子招没想到地主来了这一手，气得胡茬直哆嗦，"这才几天？是你强着夺去要收的，不作数啦？"

"咋？借人家一叮二当地响洋，想拿把干草还账，有这好事吗？"刘来运蛮横地说。

"唉呀，那工夫我抹下老脸求，你不让，这会又……"

"又什么？我又没管着天。"

"凭你怎说，川根底的地我就不割啦。"张子招不管了。

"话不能这么说。"刘选接茬，"你得给自己留条后路嘛，宕岔的路你不走啦？"

"六月的包子，臭了也是狗的。"刘来运说着离开墙头，提了一下寒光刺眼的铁杖，扭过头来，"有账在，由你？噗，不识抬举！"

张子招不知该怎说，痴呆呆地定在那里，眼望着刘来运一伙说完就走，又踏进了另一家。咳，没天理了！财主家的嘴就这么大？说什么就是什么？

霜杀后的宕岔，不用打场便收完了秋，大片山川满目凄凉。俗话说，"收不收吃一秋。"今冬怎说也能过得去，明年春天青黄不接的时候才是要命。人们都为能渡过明年春季而奔波。栓柱挑了一担筐篓，去花麻池一带卖柳器，来往不空脚，要背盐卤回来。张子招一两天就去南老山闯荡，那里山高沟深树林多，霜冻比较轻。

俗话说"祸不单行"，果然不假。第二年春天，灾情继续加重。二月初二龙抬头，天便扯开了风口袋，跑马似的西北风，呼啸着日夜刮个不停。吹走耕土，露出白嶙嶙的犁沟，好像刮光了皮肉只剩下筋骨条的死骆驼。羊毛似的野草随风摔打。种子没出手便吹跑了。瘦驴儿凸起骨架，摇摇晃晃随时要栽倒。粪堆伏在田野里酷似乱坟丘。

四月过后风才停，又放出火喷喷的太阳。仰望天空不见一片孤云，太阳贴近地面要把大地烤焦，地面回射着熏熏热焰。天空失去了蔚蓝色，好像在燃烧，蒙上一层淡淡灰尘。往常滔滔的无定河只剩下细小的泥浆在艰难地流淌。过去要渡船的大河，现在抬脚便跨过去。村当中那条小河往常要踩着踏石过，现在干涸了，河卵石上泛起一层白碱。只有小井泉的水更加甘洌沁人肺腑，维系着全村的生命。

一切可食的野草不等露出头便被连根刨走了。榆树早被剥光了皮，连枝条也被砍走，像干骨架子白刺刺地立在院口。羊群消失了，家禽宰光了。财主家的家禽羊群也不敢出门。开头还有讨饭的，不是死在路旁就是死在财主家的大门口。现在讨饭的也不走这条死路了。

人们仰望天空，不见一片云丝。东望赤地千里，西望万山秃头。人们盼雨盼干了眼，望天望焦了脸。只有最后的一线寄托，那就是抬起龙王爷祈雨了。

"当当！当！当当！"龙王庙亭上的锣响了，一阵一阵地呼唤，宕岔每家必须有人到场。祈雨的规矩人们都知道，要用些啥，也是现成的。

龙王庙院跪满了赤足焦背的人。刘福清和刘汉玉等头面人物，身穿白衫蓝裤，白袜黑布鞋，刮了胡须剃了头，虔诚地跪在最前头，代表百姓同神明交流。

读祭文的是刘汉玉的大儿子刘壁，他是宕岔第一个在县城上洋学堂的人。他跪在龙王供案前，涨红了脸，双手捧着写好了祭文的黄表纸。钟鼓齐鸣之后，刘壁舔舔嘴唇，抑扬顿挫地念：维，中华民国十七年，由春到夏滴雨不下，寸草不生，呜呼痛哉，苍天有灵早降甘霖……伏维尚飨。接下来许了一大堆愿，什么重修庙宇，重塑金身，唱大戏上布施等等。

刘壁读完祭文，祈雨开始了。

泥塑的龙王出不了征，用榆木雕刻个替身披上红袍，放进轿里。先由头人抬起，由龙王在人群里选马童。龙王到谁的前面停住，谁就得磕头谢恩起来接轿杆。栓柱头一个被踩定，接过前边的那一头，是承受强大推冲力的轿前卒。

喤喤喤！咚咚咚！钟鼓齐响鞭炮轰鸣，龙王起驾好不威风。鸣锣开道，背鼓紧随，撑龙旗的人走在龙轿前，龙轿顶上，四周插满柳条，彩旗两旁护住，黄盖后面跟随，锣鼓在后。接下来便是赤足焦背的黎民。端香纸盘的人跑前跑后，随时选择有利的高点，领着众人呼号：

五海龙王哟，降大雨哟！噢哟，救万民哟！

祈雨的队伍呼号着簇拥着龙王。打锣的领头，按照龙王的要求四处奔走，山岭孤庙，断岩石窟，沟壑泉源都是寻水求雨的地方。土炮轰鸣击退妖孽，请求诸神协助赐予甘露。各个村乡都抬起自己的龙王来祈雨。锣声凄惨，鼓声恸魂，一群群的人在烈日下奔走呼号。最后捧上净瓶从井泉里盛满清水，当作圣水护住，不敢给妖魔夺去。紧敲锣，重击鼓，鞭炮不断，簇拥着龙王威风凛凛地回来。抱净瓶的人手执柳枝，沾点水珠凌空洒落，象征着普降甘露。几个抬轿的马童，扯裂了脚掌，拧肿了肩头，把龙王抬回龙王庙。人们筋疲力尽地回到家里，静等着雨来。

无奈苍天不救万民，龙王不降甘霖。百姓的泪水汗水没换来一点雨水，最后的希望破灭了。待在家里死路一条，只能逃到外面找活路。

逃难的人群满脸黄尘满身土，在无定河两岸的大路上汇成一股黄土滚滚的洪流。母亲解下背上的娃，摸摸口鼻早已断了气，抛在路旁走开。老人一头栽倒起不来，亲人寻块石片压在脸上，不哭不说，不回头看一眼，转身投入黄土飞扬的洪流。鞋子磨透了，扯块破布包扎上继续走。人贩子挑剔地选着可以卖钱的"货"，挥动长鞭吆喝着赶路。人们被卷入死亡的浊流，毫无目的地向远方走去。

宕岔逃难走了十几个。张子招对栓柱说："死的死，逃的逃，没啥盼头了。你出去闯闯吧。"

"我怕不行。"栓柱胆子小，不敢出远门。

"不行就窝在家里饿死你！"张子招生气了，"二十六七的人啦，长得头顶碰门楣，没出息！听说上头办水利，你二叔家的仁德在里头，你就不能去碰碰？"

"这，这，我去试一试。"栓柱无奈地答应。

"唉呀，天旱火烧地，怎闯嘛？"母亲不放心，"走远了怎回来？"

"不遇这号年头谁愿离家？"张子招看看全家人，"你娘仨在家里，能抓到啥吃的就吃啥，等我出去弄点活头回来。"

7　活着就行

虽然张子招从渔河堡张家"出户",但是这门亲戚还在。只是张子招家穷,平常不太来往。他弟弟张子荣的二儿子张仁德在城里上中学。学校因灾害推迟开学,张仁德在水利工程上谋得一个工头的差事。张子招让栓柱投奔他,说不定能在工地混口饭。

这个水利工程是陕北最高长官金岳搞的名堂。他现在是国民党陆军68师的师长,独据一方,一言而为法。兴修水利,一稳住人心,二应付上峰,三从中捞取好处,可谓一箭三雕的好买卖。

水利工程的路线早就勘查过,标桩换了几回,至今没有动工。现在,城里的先生们一帮一帮地又出现了。沿线搭起不少凉棚。砌灶安锅,水坝还没定,水渠先动工,这会真的要干了。

先生们好像从一个模子里出来的。都穿漂白衣裤,黑纽扣,打把黑洋伞,戴圈着黑纱的草帽,架一副墨镜,裤兜里的丝手帕特意露出猫耳朵大小的尖角儿。唯不一样的是脚上的鞋,黑的,黄的,白的,红的,都一样的洋气。每一帮先生都带着驴或骡,驮着帐篷行李,随时可供骑坐,还都跟着背仪器的苦力及供先生们支使的仆役。先生们走路的样儿也跟乡人不一样,翩翩轻步,肩膀甩得欢快,像在戏台上唱旦角。第一波先生们的工作是重新勘定路线。

一帮先生走来,在村外一片平整的园地上停下。农田主人也围着看热闹,看这些人要做甚?只见一个先生拿根黑色闪光的文明棍,指指画画,支起仪器,调整角度,这样那样地摆弄一阵子,文明棍往下一点:"好,就定在这里。"招来钉桩的,又拿文明棍指指两头,"从这里挖过去。"

农田主人大惊失色,怎么要在他的祖田上动手啦?老农赶紧上前直向先生作揖:"先生们,行行好,老祖宗留下的这点田产可动不得呀!说啥也不能在我的这块地上挖呀!你们高高手吧!"

"嗔，水浇地还不好吗？"先生喝问。

"求求你啦，我不浇，我不浇。"老农给年轻的白衣先生跪下，这时老伴急促跑来，抓住先生的手拉到一旁塞东西。先生看看拿到手的东西，敷衍着说："再说吧。先到别处看看。"回过头来斥责老农，"嗔，中国都叫你们这号愚民弄糟啦，亡国奴！"收拾起仪器离开。老农以为不在他的土地上钉桩子，就是饶恕了。至于两头的桩子，两点之间可以连成一线，他就不管了。

水利工程分段开工，大批难民从四处纷纷赶来，凉棚下支起大锅，从城里运来陈旧的小米，中午这顿饭都在这里吃。失去光泽的小米连同老鼠粪，沙子一并倒入大锅里熬稀粥。每人一天应发一升米，中午给难民吃三合（十合一升），留下两合发给难民当晚饭，另外五合被工头克扣带走。

张仁德当工头，拿着一份俸禄，克扣下民工的口粮叫在工地干活的三弟背回家去。这一天，他正同几个先生谈天说地，远远瞧见来找他的栓柱。他不想让那些先生知道他有这么个穷亲戚，赶紧将栓柱引到沙梁那边，厌恶而严厉问："你来做甚？也不看个地方？"

"我也想报个名，挣点粮，没法子呀。"栓柱舔舔干裂的嘴唇，难为情地说。

"迟啦，满啦，快回去吧。"张仁德不愿同他多说，伸起脖子望望那些先生们是否注意到了他。

"后头来的也有报上的，补上我一个也不碍事呀！"栓柱不甘心。

"去去去，这会谁顾了谁？"

"我不走，那，这里晒，我跟你到凉棚里再说说。"栓柱看出他在怕什么。

"那可不成，你成心要给我难看？"仁德怕那些先生耻笑，看栓柱的脸色不善，怕这个堂兄粗野起来，恐怕不好收拾。于是没好气地说，"一天半升米，吃三合拿回去二合，往后你干你的，我干我的，别再找我啦，名字我补上。"他顺手指了一下，"去吧。"栓柱扛起铁锹，加入挖土的人群。其实他的名字早就在名册上，张仁德用真名吃空名，收了栓柱，他减少了半升米。

上头办水利并不是真办，而是借着水利工程渔利。灾民也不是为了修水渠，而是为了午间一顿赈灾粥和拿回去二合米。谁都希望水利不要停，不要断了这条生路就谢天谢地。

　　已经挖开几段一丈多深的沙土沟。今天挖开的，第二天塌下来埋没了，重新再挖。挖到深处不见人，只见随铁锹飞扬的沙土，挖掘的人从头到脚披了潮湿的沙土。几处发生了塌方，挖出活人放在沙丘上，死了的扔在沙窝里。

　　城里的妓女，买小吃的小贩，也尾随先生们在几个乡堡上开辟了欢乐窝儿，"天牌呀，地牌呀，打洋牌……""小妹妹初开怀……"妓女们把城里时行的小曲送到水利工地上来。

　　水利工程开工一个多月。各处难民听到这里开工放粮，四面八方地涌来。金岳一看招架不住，立即下令停工。先生们连夜撤退，撤得迅速彻底，连凉棚下的炉灶都平了，用黄沙掩埋，踪迹不留。只有那几段坍塌残缺的壕沟，像被踩成几节的蜈蚣丢在那里。

　　金岳对难民的流离死亡，不慌也不忙。灾荒再严重，也是天灾，不是他的责任。既然是自然灾害，自然淘汰就是了，反正先死的都是老弱病残。灾害为金岳提供了把救灾款中饱私囊的机会，也让他的实力空前壮大。过去老百姓是"好男不当兵"，金家军的扩充主要靠收编土匪。陕北人把当兵称为"吃粮"，灾荒一来，招兵难变成当兵难，连四五十岁的人也刮掉胡须，隐瞒岁数，改换姓名，苦苦恳求要"吃粮"，招兵像买牲口那样精挑细选，没几个月他的几个团扩充成几个旅。

　　灾荒对陕北人进行了一次生与死的筛选，也进行了一次贫与富的分化。穷的更穷，富的更富。在宕岔，大片山川土地翻手之间成了刘福清几家大户的，中间不再有插花地。要种高粱就种一大片，要种黍子一犁耕过去。失去土地的农民只得向财主家将原来属于自家的田地租回来种。

　　"物极必反"，有人穷急了，开始抢财主"吃大户"。刘福清和刘汉玉几家大户逃进城里，在同盛昌的账房里呼长喝短，点头摆手决定村里的大事小情，遥控着在宕岔当差的改娃和任老六。一会敲锣叫人派工，一会撞钟摊款。大烟摊子，赌博房，杂货铺，宰杀场都活跃起来，南岔口还新办起一个洋学堂，一切都随着同盛昌的心意转动。

被灾害压倒的人们重新爬起来，打听谁死了谁活着？失散的亲人是不是捎回来死信或活信？剥光皮的榆树统统砍掉，做了棺材板子。野地里增加不少乱坟头，除了几家财主，各家的牛羊鸡狗小毛驴都光了。失去了田地的人家还欠着一屁股驴打滚的债。人们被灾荒所征服，弯下腰喘着气，随着同盛昌的算盘珠子挣扎。

张子招一家活下来了。他自己揣摩出几路针灸，什么霍乱啦，小儿惊风啦，头疼脑热啦，以及牲口的骨眼或黄热症，他都敢扎几针。当初鱼四先生装神弄鬼哄弄蒙古人，他给打过下手，现在他亲自上阵，照猫画虎编弄出几手驱妖捉鬼的法术。只见他一手执刀，一手拿纸幡，在病人身上绕来绕去，口里念念有词，凌空挥动菜刀叱喝一阵子。有那不该死的，病便好了，人们说："三叔的法术有灵"。要是病没好，那是阎王招去的，都是该死的，"治了病，治不了命呀，不能怪三叔不灵"。栓柱也变了，不光胆子大了，还多才多艺。针灸，驱鬼，编筐篓样样行，而且成为周围数一数二的唢呐高手。他同几个穷兄弟拜了把子，到青云山寺院周敦和尚那里受了戒，成为佛教和道教的两教门徒。每逢殡葬他便领着一伙人，披袈裟，戴佛帽，执法铃，吹吹打打穿村过街。

上过小学的学德对父兄的行径迷惑不解，他问栓柱："哥，人家都笑话咧，你不害臊？"

"屁！弄不过活人，吃死人的饭嘛。"栓柱被灾荒逼得什么都能豁出去了，还怕别人笑话？

"真能捉鬼吗？"学德问父亲。大字不识的苍发老人，嘴里念出凡人不懂的咒语，难道那双诡秘的眼睛真能看得见鬼吗？张子招抹把胡须狡黠地说："有信鬼的就得有捉鬼的哟。好歹是一条活路，如不，喝西北风去？"

学德懂了，人生天地间，总得要想法子活下去，这是生命的最低要求。当面对死亡，当身边到处都是死亡，活着就是一切，什么脸面，信仰，道德或者法律，统统不在话下。

张子招一家正在挣扎地活着，没想到，已经出嫁的杏花出事了。

8　活不下去

那一年，张子招去南老山。看那地方山高水低沟岔深，压山塞野的黑梢林，野猪比人多，豹子敢白天进村抓狗吃，暗灰色的土地上积起厚厚的腐殖层，踩上去软腾腾地蒸发出薰薰的粪肥臭，不愁没柴烧，不愁没筐篓。尽管低水不扶高山，但是林生雨，根蓄水，土层总是湿漉漉，只要有苦力，啥都有了。他站在梢林边上，谗婪地张望着雾沉沉的沟岔和茂密的山林，心想："好地方呵！动动手就是柴粮。比宕岔强呵！"

"修条长路，把杏花嫁到南老山。"他安排好一门亲事，回来对三婶说，"安寨陈家沟，老大叫陈山羊，分家单过啦。公公叫陈骆驼，就一个娃，左手长六个指头，叫六六，毛岁比杏花大两岁。"

"骆驼，山羊，六指，这家人好奇怪。"三婶抿住嘴，"他家婆婆怎样嘛？这个说不清我不依，杏花是我养的。"

"五十多亩地，一座窑院亮堂堂，一头毛驴还有……"

"先不听这些，这世上但凡一家人，都比咱家强，我问这个婆婆怎样嘛？"

"四十几，长得黑些。"张子招没注意到这个婆婆，说不出什么。

"她的名声怎样，心眼好不好？"

"嗔！打烂砂锅问到底！有吃，有穿，有劳力，庄户人家还挑啥？"他打断三婶的唠叨。他没想，这一次三婶的担心是对的，他这一不耐烦，却把杏花耽误了。

第二年又是个瞎年头。春天黄风刮，夏天冰雹打，交完租剩下的粮紧把紧够籽种，张子招一家愁肠莫展，几张嘴拿甚养活？正在这时，陈山羊来了，小毛驴驮来二斗小米，提出让杏花早点过去："老二家缺人手，杏花先童养过去帮帮手，总是我陈家的人啦，娃们还能早点惯熟些。"

三婶不同意："他大伯，说亲的时候又没说要童养，娃不满十四岁，还小呢，我舍不得，还是你家接济点粮食，我养活。"

"定啦，少麻搭。"张子招打断三婶的话，"人家的人，人家不心疼？你看这年头，你能养活她一辈子？"

"老亲家说的是，一言为定，说办就办，今格我就领上走吧。"陈山羊赶紧接着话头。

"唉，哪能这么急？过几个月吧，把娃说顺了才成。她也是一口子人哩，又不是一只小山羊，"张子招想起对方的名字，改口说，"又不是一只小猪娃呀！"

"那就说定了，老亲家，腊月初六我来领人。"陈山羊卷好口袋，喜盈盈价告辞出门。

小小年纪就要去婆家，羞怯怯的小杏花心里充满了恐惧和无奈。三婶疼爱她，由着她的性子去玩，只是对她的双脚加紧了束缚。小杏花的嫩脚丫，在七八岁时就被三婶用白布带紧紧勒住。杏花哭叫："娘呀，饶了我吧，疼死啦！"三婶流着泪哄她，哄不住，抓起身旁的笤帚把子抽打，"娘也不愿意哟！不缠脚叫人笑话，长大了找不到好婆家。哪有不缠脚的女人？皇尚娘娘也是三寸金莲呐。"

腊月初六，说到就到。那天，寒风刺骨，阴坡的白雪上蒙了一层薄沙，结满冰的小河滩闪闪耀眼。小榆树上挂满霜絮，如同压满枝头的杏花，麻雀飞起弹动细枝，霜花纷纷落下。往常这个时候，杏花扫完院子端来鸡食，鼓起小嘴唇欢快地发出咕咕咕的声音，把鸡食散开让群鸡啄食，时而赶开霸道的公鸡，让位给受气的小鸡。今天放出笼的鸡群散乱在院子里，胆怯地缩起爪子不敢踏下，惊异地歪着头儿，谛听小主人在小窑洞里哭泣。

叮叮当，叮叮当，驴铃铛声从岔口传来，直向小坡响上来。这是陈家来接杏花了。

杏花被红布裹成包袱，拴绑在驴背上。陈山羊在前头牵毛驴，栓柱贴着毛驴，手扶着妹妹，随着沟坡的地势忽而跳到这边，忽而跳来那边，不停地提醒包袱里的杏花：杏花，上坡啦！杏花，过沟啦……

到了陈家沟，小山沟四五家，都姓陈。杏花刚进门如同山林里捉来只小麻雀，邻居都跑来看。小杏花低下头依偎在哥哥身旁一声不响，偶尔睁眼偷看一眼。女娃们像小蜜蜂围着杏花转，嬉笑着捏捏手指头摸弄小辫子。女人们猫下腰对着脸品头论足："哟，好俊气，大杏眼像两朵花似的。""瘦了点。""那脚缠得多小巧呀，立立正正的。"

"叔叔、婶子们，多担待着点。"栓柱向大家连连拱手，"人小还不懂事，没见过生人，没出过门，多指点着点。"安排妥当便作揖告别。小杏花想哭，可是看到周围陌生的面孔陌生的地方，知道不是她哭的地方，只能低眉顺眼，小心翼翼地留在陈骆驼家当童养媳。

婆家条件确实不错，她单独睡的后窑比娘家的正窑还要大得多。满炕苇席满面窗，阳光一直照到窑挛上，满屋亮堂堂。她未来的丈夫六六是个老实人，看见她还害羞，低着头不敢正眼看她。公公也是老实人，不声不响，埋头做事情。婆婆才是全家的主宰。婆婆是陈骆驼的后婆姨。她的头一个丈夫是土匪，常跑外，她在家卖鸦片，招赌博，独掌门户。那一年丈夫被几个汉子打死，她寡妇势孤，肚子却一天一天鼓起来。正在为难时，陈山羊到她那里去卖布匹，看她精明能干，想到老二陈骆驼刚死了婆姨，需要有个当家的，两边一说合便成了。

她来到陈家沟，没几天便生下儿子。一方是寡妇带肚有了主，一方是老来得子有了根，油灯开花，双喜临门！陈骆驼少言寡语，经常受外人欺负，于是她钥匙吊在裤带上，出头露面当了家。张子招说她"长得黑些"，实际上岂止"黑些"？而是特别的黑。她不单皮肤黑，抽烟把牙也都熏黑了。她长相奇丑，高颧骨，小眼睛，厚嘴唇，粗腰身，高嗓门，走路仰着头，说话不让人，说不过就动手打。外人见她都怕三分，陈骆驼和六六对她更是唯命是从。

婆婆知道自己长得丑，人前有点抬不起头。现在漂亮的小杏花来了，她觉得很有面子，对杏花宠爱有加。才几个月的时间，小杏花脸儿红润，小酒窝笑得起涟漪，一对大眼睛宛如初绽的花朵，漂亮地惹人喜爱。陈家，甚至整个陈家沟都闪烁着杏花的光彩。可是，婆婆发现，家里的中心不知不觉地往杏花那边靠了。儿子的眼里只有杏花，杏花要去挑水，他抢过桶担自己去挑。杏花想去劈柴，他抢先挥动斧头劈起来，有事没事地想讨好杏花。连陈骆驼都像对待自己的娃一样对待她，生怕她累着饿着。婆婆心里渐渐不自在起来。而且，有这个漂亮的媳妇在家里出出进进，更显得自己影丑形秽。那种自卑和被冷落的感觉越来越强烈，她决定要杀杀杏花的风头。

陈家沟的崖畔下，有一股清溪从村前的坡底下流过，溪边的土墩上长着一棵树根裸露的老杏树。溪流在这里绕了个弯儿，聚起绿汪汪的一窝深水。男人们在树前打水，挑着水上坡回家，这是家务活中最重的活计。婆姨们则在树后，坐在树根上洗衣服，洗好便挂在树杈上晾晒。

这天，陈骆驼习惯地挑起的桶担去打水，婆婆把他叫住，对杏花说："媳妇！怎敢让公公去挑水？从今格起，你去挑水，一天挑满三缸。"

陈骆驼说："不碍事，还是我去挑，女娃干不了这个。"婆婆说："哪有公公伺候媳妇的道理？我说让她挑就得她挑！"陈骆驼是有名的怕婆姨，不吭声了。六六一看不对，赶紧过来说："我去挑。"婆婆勃然大怒："怎么？我说话没人听了？有了媳妇不要娘？！"六六不敢顶撞，眼巴巴地看着杏花挑着同她年龄极不相称的大桶担，下坡去打水。

这个陡坡，有三十六个台阶。也不是台阶，而是挑水人上坡常年踩出来的三十六个脚窝儿。杏花挑着水桶，摇摇晃晃地上坡，一个没注意，前面的桶碰到陡坡，她失去平衡朝后打趔趄，水桶翻了，人眼看着要跌倒滚下去。正好被陈山羊在旁边看见，一个箭步赶上来扶住。他接过杏花的桶担："我来替你挑上去。"他灌满两大桶水，挑起来大步踏上坡。爬上坡头山羊刚要放下水担。婆婆咆哮着跳出来："好哇！谁让你来管我家的事？你能挑？我家没养出你这个大儿子哩！"

陈老大当众被弟媳妇骂，脸涨红得像紫茄子，硬着头皮说："你，老二家，出口伤人，你疯啦？没大没小的。"

平时陈老大对她忍气吞声，今天居然当着儿媳妇的面反抗，这让杏花婆婆暴跳如雷，没等他放下桶担，她扑过来扳倒一只，泼到陈老大身上，另一只桶带着扁担从陡坡暴跳着滚下去了。陈老大浑身水淋淋，像刚从水里打捞出来的老山羊，瞪起惊慌的眼，颤抖的手指着暴怒的婆娘："你，你，你，"边叫边退。

坡头吵闹，惊动了小小陈家沟，一窝出来看稀罕。陈大婶一眼瞅见老头子狼狈样，正被老二家逼着往后退，急忙上前拖转老汉往家走，杏花婆婆抓住不放手。

"唉唉，六六他妈。"陈骆驼赶来拉开她，"犯不着呵，亲叔伯呀，回家吧。"

"滚，给奶奶滚"，婆婆摔开男人，骆驼打了几个趔趄，陈山羊乘空脱了身。婆婆坐在地上抓天捶地，大哭大叫："陈家沟窝狗子哟，都来欺侮奶奶哟！"她抓乱头发，发髻吊在肩头上，眼射凶光，散开裤角，裹脚布头露出半尺长，一跳几丈高，口喷白沫，瞅见谁就冲着谁骂。"唉唉唉"，人们怕她，没人敢吭声，纷纷转回家去了。

婆婆满腔怒火回到家，看到杏花，操起火柱劈头打下来，杏花应声倒地。"奶奶宰了你！"婆婆扔开火柱抓起一把剪刀。骆驼先以为抽打几下就过去了的，瞅见她举起剪刀要刺下去，急了，跳起来夺剪刀："我的奶奶，你要撞下人命呀？可不敢！她娘家有人嘛。"

"张子招？顶个屁！"婆婆没把张子招放在眼里。

"张子荣！她二叔！"

婆婆一听张子荣，一下泄了气，心有不甘地说："他们又不是亲兄弟，能管这事？"老骆驼趁她一犹豫，抱起童养媳送进后窑去了。

从此，婆婆越看杏花越觉得不顺眼，随便找个由头，开口就骂，抬手就打。骂惯了口，不骂便没法开口，打顺了手，不打便没个着落处。陈家男人都不敢说话，杏花只好忍气吞声，任由婆婆从动手到动家伙，铁火柱抽打，纳鞋锥子扎舌头。杏花唯一的盼头就是熬到"梳头"，那是结束童养媳生活正式结婚的标志。那时候六六是她的男人，总会出头保护她吧？

她十六岁那年，陈家门上贴出两块四方的红纸。小山沟没人会写字，红纸当中画了两个大圆圈代替双喜字。杏花的小辫挽成了小发髻，成了六六的媳妇。本来以为当了媳妇能少挨打。可是婆婆并不收手，还是想打就打。婆婆打杏花，刚开始六六忍不住想护着，可是六六越是护着，婆婆打得越厉害，六六也不敢护着了。

有一天杏花又被毒打，晚上更深夜静，杏花枕着丈夫的手臂，泪水涌涌哭着说:"六呀,娘打得我受不了哩,你领上我逃命吧。"六六为难地说:"往哪儿逃哇?"正在这时候,就听"咔喳"一声,窑门被踹开了。原来,婆婆就怕杏花挑唆六六和她对抗,偷偷在门口听到他们藏在被窝里的枕边话儿。婆婆跳进来发疯似的扯开被窝,抡起铁柱乱抽。

"娘呀,别打我呀!"六六尖声叫着,摸起衣裳溜走了。

"小妖精,奶奶有耳朵!"婆婆对着赤条条的媳妇疯狂地抽打。杏花的心碎了,一动不动任由她打,婆婆的毒打和丈夫的怯懦让她彻底失去了希望。突然间,杏花站起来,面对婆婆大喝一声:"你打!菜刀、铁锹、剪刀,你来打吧!"

婆婆第一次看到她愤怒至极的模样,心里一惊,媳妇年轻力壮,真的逼急动起手怎么办?她心虚地骂着,走出后窑。

婆婆回到正窑,倒头就睡。公公骆驼睡不着,不时地探起身仔细听,怎么后窑没有一点动静?往常都会哭一会儿的。他推一推婆姨,担心地说:"不对劲呀,咋这么静呢?"

"管她呢,睡觉!"

正在这个时候,出去避风头的六六蹑手蹑脚地回来,悄悄地打开后窑的门,突然,惊慌地惨叫一声:"杏花,你你你,做甚呢?!娘!不好了,她上吊了?"

这一下,陈骆驼目瞪口呆,婆婆口呆目瞪,都吓傻了。这个消息让整个陈家沟都惊动了。杏花是上吊自杀,怨气重,煞气硬,按风俗不停尸,大家帮着赶紧入土为安。

第二天上午,宕岔的张子招正坐在门槛上搓草绳,老伴围着灶台忙活。

"踏,踏,踏",小坡响上来生疏的脚步。他俩停住手,惊异地看着神色慌乱的女婿六六。他脸面焦黄,拿根红柳鞭杆,鞋袜裤角落满了黄土,斜挂个布包,腰里别把镰刀,跌跌撞撞地走进来。

"啊,六六,你怎来?你怎?"

六六放下鞭杆,朝岳父岳母嘎噔跪下,"她,她,她……"

"她怎，怎，怎呀？"老两口的心跟着往下沉。

"她，她夜格……"六六结结巴巴，"上吊了。"

"天呀！我的杏娃呦！"张子招夫妇恸哭起来。

六六解开包袱，将杏花的遗物双手递给岳母，从怀里掏出一件沾满血斑的小内衣说："这个让我留个念想吧。我不回去啦，上有天下有地，不信没我走的路。"说完，磕了几个头，抓起鞭杆大步跨出门。

张子招打了几个趔趄，靠住炕沿喘气，老伴转过身来，慌慌乱乱打扫供台，点燃供灯，插上香，跪在佛前哭泣。婆婆虐待杏花，他们早有耳闻，只是"嫁出去的女儿泼出去的水"，他们也不好说什么。只是万万没想到竟然把杏花逼上绝路。对这突然的打击，一家人寻思不过来，觉得好像不是真的，哭一阵，愣一阵。

半晌时分，张子荣听说老大家里出了事，走来埋怨："你们怎不早说？窝囊！"

"我们总以为。"嫂子刚开口，张子荣摆一下烟袋冷冷打断，"你们总以为老佛爷会保佑，咳咳，这几个小泥人顶屁用？为啥不把六六那小杂种扣住，抽他的筋？"

张子招说："不怨他，坏就坏在他娘，太，太歹毒啦。"

"屁，一个模子的货！二十来岁的人，媳妇都护不住，他是吃草料的？"张子荣狠狠地说。

正在这时，小坡又响动了蹄脚，陈骆驼牵着小毛驴上来了。张子招见了，眼里冒火："你这老东西！来做甚？"

"接你，接你们去，六六家的，那个，那个啦！"陈骆驼胆怯地说。

"丧天良的，生硬害死了我女儿，你们还算人吗？"张子招喊叫。

"还我女儿来！"三婶哭叫着拉住陈骆驼。

这时候，院子里，墙头上，窑顶上，对面的坡道上，都站满了人。陈骆驼提着缰绳定在院口不敢动。张子荣从屋里出来了，骆驼一见他，嘎噔跪下，不住地磕头。张子荣揪住骆驼的头发，左右打了几个耳刮子，骆驼顿时鼻口流血。张子荣夺过缰绳叱斥："狗杂种，毛驴留下二爷要骑，滚回去，告诉你那母夜叉，你二爷随后就到，剥她的皮！"说完，朝他屁股后头蹬了一脚。陈骆驼跌跌滚滚，顺势跑了。

张子荣牵着毛驴下坡，回过头来对老大说："要闹，到陈家沟去闹，我随后就到。"

陈骆驼慌慌张张地逃回家。那婆婆一听张子荣要来，犹如五雷轰顶，六神无主。陈家人知道，张子荣插手，大祸临头。六六跑了没回来，陈骆驼夫妇顶上窑院大门，也跑了。

9　凶神恶煞

　　陈家沟是个偏僻的小山庄。国家大事民族兴衰这类山高皇帝远的事，基本没人知道，但是张子荣的行事，却是家喻户晓。女人们坐在炕头做针线活说道他，老汉们在院畔谈论他，而且越传越稀奇越可怕。杏花婆婆原以为张子荣和张子招不是亲哥俩，捱不着她，没想到，杏花出事，他竟然要来！

　　说起张子荣，好人躲不迭，地痞怕剥皮。鸡蛋里他硬能挑出骨头，针尖大的眼儿能戳成个大窟窿，把死人说活，活人说死。他拿得起放得下。进赌场，碰上手气好，连赢几把，忽而手气背，输了一把，立即撒手走开。有人诱他鸦片上瘾，让他白抽不花钱，他也抽，觉得不抽就不自在了，他放下烟枪就不抽。他生了三男二女，老大胆大，叫去当兵，要他混个营长团长的。老二机灵，送去念书，要他弄个一官半职的功名。军界政界吉凶无常，怕不保险，留下三儿子务农养老，真所谓狡兔三窟左右逢源。两个女儿都已出嫁。

　　就在这年的正月间，他出嫁的大女儿不安分，与人有了奸情。这次同情夫相会，被婆家当场捉住。陕北农村崇尚古律，有了奸情就是犯了逆天大罪，或棒杀，或沉塘，裸体受刑，严惩不贷。婆家将这一男一女削光衣服，一颠一倒，捆在一起扔在炕上。不到几顿饭的工夫，这桩丑事便四散传出几十里。正月人闲，一哄都跑来看稀罕，看光屁股，看杀人，这可是难得的机会。当人们知道淫妇是张子荣的女儿，更觉得好看，都要看这个到处说嘴无人敢惹的家伙，如何向婆家交代？脸往哪儿搁？往后怎样在人前走？

　　张子荣冷冷地瞟了一眼来报事的女婿，脸上挂出一丝狞笑，一句话没说，骑上驴来到女儿亲家。亲家的窑院，里里外外都是看热闹的，几百双眼睛瞅着张子荣。只见他面无难色，不慌不忙，嘴里衔根二尺长的旱烟袋，八字胡须立整地翘起，眼睛不看人，好像周围没这些人

49

似的，人们倒静下来。

"唉！亲家你来啦，你看这，这咋说嘛。"亲家几个笨嘴笨舌地对他说。他一句没吭，瞟一眼炕上那对儿赤条条的男女。女儿从情夫的腿缝隙间，瞅见张子荣来了，也顾不得难为情，急切地叫："大呀，救救我！"

他全然不理会女儿的呼救，严厉地向公婆女婿们发问："你们要不要人啦？"

"亲家你看嘛！弄成这个样，我们还怎么要嘛。"亲家为难地说。

"再说一遍！说明白！我问你们要不要人啦？众人都听见！"他瞪起眼，大声喝道。

"大，救我！救救我！"女儿凄厉地呼唤。

"这，这，这，到这地步啦，我，我们，唉，不要人啦！"公公被逼无奈，大声地说。

"好哇！这是你亲口说的！"张子荣拿旱烟锅子指定嘴唇哆嗦的亲家，又朝众人环绕一圈，"众人为证！"他八字胡翘得更高，用烟锅子指指奸夫的爹："我再问，你的人，由你们办呢，还是由我办哩？"

"你，你，都，都由你管教吧。"奸夫的爹无可奈何地说。

"大呀，救我！大呀！"女儿在哀叫。

"那好。"张子荣霍地站起来，挥手吩咐将两个男女解开，穿上衣裳，再分别五花大绑捆住。人们松了口气，女儿垂下头，长发遮住脸，暗自寻思也许得救了？张子荣又叫取来十刀小白纸，端来一盆水，当地放下一条长凳，喝令把女儿放在长凳上，仰面捆起来。

"大呀！亲爹呀！你要干什么嘛！"女儿觉得事情不对，破声儿嚎叫。在场的人大惊失色，急急后退。女儿捆在长凳上，乌黑的长发垂在两旁，白皙俊秀的脸儿，洁白整齐的牙齿，黑花花的泪眼望着站在身边的父亲。

"大呀，饶了我吧！叫我看上一眼娘吧！"女儿尖声叫。

她的声音没落，张子荣从水盆里捞出一刀水淋淋的纸，照着女儿的嘴巴和鼻子"啪"地盖下去。女儿睁大眼睛，鼓胀起脸。

第二刀麻纸滑开了。

"大，饶……"

啪，第三刀上去了。吓！吓！人们惊恐得喘不过气来，掩住面不忍看，公公婆婆抱住头，蹲下来恸哭。女婿过来跪下，刚想开口，张子荣一脚踢开，女儿翻白眼拼命挣扎。

"大……"女儿含糊地叫着。啪，第四刀纸上去了，女儿急急翻起白眼，瞪得更大，眼角迸出鲜血，全身抽搐，声音消失了，隔一会抽搐一下。

"亲家，留她一条命吧。"公婆哀求。

"走开！"张子荣眼角通红，"捉奸由你们，要不要人也由你们，这会儿由我不由你们啦！"他咆哮着推开想解救的人。五刀，六刀，压到第八刀，女儿眼珠凸出，七窍溢血，死僵僵挺在长凳上。张子荣一口气完成了他的杰作，这才坐下来，点起一袋旱烟，翘起的八字胡简直是倒竖起来了，喷出一口烟雾，冷森森地盯住奸夫。

"天哪，给我个快刑吧！"奸夫在炕角蹬着脚哀叫。这个壮实的后生，叫得那么凄惨那么绝望。他不求活了，只求快点死，早点给他来个痛快的。

"好哇！"张子荣瞪起发红的眼，盯住奸夫的父亲，逼问，"你纵子不规，害了我女儿一条性命，嗯？你的人怎处置？"

"天哪，给我快刑吧！"后生喊。

"怎，啊？怎办，怎……"奸夫敦厚的父亲急火燎烧地不知所措。

"快呀，我等着你的呀！"张子荣催逼着，同时叫把女儿的尸体解下来，腾出那条长凳。那父亲浑身颤抖下不得手，族中人看出躲不过去了，长辈发话，一伙人扑上来，将后生塞进毛口袋，死死捆住，一条穿心杠抬起来就走，后生在口袋里直声嚎，一直嚎出村外，活埋了。

张子荣叫人给女儿穿戴好，装进给公婆准备的棺材里，停放在炕头上。叫当事的两家人，将有关的族中长辈请来，还有邻坊四舍的人。杀猪宰羊，摆出几桌酒席，说他还要商议后事如何办理。人到齐了，待众人坐定。这时亲家想主动赔礼，把事和解下，捧过来一碗酒，刚说了句："请亲家担待……"话音未落，张子荣抓过酒碗朝老汉砸来，酒碗从对方的耳边擦过，砰的一声，落地打碎。

51

他跳起来大声叱斥:"亲家?谁和你是亲家?冤家!女儿在我家清清白白端端正正,谁不夸奖?到你家来,门风不正,害了我女儿的性命!担待,嗯,担待啥?还有你家。"他指着奸夫的父母,"你们纵子不规,为非作歹,害了我女儿,嗯?我女儿是我一把屎一把尿养,养大的,我不易啊!"他悲戚地抹一把泪,又指着女婿,"你这男人是怎当的?眼睁睁断送了她的命,你两家老小,好可恶啊!人,你们不要,我要,我要人!"他气愤满胸,"女儿是我养的呀,嗯!还我的人,狗杂种们!"

"啊?啊!"两家人都傻了眼。

"啊什么?我要人,你二爷是好欺的?瞎了你们的狗眼!"他指定女婿,"我女儿嫁给了你,你能叫我女儿做孤魂?你,立刻跟她下阴曹去,绳子,刀子,你自己挑!"

"哎呀,使不得!"亲家父母叫起来。

"哎呀啥?还有你们两个老不死的家伙,管教不严,害了两条命,该当何罪?狗杂种们故意要丢二爷的脸,二爷这条命也给你们!"他八字胡须倒竖,目放凶光,噌地从腰里抽出一把明晃晃的杀猪刀,啪地扎在酒桌上,大吼:"爷爷剥了你们的皮!"

张子招说的好像也在理,他手黑,也真能下得了手,这可了不得。两家吓得跪下直作揖。族中长辈和众人一齐向二爷哀求,情愿赔偿抚恤费。他握刀在手,刀光在空间划出一笔笔账,从怀胎算起,说两家的家业全搭上也不够这一条命。最后两家请来和尚道士,两班吹鼓手,两家老人披麻戴孝给杏花送葬,倾家荡产抚恤张二爷。他这才骑上毛驴,驮驮挂满,骂骂咧咧地走了。

如此凶神恶煞般的张子荣,无事还搅三分,杏花死了这么大事,他来了还不闹翻天?陈家人闻风丧胆,能走动的急急忙忙地都走了,留下一个空窑院。张家人扑了个空,让陈家逃过一劫。

10　桃花出嫁

　　杏花的婚事是张子招自作主张办成的。杏花的悲惨结局让张子招后悔不及,对小女儿桃花的婚事再不敢多嘴,交给三婶拿主意。桃花与内向腼腆的杏花不同,她外向开朗,好奇爱动,是女娃群里的欢乐中心,是家里的小淘气。村里来了传教士,别人只敢远远地看,她却走过去,看洋人长啥样,听他们咋说话,还拿回福音经看。娘给她裹脚,她偷偷放松缠脚布。她长得漂亮,水汪汪的大眼睛,瓜子脸儿白里透红,嘴唇红润,两个小酒窝,似笑非笑,秀发乌黑亮丽,粗辫扎着红头绳。来上门提亲的后生不断,三婶千挑万选总不满意。

　　后来,在牛家沟的亲大姐介绍同村牛大伯家的独生子牛蹄儿。他二十一岁,壮实,看见生人拘束腼腆像闺女家。公公,紫棠色脸,热心肠。三婶到大姐家住了一段日子,多次去牛家探访,人家相亲看后生,她专门看婆婆。这婆婆看上去就善模模地,一天操劳到晚,从不说三道四,和邻居从来没有红过脸。牛家有三十多垧近村地,一片水浇地,有杏树,有枣树,一头小毛驴,自成院落,一进两开,两孔石碹窑洞,碾磨俱全,养羊养猪,院前十几步坡下便是小井泉。农忙种田农闲挖炭,丰年有余粮,荒年也能过得去。三婶一进院里,就觉得眼亮,墙是墙,院是院,干净整齐,啥都不缺。她回家来对桃花说:"娃,娘给你找了个好婆家。"

　　腊月初二,牛家来定亲。

　　那天朔风凛冽,无定河水被两岸的坚冰一步一步挤入狭窄的河槽里。混浊的河水,像一条被钳住的巨蟒,带着冰凌像卷动鳞片似的翻滚呼啸着奔腾而下。等到天再冷些,河道就会冰封,渡船便停了。今天宕岔要赶早过河的人特别多。在渡口上,人们粗野地叫喊:"快点!快点!"小毛驴怕水,夹住尾巴往后退。平常那么爱护自己牲口的人,这会儿却凶恶地咒骂着,毫不怜惜地抡起鞭杆抽打,强迫它跃进船舱。

人们的脚踏在水里，鞋袜结成冰疙瘩。牲口跃进舱，碰破了腿，鲜血淋淋打哆嗦。

"挤不下啦，挤不下啦！"撑船的把式大声喊，"不要命的，想煮饺子啦？"

有人扒住船沿不放，船夫怒喝着飞起脚，蹬脱抓船的手。长篙淋漓着冰水越过人头，朝岸边一点，离了岸。划出几步又停下来，冰凌碰得船身嘭嘭响，船中走出来一个船工，冻僵的手捧个小笸箩儿，沙哑着嗓子说："天寒地冻地，收几个受罪钱噢！"渡河虽然有价，但牲口的大小，东西的多少，却是要讨价还价的。人们争得脸红脖子粗。"下回补，下回补。"少给了的人都这么推脱。

二掌柜刘来运，同他家的长工和大黑骡子占据了船头的一节舱。刘来运穿件礼服呢料面的胎羊皮长袍，雪白的羊毛露出半寸多，头戴火车头皮帽，穿双半高腰紫绒毡窝子，脖子还围条驼毛长围巾，袖手迎风而立。长工牵着缰绳趾高气扬地噘着嘴望着河那头。黑骡子头上挽了几颗红缨疙瘩，脖子挂一圈铜串铃，鞍背上搭一块栽绒毯，银镫刻着富贵不断的万字头，银镫寒光刺眼。骡子高昂起头竖直双耳瞅着上流，哗啦哗啦咬着口链，不时喷鼻子吐白气，铁蹄不停地刨舱板。

收钱的船工来到刘来运面前，躬下了腰，伸出柳条小笸箩："啊哈，二掌柜，你老看着赏赐点儿，没多有少，十冬腊月啊。"

刘来运待答不理地说："钱，有的是，就怕你手短够不着。"正说着，一抬头看见上游漂来一块门扇般大的冰凌，直朝船头冲来，"哎呀！大的，大的……"

"开船，开船！"撑篙的人盯着刘来运低声骂一句"断子绝孙"，篙头狠劲一点，船身猛地一动，开船了。

渡口上横跨一根碗口粗的缆绳，中间穿一只大铁环系着木渡船，掌船的把式拿根长艄杆，立在船尾左点右撑地控制方向。木船左右两支桨如同张开的翅膀，在河面上交替地划，保持平衡。嗨唷……嗨唷……船工们一张张焦黑的脸，僵裂的嘴唇，穿着冻得硬邦邦的鞋，有节奏地喊着号子，同心协力地拨动铁环滑动渡船，渡船像一支落水的鸟儿，衔住铁环扑打着向对岸飞。

栓柱也在船上当船工,他一边拨铁环,一边留神对岸渡口。他一眼看到说媒的大姨夫,便知道旁边那个人是牛大伯。他牵头黑毛驴,驮驮挂挂,袖着大袖筒,两人的肩上都挂个毛褡裢,装得满登登的。

"得啾,得啾",船靠岸,下船的人走干净了。牛大伯拉着毛驴上船,可是毛驴夹着尾巴往后坐。栓柱招呼一声,跳下来几个伙伴硬把毛驴拉上船。开船了,牛大伯摸出旱烟袋要抽,船身一晃赶紧又插进腰里,只觉得河水滚滚流,两岸朝后漂,晕得直想吐,他害怕:"咿呀呀,隔河不算近,隔山不算远,这么凶险的河道,为啥不修座桥呢!"

"哈哈哈……"船上人都笑了。无定河,无定河,连河床都不定嘛。头年河上搭个桥,第二年说不定桥就在河滩上了。

"唉唉唉,有啥笑头?"栓柱拨动着铁环,"能料死过去,料不死未来,说不定哪年河就能定下来哩。"

"哈哈哈,也许太阳从西边冒出来。"全船大笑,栓柱也苦笑笑。

宕岔人冬天都吃两顿饭,现在唯有张子招家的烟囱里冒出炊烟。桃花拉着弟弟小放躲进后窑。三婶和媳妇在灶台前忙着做饭,间或插上几句。大姨夫坐在炕头,怀前放了个小凳子,这是专为他吃饭用的。张子招一只腿跨在炕沿上,抹弄着胡须说话。小窑里热烘烘,牛大伯的关公脸涨得通红,盘坐在炕上首,烟袋嘴放在嘴边,香火摁在烟锅子上,老说话来不及抽烟。地上摆着彩礼,一深一浅两匹毛蓝布,二斗老黄米,细粉条,两瓶香油,两瓶酒,瓶口塞着大红枣。

"我知道你家手头紧,吃穿不宽裕。"牛大伯直耿耿价说,"都按双份搭配,你家吃斋,猪羊就免了吧。"

"好好好,亲家想得周全,往后的日子长着呢,不看这会儿,看以后过日子呀!"三婶满意地说,"心意到了就行,不要太破费嘛!"

"放心,饿死我俩也不能让娃受罪。"大伯特意提高嗓门给躲在后窑的桃花听,"只要娃不嫌弃我家就好啦!"

这句话桃花一字一句听清了。她虽然没露面,但是一再让弟弟去打探,公公的面貌怎么样?行为举止怎么样?她守在窑口仔细听着前窑的谈话。听来听去,这头对公婆放下了心,那头对未来丈夫却担上了心。可是他们说这说那,偏不提她男人这一头,好像他们只关心结亲,她的婚事倒是其次了。

"麻利点，上饭！"张子招看时间差不多了，催促起来，"河道不走好呀！"

热腾腾的杂面面条一碗接一碗端上来了。大家"吸流，吸流"地吃面，顾不得说话了。

牛大伯临走的时候，掏出十块袁大头，挨个儿敲打一遍，证明不假，放在亲家面前："眼下手头太紧，收下吧，担待着点。"

"哎呀呀，亲家，你那头的花销大呀。"张子招说，"我不图彩礼，只求娃往后能过上好光景，少留点吧。"牛大伯摆摆手，大步往外走。

"要不今个住下吧？"张子招用挽留的话儿送亲家。

"往后的日子长哩，赶早过河啊。"大伯边说边大步迈出门，忘记了窑门低，进门时头碰到门框上。

"亲家，头！"张子招提醒的话音未落，牛大伯的头"嘭"的一声撞到门框上，忍痛揉了揉。

按规矩，实来的不能空着走。张家早预备好了，毛驴驮了两扇大黄糕，毛褡裢装了几斤枣。"打啾啾，打啾啾"，毛驴转下坡头欢快地摔打尾巴走了。

腊月二十九，牛家来迎亲。三婶给桃花梳头，解开辫子挽成发髻，从头到脚被红装裹束起来，哥哥栓柱将她抱上马背。前迎后送，吹吹打打，桃花成了牛大伯家里的新媳妇。张子招夫妇歇下了心。

11　有苦难言

　　清明过去，春天才迟迟来到牛家沟，漫山遍野的果树竞相绽放出花朵。带着冬寒的春风，吹得枝梢呜呜响，吹得花瓣飘飘飞，树木吐出新叶，大地冒出嫩草，绿叶下藏着毛桃和青杏。刚出壳毛茸茸的小鸡嘤嘤叫着，跟在母鸡后边追追啄啄。家燕穿窗入户，忙忙碌碌衔泥筑窝。

　　桃花过门后，公公婆婆像亲闺女一样对待她。母亲确实是给她找了一个好婆家。但是婆家再好，也得和丈夫过日子。桃花体态丰满，秀发油黑，正是青春年华。刚过门时，牛蹄儿也是意乱神迷，每到晚上，折腾的桃花浑身燥热春情荡漾，可是他自己却不行，像一条没装粮食的空口袋，心有余力不足。时间久了，牛蹄儿死了心，晚上不哼不哈，不敢抬头正视她一眼，上炕蒙头便睡，直到雄鸡唱过三遍，他准时醒来问："鸡叫几遍啦？"

　　桃花结婚一年多还没有动静，让抱孙子心切的牛家夫妇异常焦急。婆婆想起儿子小时候的样儿，心里发慌，悄悄问桃花："娃，你咋还没动静，莫非牛蹄儿对你不那个？"

　　"娘，你老人家养大的儿子，你老不知道？"

　　"知道什么？你告诉我，我教训他。"婆婆不愿意相信自己的揣测。

　　"好大娘，我咋说哟？反正不会有娃了，我奉待你老人家一辈子。"说着，她哭了。婆婆一听就明白了，也哭了。一个哭今生命苦，一个哭牛家无后，婆婆说："桃花呀，你担待他一点，我们多去庙里求求，说不定什么时候他就行了呢。"

　　桃花自叹命苦，嫁鸡随鸡嫁狗随狗，这是女人的命，看样子这辈子只能活守寡啦。可是，谁也没想到，牛家沟来了一个小木匠，偏偏他是桃花的旧相识，旧梦重温，惹出一场大祸。

　　小木匠名叫方长，是二十多岁的俊俏后生。他老家在河南，那年黄河决口父母淹死，家也被沙石埋了。他有木匠手艺，门窗，箱柜，犁耙，水桶，棺材，家具都能料理得来。于是背起木匠家具，到处流浪找活干。走到哪村就是哪村的人，给谁家做活就在谁家住。那年的春节前，方长来到宕岔，拿根木棍敲响推刨，到处吆喝。可是各家都忙着过年，哪家也不用人做活。张子招见他冰天雪地没地方落脚，好心地把他叫回家，让他同儿子们睡在一条炕上，过了年关再说。

正月初一刚过。别人拜年，放炮，闹秧歌。方长的手闲不住，从破窑院里找来那些只用来搭小棚当柴烧的乱杂木，打成小书柜、小凳子。几块像样的木头片，拼成两扇门，还打成一个厨柜。桃花帮他找木材，拉下锯，她觉得这个憨厚的小木匠心灵手巧，乡间的粗细活都会干，只要有活干，不愁吃不愁穿，不愁零花钱，背上木匠家具可以走遍天下。"要是我找上这么个男人，走南闯北，不比待在山沟沟强？"她偷偷望了他一眼，正好他也在瞧她，她脸儿绯红，低下头不敢看他。

方长知道桃花喜欢他，他更喜欢桃花。他想，要能有这样漂亮善良的媳妇，那真不枉此生。但是自己流浪四方，在无处栖身的年关里，人家一片善心，收留他落脚，自己怎能做歪心狼，打上人家闺女的主意？于是年关一过，方长狠狠心，千恩万谢地告辞，背起木匠家什走了。他走了，但身影还时时地在桃花眼前晃动，好像把她的魂也带走了。当然，她再喜欢也只能想想而已。媒妁之言，父母之命，她还得按照老辈子的规矩嫁进牛家。

方长游走四方，心里日夜萦绕着桃花的身影，只是想起张子招对他的恩情，克制着不去宕岔。也许就是缘分，他不知道桃花嫁到了牛家沟，但却鬼使神差地来到这里。这天，他刚干完一家的活，牛大伯来叫他："方木匠，我知道你这家的活儿今格完，给我家做几天活吧，茶饭没好的，莫嫌弃。"

"手艺人有啥挑拣的？"方长拍打身上的木屑，跺跺脚上的尘土，扛起木匠工具跟在牛大伯后头走。刚进牛家大门，蓦然看见桃花，心里一惊，又一喜，手足无措地摸着肩头上的木锯斧柄。

桃花正倒坐在门坎上纳鞋底。听脚步有点熟悉，回过头来，猛地看见方长！顿时芳心大乱满脸涌上红潮，针尖刺破了手指，鞋底子掉落在门坎下，慌乱中跳起来，掩住急剧跳动的心，低头转回后窑。

方长弯腰拾起鞋底，木锯碰响推刨，喃喃地说："弄脏啦，弄脏啦。"

牛大伯全没注意到这些，只顾呼唤老伴添水做饭招待木匠。

方长看到桃花惊喜和羞涩的表情，知道她还没有忘记他，于是想方设法地接近她。桃花那一头，也不想掩饰对他的爱。就这样，一缕不断的情丝接上了。桃花偷偷和方长睡在一起，第一次尝到床第之欢的美妙。一夜又一夜，牛蹄儿照常呼呼鼾睡，大伯大娘没半点儿猜疑。而他们享受着偷情的欢乐，自以为神不知鬼不觉。

牛家沟有个老光棍，专门喜欢溜墙根趴窗户，听年轻夫妇在床上的动静，过过干瘾。这一天，他溜进牛家，意外发现桃花和小木匠搞到一起。于是他把这个风流韵事到处传播，最后，终于传到牛大伯耳朵里，"老糊涂，给儿媳妇招来个野男人，方木匠和桃花明铺夜盖，谁不知道？"

牛大伯气鼓鼓地回到家，也不好明问，只是气狠狠价对方长说："你，活放下！我另找人。往后别再进这个院！"牛大伯把方长撵走，但知道是自家娃在床上不行，对儿媳妇也说不出狠话，只是冷漠下来。

"鸡叫几遍啦？"那天早上，牛蹄儿醒来照常问，可是没人应声，"唉，怎啦？"他揉揉眼皮，朝炕那头望望。只见被头掩住枕头，大概还在睡呢。他爬起来去挑担水回来，提起桶往缸里倒，婆婆问："你媳妇今格怎还没起来？"

"谁知道，被窝枕头都没动嘛！"

婆婆心烦，总觉得要出事，走进后窑，朝被窝轻声儿问，"娃，今格怎啦？哪打不舒坦？"没应声，她发现不对劲，掀开被窝，大惊失色地叫，"他大，不好啦，快起来呀！小牛家不见啦，我的老天爷啊！"

牛大伯手发抖，扣不住扣子，提着裤腰跳过来。牛蹄儿面对这突然变故，急火攻心说不出话来，里里外外寻遍了不见踪影，前后门都关着的，只是后窑的小窗户没关死。牛大伯叫来族中几户亲近的，慌慌乱乱在村沟畔，芦苇地，凡是便于藏身，上吊的地方都找遍了。终于在没有路的庄稼地里发现了一男一女的脚印，爬坡跨沟，踏上一道踪迹。

牛大伯一伙六七人，一路跟踪追来，蹚过河，眼瞧见脚印歪歪斜斜朝河岸上的河神庙走去。牛大伯头顶冒火，青筋暴起，直冲河神庙，一脚踹开庙门，看到一对战栗着的男女。牛大伯气破了肚皮，几条木棒劈头盖脑抡下来……

　　宕岔，张子招同栓柱刚收拾罢粪肥，伸伸腰吁口气。猛听沟岔人声鼎沸，阳畔上，对面坡，有人叫："抓住啦！抓住啦！"

　　"出了啥事？谁家？"他正疑惑间，一群人像天塌山崩般地朝小窑院涌来。牛大伯押着五花大绑的方长，另几个人押着五花大绑的桃花。方长光膀子遍体鳞伤，身后木棒赶着走。

　　"这，这，这……"张子招一家呆呆地依墙发愣。

　　桃花和方长背绑着，吊在窑掌平常搭被褥的横杠上。窑顶上，院子里，屋子里，里里外外挤满了人，牵牛花踩断了，枝蔓在脚下踩来踩去。

　　"哈，两个吊起一对！""活的？死的？""死的还有甚看头？""让让，轮替看看呀！"外头的喊叫，"拉出来不好吗？外边宽敞呀！""脱光，脱光，拉出来！"

　　桃花和方长吊在横杠上，脚尖离开地空悬着。桃花长发披散遮住了脸，不哭不叫，也不呻吟，垂着头等待生命的终结。方长光膀子斜歪着头，闭住眼，脸上血迹斑斑，身上红一片青一片，绳子勒得血管突起胳膊鼓鼓肿胀。三婶坐在女儿脚下，大腿将女儿的脚尖垫起。牛大伯坐在炕当中，腿下压根木棒，脸涨得通红，睁大眼睛喘粗气，一锅子接一锅子抽旱烟。张子招坐在炕头上，耷拉下眼皮一声不吭。栓柱立在炕沿前挡住围观众人，栓柱媳妇守住后窑门。

　　"呸！狗杂种！"有两个人不顾哀告推开阻拦，跳上炕，揪住方长的耳根子，一连给了几个耳刮子。又揪住桃花的头发，搬起脸："呸，小妖精，你爹娘怎养活出这号货，给宕岔丢人哩！"

　　"行行好，乡亲们，别糟蹋啦。"三婶哀求道，"犯了哪一条，照哪条办嘛！"

　　恼恨的牛大伯，满以为双双抓住了，想发泄一下憋了一肚子的羞怒，叫亲家看看还有什么可说的？可是没料到，事出在他家，方长如何到他家？男人为啥看不住媳妇？诸如此类的问题让牛大伯有苦难言，不知道如何答对，只得埋头抽烟。

太阳落山，人散了。张子招埋怨牛大伯："我的女儿到了你家，是你家的人了，事情又出在你家，不分青红皂白押到我家来，你说怎办嘛！"

"哼！"牛大伯睁大眼睛，"人跑了，我得追回来呀，我不来你家来谁家？"

"怎办？大伯？"栓柱悄悄问，"要不把人留下，立个文书休回给我家？要不叫我二叔来？"

"不不不！"大伯一听叫张子荣来，吓得直摇头，"我一时气急才走到这地步，只要她回心转意过日子，我不嫌弃。不是为了要人，我就不追啦，要不，我带上毛驴作甚？"

"那你就不该这么办啊！要人偏又弄得见不了人，你看这么办成不成？"栓柱附着大伯的耳朵说出个法子，大伯不住点头："成，成，大伯听你的。"

时近半夜，牛大伯突然惊叫："方长呢？啊？人跑了，快，快追呀！"牛家沟的几个人被惊醒，一齐喊叫着追出来。全村一阵犬吠，夜色茫茫，山壑重重，哪里还有方长的影子？方长跑了，戏散了。牛大伯乘天还不大亮，将媳妇绑在驴背上，抄小道悄悄离开了宕岔。

"娃，也是我们命苦，蹄儿当不起男子汉。"婆婆知道桃花的苦处，守着不哼不吃不喝的儿媳妇流泪。没精打采的丈夫，按父母的要求给桃花端水送饭，默然承受着别人鄙视和嘲弄。牛大伯对桃花说："只要你回心转意，这事儿以后就不提了。年轻轻价一步走错了，改过来，往后的日子还长啊！"

桃花嘴上答应着，但心里已经打定了主意。她并不懊悔偷情，她懊悔的是没能逃脱，害了自己，害了方长，辱没了爹娘。

那天，她避开陈家人，走上十来丈高的断头岩，跪在岩畔上，远望山峦起伏，漫漫秋野，秋阳惨淡，朝娘家方向磕了三个头，跳下山崖。

12　五叔拍板

民国十九年，陕北从大灾中缓了过来。秋天，小学校又开了学。刘汉玉发话，以前上了学的娃都得来，于是学德又上了学。王先生已经没有了教书的心思，弃学从商去了。又从鱼河堡请来一位姓张的先生，这是从洋学堂出来的洋先生。可是他既没当先生的才智，也没为人师表的德性，学生纷纷退学，不久他便让学生都毕了业，自己跟上岳父曹老九的戏班子混饭去了。

张子招接连遭受打击，整天唉声叹气，感叹生活的艰难。三婶一日三叩首，早晚一炷香，期盼神明开眼。

民国二十年春节刚过，三婶作罢早祷，立在供台旁定神，以便从神的身旁回到人界。张子招一只脚踏在灶台上，叫来栓柱和学德，长吁一口气："咱的年过完啦！今年的日子怎过法？我老了，干不动了，以后要靠你们两个咧。"他将目光落在栓柱身上，"你大啦，替我跑外吧。南边红一阵白一阵，路不通。草地上闹土匪，也不行。宁夏也许是条活路子，你去闯闯。家里的活我揽下来，不管怎说，财主家的账得想法子还，总不能叫龟孙们攥住脖子。"

提起财主家的账，阴云立刻罩住了全家人。栓柱咬住嘴唇不吭声，嫂子拿起水勺没处搁，三婶张开口不知道说啥，张子招恨恨价攥紧拳头。小窑洞冻僵了似的，只听见坡底下小铃铛叮当响，院子里鸡群咕咕叫，天空中有一只老鹰尖唳地长鸣。

张子招的胡子愤愤抖动，对学德说："都说你念书有点灵性，可是穷人家念书有啥用？以后再也不念书啦。"张子招伸出硬僵僵的手，抚摸着学德的头："翅膀还不硬哩。跟我在家受苦吧，这是根本，明格给刘二叔家背粪，活变驴。"

"成！顶不了一个顶半个。"学德干脆地答应，羞呢地扒开父亲的手。他今年十三岁，脚腕上的两只保命铁圈已经脱掉，头上的辫角也解开了，他认为自己是大人了，被当小娃娃摸弄不自在。

三婶心疼地说："你还嫩着呢，少背些。等到明年小灰驴就能送粪啦。"

小灰驴是一年前张子招用一只母羊换来的，三婶一把草一把料的养着，眼看快顶用了。

栓柱琢磨着父亲让他出远门的事情，说，"我同石柱，陈课他们合计合计，搭几个伴，带上柳器铁货，再炮制点治大疮的药，北边开犁晚。"说着转身出去。他刚到院口，突然惊讶地叫，"哎呀！五叔来啦！"他恭敬地作揖拜晚年，手足无措地不知说什么好。

"谁？"张子招听说他五叔来了，慌乱地拍打身上的尘土，拽拽捉襟见肘的衣裳，眼睛发急，催动老伴和儿媳，快收拾。婆媳俩操起笤帚猛打扫，疯抓乱堆做掩饰，抖起满家飞尘，遮住这处，露出那处，真是急煞人。没等张子招迎出去，张子馥已经登上了台阶。

张子馥是渔河堡大财主张凤飞的独生子，张凤飞的弟弟就是张子招的养父张凤楼。张凤飞家原在宕岔有大片川地和几架山。也是因为染了大烟瘾，大片山川都吸进了葫芦头。但是他在宕岔这边还剩下三垧川地，张子招再三恳求才没卖掉，租过来种上，成为张子招家的保命田。在张家"子"字辈中，张子招是老大，张子馥排行老五，乳名五根子，三十来岁正当年。论年纪同栓柱差不多，但论辈分是栓柱的五叔。他前年榆林中学毕了业，现在是渔河堡完全小学（初小加高小）的校长。他算是远近闻名的能人，饮酒打牌能应酬，不抽大烟但能烧烟泡操烟枪，特别是那张巧嘴厉害，能吹得骡子下驹儿，无定河水倒转流。

去冬，刘汉玉的儿子刘瑶，侄子刘让要上高小（5-6年级）。刘汉玉不准，于是他们约上刘莹和北庄的高汉杰夜间偷渡无定河，跑到渔河堡"完小"上了学。几家家长，第二天追去，只有独生子刘莹叫他爹拽回来，其他三位硬是留下来读书。这件事曾轰动四方，引得五六十里以外的财主家也将子弟送来。张子馥此次来宕岔，说是来拜年，实际为他的小学去冬收留了刘汉玉几家的子弟做善后游说，怕他节外生枝，把学生扣住不让去上学。今天正事已完，要去刘福清家赴宴，顺便到这个连遭祸事的老大家瞧瞧，也显得他知书达理高下都不见外。

他头戴水獭皮火车头帽子，身穿礼服呢水獭领子狐皮大衣，一手提起大衣襟子，一手拿根发亮的文明棍，登上门台，跺跺脚，抖掉大绒呢鞋面上的尘土，没理睬躬身在一旁的栓柱，高声叫："大哥在家吗？"

张子招推开破木门，措手不及地躬身接驾，老脸上道道皱纹都挂上笑意，拙嘴笨舌地迎接贵客："咦，五根子，你怎肯来我家？快，快进屋。"

"嗔，嗔。"张子馥被久违的乳名弄得涨红了脸，不知该怎回应。

"头，五叔！"栓柱眼看他的头要碰到门楣，赶紧提醒。张子馥急忙缩脖子，水獭皮帽顶轻轻触了一下门楣，狐皮大衣裹着一股冷风进了门。三婶慌乱地打转转，拍打身上的尘土："你老嫂子没啥好穿戴的，别笑话，这儿坐，这儿坐。"她用手打扫土炕沿，瞅瞅黑得发亮的皮大衣，实在难叫人家坐下来。

张子馥一眼尽揽了小窑洞的窘迫，自然是不肯坐的。他靠着炕沿面朝门，一只脚蹬在灶台上不停地弹动，文明棍没离开手。张子招夫妇忙不迭地端茶送水款待他。捧出一大盘北瓜子，这已经是倾其所有的隆重了。可是张子馥的那只手隐在宽大的袖筒里，无意去触动。

张子招一连串问候，紧张而发窘地说："你不嫌弃还肯来我家，终究还是念过大书的哦。"

张子馥只是点动脚尖，哼哼啊啊，显然没啥可说的。突然他的目光落在门缝那儿，见学德冒出半个脑袋，一双大眼透着机灵。张子馥找到话头，招着手："来呀，来来来。"学德眼睛一闪想躲开，张子招赶紧召唤："来呀，给你五叔拜年，怕啥？"

"吱呦"学德推开门儿进来，怯生生地说："给五叔拜年。"

"来来来"张子馥歪斜着头，手掌向上，弹动指头像哄弄小兔似的轻声儿招引，学德红了脸跳过来挽住哥哥的腰带。

"你叫甚？念了几年书？"

"说吧，你五叔是大书人，让他考考看。"张子招鼓励。

"张学德，书房里的都念完啦，要考哪本？"听到要考书，他来了精神。

"这么说初小念完啦？"张子馥端详着这个穷娃。破衣裳，颜色不一的旧补丁，红扑扑的脸蛋，黑灵灵的眼睛，眉宇清朗稚气喜人。他想起来了啦，那年夏天，宕岔的王先生拜见他时，着意讨好地夸耀他的族侄张学德，说他"有灵性，过目不忘，一点就通，两年便念完了四年的书，背诵课文如骨槌打板鼓。"这正中了张子馥的脾胃，他即虚荣也好胜，听到别人夸张家的娃当然高兴。今天他看着这个小穷娃，确实有点灵气，便问："书还念吗？"

学德想起了父亲方才说过的话，说："不念了。明格起，活变驴！"

"啥？活变驴？"张子馥听不懂。

"是这样，他五叔。"三婶说，"我家没驴嘛，给人家背粪，换几个驴工来耕地哦！村里人把这叫作活变驴。"

"唔！是这个。"张子馥这才明白过来，惋惜地问："为啥不叫娃去升学，圈在家里顶啥？"

"嗳！老五哟。"张子招不以为然，"我哪是供书的？上小学也是硬逼地呢！"

"不行。"张子馥突然心血来潮，断然说："你的娃我也管得着，谁叫你姓张呢。你送他到我的高小读书吧。保管你……"他煽动起两扇簸箕嘴，直说得天昏地暗，五谷不分。张子招急了，几次要插话："哎，听我说呀。"

"屁！"他粗暴地打断，"一个穷字能挡住你一辈子？离开这个小娃娃你们就会饿死？养不教，父之过，你家就不能有个争气的？"

"五叔，我爹上年纪啦，我供，供不起。"栓柱来解围。

"屁！你这个做哥哥的，供他念书能花几个钱？就几本买书钱嘛，在家不吃饭？在我那高小里，比你家穷的也有哩。"他举了几家门户，"难怪人们耻笑你家没一个像样的。"他用长辈的身份训斥同年龄的侄子，用同辈的身份数落年迈的老大哥，最后提到那三坰地："送他上学算给我面子，三坰地你种着。要是不听我的，嗨嗨，我的地总能由我做主吧？"

张子招一听那三坰地，口气就软了："唔！宋江说媒捆住来。叫我想想看，你把我吹晕啦。"

"有甚可想的，必须得去。"

"我，我，我。"

"我，我，我什么？穷字就是你的抵门棍？"

"罢罢罢，听你的。"张子招想着那三垧地，让步了。

"再叫我们盘算盘算嘛。"老嫂子想挽回局面。

"定啦！名字我就报到县上去。过了十五把人送来，省得派人来抓！"张可馥站起来，抖一下大衣，文明棍闪着光走出门，临下坡，扭过头来说，"别翻卦，嗯？名字报上啦。"说罢头也不回地就走，露出狐毛的大衣襟左右摆动，文明棍来回晃荡，向侧身让路的人点点头，朝刘家大院的高坡踏去。

"这五根子，不容分说就给定了。"张子招无可奈何，"没法子，三垧地是人家的，那就送去吧。"

一家人哭笑不得，栓柱没好气地转过身来训斥学德："定在那儿等甚？念书顶个屁？先变几天驴再说。"

学德心里高兴，但自知给家里添了难，一声不响去院子里继续打整"活变驴"的筐篓和背绳。

张子招知道，小儿子去渔河堡上学，再也指望不上。这个家以后只有靠栓柱撑着了。

13　栓柱，拴不住了

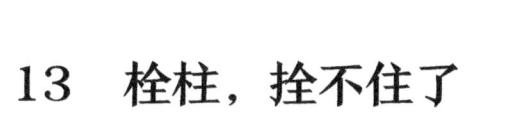

张子招的头胎男娃死了，生怕第二胎男娃也被鬼怪牵走，于是给二胎起名叫栓柱，拴住他的命，也拴住他的心，希望他不要长大了心野不顾家。他们还早早地收下童养媳，未及成年便结发成家，想用家室这条传统的绳子拴住他。可是没想到，他们多虑了。栓柱生性胆小，别说拴住，就是棒打也不出门的。栓柱从小就性情温顺，怕羞胆小嘴拙舌笨。怕狗咬，不敢在村里走，怕别人打，不敢去玩。母亲说他是哄不出窝的小鸡子，父亲说他是离不开身的肉尾巴。

栓柱心灵手巧，只念了两冬私塾便能写对联，识文书，乡间杂活诸如箍水桶修犁杖样样行。他吹奏唢呐等各样管乐悦耳动听，在周围数十里也是数一数二的。编织柳器，工艺精巧，扎实耐用。他在父母的翅膀下逐渐长成彪形大汉，加入了佛教和道教。这次，他在父母的督促下，与同行好友搭成伙伴，担上柳器，远走包头、宁夏、甘肃，东去黄河沿岸，不但开阔了眼界，连性格都变得开放大胆。他搞不懂，军队再凶，城里人再富，断了粮便会饿死，全靠庄稼人交粮纳税出劳役，可是为什么城里人瞧不起乡下人？连城里卖烧饼的也骂他们是乡巴佬。这些事太不公平。他不愿再死守农村那个破窑院了。妻子生了五个娃，一个都未能成活，这更让他想寻找新的生存之路。他不安心种地，老往外跑。三婶说他心野了，拴不住了，埋怨老汉："就是你心肠硬，嫌栓柱闯不出去。现在栓柱收不住心啦，这年头，兵荒马乱地有个三长两短，我们怎活哟！"

"没法子哟，不闯怎办？租种这点地，人家说不叫种，就种不成了，粮税摊派交租，我们还有啥？"张子招叹口气，"碰命吧，这年头谁能保住谁啊？"

三婶毫不懈怠地在佛前一日三叩首，早晚一炷香。父亲用可怜巴巴的一点钱从人们手中买下野鸟龟兔，放回大自然，为后代积阴功。

手捏两把汗，为在乱乱哄哄的世道中奔走的儿子担心。

今年，陕北的春天和夏天是一齐来的。太阳将热焰投向地面，沙漠散发着炙热。正在中午炎热的火头上，栓柱热辣辣地从外边回来，跳上院口便大声说："哈呀，出事啦，蕺山县把天戳了个大窟窿！"

"啥事嘛，大喊大叫？"三婶正在洗苦菜，心不在焉地问。

"闹大啦，蕺山县的人夜格打了县长，官逼民反，都炸开啦！"

"怎回事，啊，怎回事？"张子招问。

"小声点，小声！"三婶用手势急急往下压，"不敢叫外人听见哩。"

"哈哈哈，怕啥？"栓柱大笑，"人家闹翻了天，咱还不敢说？别看牛叫鞭子打着走，逼急了，牛劲发作起来也凶着呢。"

"快说，怎回事？"三婶停住手中活，想知道出了什么大乱子。

蕺山县山高水低不养人，是陕北最穷的地方。西边是滚滚而来毛乌素沙漠，黄沙漫过长城，将大片农田埋没，沙丘起伏一望无边。十年九旱，下一场暴雨便成水灾，各样灾害不断。偏偏这里是军事要地，三边的粮饷，驼绒，牛马都通过这里进来。其中县府响水寨又是蕺山县和榆林之间的咽喉，长年驻扎军队。官兵要这要那，每次换防便要拉牲口，抓民夫应官差。不要说老百姓不厌其烦，就是县老爷也招架不住，把县里的事交给推事去办理，自己大部分时间住在榆林城里，一年出巡几趟而已。

民国十七年的那场大灾害后，蕺山还没恢复元气，风，旱，雹三灾仍余威不断。今年又加了一项人口税（也叫人丁粮），新税旧税压得人们喘不过气来。粮款交不上来，金岳生气了，天不下雨请龙王，交不上税找县长，他传出话："驴入的县长，交不上来要他的狗头！"

金岳动怒，邱县长着了急，连发几道手谕要限期交纳，可是没顶用。县长只好骑上白马，保镖簇拥着来到响水寨的县衙。

父母官到衙视事，乡绅们联袂晋谒，脱帽弯腰拱手，笑脸迎接父母官。听差忙不迭端茶送水，搬桌椅，杀猪宰羊抓鸡鸭，炒勺暴叫，酒肉香薰，为县老爷洗尘接风。吃好喝好，绅士们呼噜噜抽上水烟，邱县长环视满座乡绅："兄弟没亏待诸位吧？"

"呵哈，托老爷的福，万民有幸啊。"一人起头，众人附和。

"鱼水相帮呀,离了诸位,兄弟也是寸步难行。"邱县长单刀破题,"粮款收缴期限早就过了,兄弟对上怎交代!倘若金大人派兵上门,那可不是好惹的噢!"

吁!座间众人面面相觑。赵掌柜端着水烟,捏根冒烟的小纸棍儿,欠欠身说:"禀老爷,我辈本乡本土的不好动硬,又碰上这年头实在难啊!要不把四乡的人招来,请大人亲自训谕,我等再分头催办,这样可好?"

"对,对,对,赵掌柜说的是,大人出一言,能抵我等跑半年呀!"赵掌柜的话引起一阵赞同,然后沉默下来等县长发话,水烟袋呼噜噜地响成一片。

邱县长知道是乡绅们推脱,只能答应:"好吧,就开个万人大会!"

响水寨危踞在孤立而高耸的山顶上。堡墙由东向西沿山势而倾斜,西边有一道门。会场就选在西门下的沙滩上。选在这个地方,一来堡上驻扎着一个连的兵力,可震慑百姓,二来万一有个闪失,转身就进城堡,容易脱身。于是,乡绅们回乡,在村庄里敲锣传话,一户出一个人,听县老爷训话。

万人大会那天,烈日当头,沙滩灼人。西门城墙下的沙滩上搭起一座凉棚,棚前放一张大方桌。沙滩四处竖起标语桩,贴了各色标语,什么劳苦功高,体恤民情,万民之主之类。席棚两旁有几个穿黑衣的县警,手持老套筒枪,踩着沉重的步子往复徘徊。各地乡民陆续来到,密密麻麻地挤在沙滩上。乡下人都是蓬头焦背赤脚板,只穿条污垢斑斑的半截裤,饥容憔悴,扛把铁锨,提个小布袋,装点糠窝窝。有的靠木桩蹲下,有的依着锨把四下张望。人们三三两两地聊天,谁活着,谁死了,谁没回来,什么地方有活头,什么地方又出了真龙天子,大沙滩仿佛是翻滚的热水锅,热闹非凡。

"来啦,来啦!"人们静下来。几个持枪县警,踏着同一的步伐气势汹汹地走来。县警站好位置,邱县长领头踏进会场,乡绅们跟着走在两旁。他们都换上了新衣裳,大草帽垂下长系带,白布衫,毛蓝布裤子,黑带儿扎住裤角,白布袜牛鼻子鞋,手里都拿根潮烟袋,烟袋闪闪耀眼。乡绅们平时走路挺胸抬头迈方步,这会儿都弯下了腰,踩着小碎步,来到方桌前,左右分开摆出个八字形。

几个听差的将县长扶到方桌后,等他在太师椅子里坐好,接走了草帽。全场坐满了蓬头赤背的老乡,都抱把铁锹,锹柄靠在肩上。邱县长从前面望去,心头一阵发慌。这时候,赵掌柜过来,欠欠身子哈哈腰,说了句什么,只见县长点了一下头。一个听差抓起铜锣,"噌,噌,噌"敲了几下,放长声提高嗓门喊:"邱大人训话啦!"

"欢迎大人训谕,欢迎,欢迎。"赵掌柜带头鼓掌,绅士们跟着响应。可是鼓掌这种文明礼节尚未普及到黎民。百姓只是呆呆地看着。邱县长苦笑笑,八字胡须撅了几下,站起来,隔着方桌环视全场。每个瞅着县长的人,生怕自己的影子被摄进县老爷的眼窝里,急忙将脸扭过去。邱县长的眼光巡视一圈儿,打扫一下嗓子,振作精神,打开精心准备的讲稿:"父老兄弟们,兄弟邱某。"他前几天发现一本《劝民篇》,正好扣题,于是抄来应景,"尘世上有几个为官为宦?众多的还是那士农工商。为官的收粮税俸禄军饷。为民的守王法勿效魍魉……"他抑扬顿挫地念,老乡们不知道他云遮雾罩地说什么,七嘴八舌地议论,会场渐渐乱了。邱县长看说文的没人理会,急得扔下讲稿,直接厉声说武的:"限十天内新旧粮款一律交齐,违者严惩不贷!"

这句话老乡们听懂了,也只听懂了这一句,气不打一处来:"狗屁一连串,就是为这?""天旱火着,还要人活不?"人声鼎沸,人群开始骚动起来。一个人站起来朝县长作揖:"启禀老爷,灾害不断,民不聊生,请老爷体恤百姓的疾苦。"

县长叱喝:"刁民,绑了!"几个县警过来抓住那人,挥起马棒就打。

"老爷开恩。"又一个站起来说,"县长老爷,黎民百姓活不下去了,向老爷求情。"

"抓起来!"县长又怒喝,几个县警从人群中将那人抓出去,又是抽打。出来一个打一个,打一个又出来一个,全场的气氛越来越紧张。

"住手!"突然爆出一声怒吼,几千双眼光一齐投向他。这个人叫段盖茂,四十来岁,中等个子,短头发盖在头上,手臂晒得焦红,紧紧握住锹柄一跃而起,振臂大呼:"乡亲们,连年遭灾,饿死了多少人,失散了多少家,身为父母官,不体恤老百姓的疾苦,只知道要钱要粮，我们要这狗官做甚？！乡亲们，我们要活还是要死？"

"要活！"全场轰鸣，四下呼应。

"砰"响了一枪，子弹呼啸着从头顶飞过。邱县长拿着文明棍抽打着方桌，狂叫："抓！抓！抓！"

段盖茂挥起铁锹，大喊一声："打这狗官！"人群犹如天崩地裂，几百张铁锹愤怒地举起，如同决了堤的洪水向邱县长冲来"打呀，打呀，抓住他！"

县警吓得扔掉枪，夺路逃窜。县长的保镖牵着白马守在凉棚后头，一看不好，拉着马就跑，邱县长没命狂奔追白马，草帽踩碎了，一只鞋掉了，栽了几个跟斗，翻滚起来再跑。只听一片抓呀打呀的呐喊和铁锹碰撞的响声。县太爷耳鼓轰鸣，鼻息里带着血腥味儿，一口气跑过大石桥，保镖顺势一把将他扔上马背，一溜烟跑进城堡。城堡上的官兵关住西门，子弹上了膛，伏在城垛后瞭望待命。连长提支驳壳枪，在城楼上俯瞰邱县长的狼狈样："驴入的，跑的像母鸭子。"

惊骇的乡绅们，想乘空离开这是非之地，赵掌柜求大家："走不得呀，走了和尚，走不了庙。大伙合计合计这场祸该怎办？"

差人又敲响了小锣，人们纷纷返回。大家情绪激昂，望着城头上严阵以待的官兵，瞅着踩翻了的凉棚方桌和太师轿，将乡绅们围在核心。赵掌柜抱住拳向众人施礼："乱子闹大啦，打了县官就是造反，怎办嘛？"

"也罢。"段盖茂挺起胸响亮地说，"把我绑起来送官吧，这场祸由我来担，不连累乡亲们。"

"好好好，先去报案，免不了受几天罪，我们再求情赎回来。"乡绅赶紧说。

"不行！"场中有人大叫，这叫声如同点燃了连珠炮，"不行！不行！""反就反吧！""官逼民反，总是活不成啦，他为大家，不能叫他一人担！"

赵掌柜战栗着手，求大家听他说。这时给乡绅跑腿的几个人扛着几支枪挤进来说："枪都找到了，一支不少，那龟孙们扔下的。"

赵掌柜连连作揖说："谢天谢地，枪没丢就好说了。乡亲们快快离开蕨山地面,投亲靠友暂躲一时,赵某等人愿替乡亲们说话,散,散。"

人们带着巨大的风暴四散奔走,将这惊天动地的消息带向各县各乡,而且愈传愈神。令饱受税负之苦的人们兴奋鼓舞。

邱县长回到榆林,面向金岳告状,刁民造反,夺走县警的枪支,这会儿八成已经占了城堡。金岳一听,这还了得?立即下令派出骑兵连,由营长带队连夜出发。天刚蒙蒙亮,蕨山城南面军号响,一片枪声向城头猛烈射击,打得城墙迸火星起白烟,子弹呼啸着打到城内,敲得瓦屋暴叫。城头上的官兵高喊,城堡没丢,都是一家人。接着,城门大开,骑兵冲进城来,朝天放了一排子枪,迅速控制了各个要点,飞土硝烟弥漫山城。乡绅们长跪街头,此起彼伏地作揖,"欢迎""欢迎""辛苦""辛苦"。

十几个骑兵端着冲锋枪,马鞍旁挂着马刀,护卫着营长跑马过来。到了面前,军官猛地勒住马头,战马前蹄提起,昂首嘶鸣,可怕地喷着鼻子。马上的营长,马鞭凌空打个响,喝令"绑了!"几个大兵跳下马将几个头前人五花大绑起来,押进县衙门。营长杀气腾腾地站在台阶的最高处,抽出匣子枪,机头大张,脸色铁青,脸上的神经抽动,大喝:"押过来!"

"娘卖屁,抗拒国军该当何罪?"他黑洞洞的枪口指定乡绅们叱喝,"老子统统毙了你们龟孙子。"

"长官误会了,误会了,长官行动神速枪弹如雨,来不及开门迎接嘛。"众乡绅战战兢兢地说。

"驴入的。"营长态度缓和下来,他知道这些乡绅不会造反,虚张声势只是抖一下威风,把驳壳枪插进匣子里,命令士兵松绑。

赵掌柜将县警丢弃的枪支如数点交给营长,尽量地大事化小:"是几个刁民不肯交税,警卫弹压不小心枪走了火,人们受了惊四散奔跑。县长也受了惊。"

"那几个刁民在哪?"

"正在追捕。"

"娘卖屁!抓,抓,必须抓住他们!"

"长官息怒。"熟知官兵脾性的乡绅们说,"弟兄们得用餐呀,战马得喂草料呀，我们理应慰劳军队呀。"

于是老百姓为官兵遛马宰羊，酒足饭饱后，几十杆烟枪操弄起来。官兵酒足饭饱闹腾起来。军队四处抓人，杀鸡打狗枪弹飞，全县动荡起来，原先不打算逃的，现在都逃难了。蕻山县的人纷纷外逃。连人都看不见，还想收什么税？反倒是有人跑去当土匪，有人投红军，陕北地面晃动起来了。各地官员看到危险，纷纷进言要求改变方式，稳定局面。金岳看高压政策造成了危机，于是号令各路军队停止军事行动，给蕻山派来一个新县长。营长知道他是金大人的乡党，吹起集合号，跃上马背出城去了。

新县长看懂了老乡的路数，那就是逼急了就跑，于是派文人出面宣抚。先生们知道蕻山人跑得差不多了，于是先来附近几个县。宕岔是一个宣抚的重点，因为这里是进出山川的交通要道，走南闯北的，逃难的，抓人的常在这里歇脚吃饭，打听路径也带来各样信息。先生们头戴大草帽，身穿长衫，洋鞋洋袜子，还戴着墨镜，来到宕岔，一趟一趟的敲锣叫人们上关帝庙来开会。

"从古至今哪有不交粮税的百姓？荒唐！响水寨事件是共产党煽动的，是暴动，蕻山赤化了。""共产党到处搞暴动，共产共妻，共产党一来什么都不是自己的了，没穷没富不成世事。""红军，不，赤匪，成不了气候，蒋委员长亲率大军围剿。""咱们陕北的刘志丹也要闹共产。""共产党是暗的，红军，不，赤匪，是明的，红嘴獠牙，血盆大口一口能吃个娃娃，杀人如割草，谁跟共产党说句话就把魂迷住啦。"先生们讲得天昏地暗，瞅见大家似懂非懂的模样，问："你们有问题吗？"

大家都不出声，栓柱见过世面，大胆地问："甚叫共产党，甚叫红军，这两个谁管谁？"

"共产党是从俄国进来的，红军是共产党的军队，南方来的有朱德，贺龙，陕北的刘志丹，谢子长……"先生们想卖弄学问，越说越多，说着说着觉得不对劲，这不是给共产党做宣传嘛？赶紧改口，"学生娃娃们也跟着瞎闹，老百姓斗大的字不识半升，也能革命啦？笑话，蒋委员长大军进剿，再过几天就都完，完了。"说完便草草结束回城去了。

　　穷人咋翻身？张子招历经苦难还没把这个问题搞明白。可是蕨山事件却给栓柱解开了这个疙瘩。他亲眼看到，只要穷人齐心协力，县老爷都打得，连金岳也没得办法。他现在知道，世上还有共产党和红军为穷人出头，他觉得疾苦无告的深渊中露出来曙光，受苦的老百姓有希望了，他的心，再也拴不住了。

14　高级小学

　　自从学德的名字被他五叔"报到县上去了"，张子招就无可奈何地准备送他上高小。对宕岔的娃来说，渔河堡就是大世面，高小更是神秘遥远。学德从没离过家，心里暗暗恐慌。三婶也担心，翅膀还不硬就将鸟放飞，能行吗？张子招却说："怕什么，我不到三岁，便叫去渔河堡。他十三岁了，去上学，想去的还去不了哩。"

　　正月十八，张子招背个小书桌，上面放个小行李卷。学德肩上挂个褡裢，一头装一升小米，另一头一升黄米，还有一小罐酱菜。对庄稼人来说，上学是不务正业，见不得人。他们避开大路，抄小道悄悄儿转出宕岔，跨过冰封的无定河，偶尔碰到熟人，只说要给学德找个托嘴处。

　　天气清冷，早晨的太阳将寒霜压回地面，沙路上结起一层薄薄的硬壳，踏上去"嚓嚓，嚓嚓"一脚一个小陷坑。张子招虽然嘴上说硬的，而心里却怕学德受欺侮，不住地嘱咐："出门在外，什么事都得自己用心。咱眼泪没人家钱多，别跟财主家的瞎混。听你五叔的话，多识几个字。"说着，要把学德的褡裢拿过去背上。学德不肯，贴在父亲身旁走。张子招鼓励他："不受他们的气，该说的要说，该打的就打，挤浓塌水地不顶用。教你的那几路拳脚不要轻易用，手脚要快，避开要命处，我那会儿……"

　　他想起当年闯过的世面和经历的苦难，想起两个死去的女儿，仰天长吁一声："难哟哟！难哟！我老了，没挣下家业，就剩下你弟兄两个，有朝一日天开眼，不要忘记咱家走过的路啊！"

　　"忘不了，大！"学德加快脚步跟上，抓住父亲的衣角。在他心里，父亲最善良，最刚强，也是灾难最多的人。他一定要好好学，将来让父母过上好日子。

　　早晨的炊烟笼罩着渔河堡，东狱山由北向南遮断了东边的高天，东岳庙孤零零地在山岭的最高点，漫山沙丘条条沙棱，浑如巨鲸披波涌浪跃出海面，晨雾中透出灰暗的堡墙和屋顶。三三两两的骆驼卸去鞍杖，解去鼻绳，自由自在地在沙湾间发黑的田野里漫步，低下弯曲的长颈啃枯草。驼峰突起，宽大的背上现出负重的斑痕，小尾巴活泼地摇动，时不时昂起头仰空鸣叫喷出几尺长的白气。正看着，一群羊"咩咩"从城堡的几处滚滚涌出。

街头行人稀少。鱼家铺子前的台阶上有几个穿长袍的人，手里旋着铁流星，悠哉游哉地在阳光下闲话。店员进出骡马店，水担在肩上晃动。城隍庙那厢隐隐传出沉重的钟鼓声。城堡显得格外冷森。跨过南关，不远处，东沙坡那边就是灰阴阴地大寺庙。

渔河堡完小就在大寺里。学德瞧见巍峨的寺庙，心头突突跳。高大的庙宇，黄绿琉璃瓦屋顶闪耀着斑斓的光，五禽六兽在屋脊上钩心斗角，庙前的大照壁上几条张牙舞爪翻腾的彩龙。几十面彩旗在四下招展，大门口两旁石墩上，蹲着两只石狮子，身旁插两面大红旗。庙檐四角风铃丁零零地响。听见寺院里面有一个晃动的铜铃儿，吟吟啷啷从前院响到深邃的后院，又转回到前院。噪声忽儿哄地爆发起来，忽而又静了，透出一股神秘。

"大，你走慢点。"学德紧紧拽住父亲的衣角，嘴唇微微哆嗦："高小同衙门，哪个规矩多，和尚也上学吗？"

"我怎知道？衙门我去过，有钱就有理。这地方，头一回来。洋学堂的规矩不知道哩。"他用乡下人蔑视城里人的口气说："怕啥？经一经就知道啦，这算上啥？"他瞅了一眼胆怯的学德，不高兴地训斥，"没出息，一路上给你说了啥？你真是，张士贵的马上不了阵哩！"

张子招豪气地走到挂着青天白日满地红国旗的大门口，"哗啦"一声推开黑漆大门，壮着胆大声叫："五根子，我来了！"

"住，住，住！"门房跳出个脸面焦黄的中年人，一眼便看出是抽大烟的，张开两臂拦住，压低声音威吓："正上课哩！山猫吼啥？"

"送他来上学！"张子招说。

"什么，什么？"那人打量一眼破衣烂衫的父子俩，轻蔑地咄咄鼻子，"去去去，哪来的？这里不是你们来的地方。"

学德偷眼四处看，各个教室都在讲课。正中大殿和两厢的教室里，先生们提高嗓门，加重语气，拖长尾音，教鞭粉笔敲得黑板嘀嘀嗒嗒响，你高他低，交相回旋。

"喊五根子出来，就说我来啦，宕岔的。"张子招毫不在乎，"不收，我就领回去啦。"

"五根子？"那人歪着头发愣。

"就是张子馥呀。"

"咿呀！你老怎不早说？"那人鄙弃的脸色一下子换了眉眼，向外推的手臂顺势接过行李卷，踢开小门房，侧身恭让，"先在我这儿暖和暖和。"这斗大的小屋铺满了毛毡，放一卷臃肿的铺盖，地下有几把大水壶，灶口上还有一把烧开了咝咝响。小炕桌上一只马蹄表滴答滴答不停地响。"大伯不常来，认生啦！"他端来一碗开水，歪头表示歉意，"你老一说是宕岔的，我就寻思过来啦。我叫陈驴驹，我爹陈老八。"

"陈老八？哼！你爹跟我走过草地，你后生怎成这样？"

"没法说。"陈驴驹长吁口气。他是陈老八的独生子。陈老八死了，他不务正业，抽大烟踢踏光了那点房地，连婆姨都卖掉了。这会儿在学校当校役看大门，混碗饭吃，"别提啦！你老且坐，我去通报一下，看怎安置。"才跨出门房，他又回头说了一句，"这里都称张子馥，没人叫五根子。"

门房外送来先生响亮的说教声，腔调在说话和唱歌之间，调门有高有低，尾音拉得很长。左边教室"因为……所以……"右边教室"……但是……然而……"像唱戏道白，间或夹杂学生的提问和哄哄嬉笑。

"都在闹啥呢？"张子招弄不明白。

校长室里烟雾腾腾，这是开学典礼完毕后的应酬。贵宾中有渔河堡的财主鱼继尧，他是完小校董。袁镇长，有钱有势，他是张子馥的岳父，也是张子馥的靠山。还有学生家长中的头面人物和几个穿长衫的教书先生，有的坐在炕桌那儿抽水烟，有的围着八仙桌饮茶，潮烟，水烟和哈德门混在一起，在上方聚出一层青烟。绰号叫鱼三的校役，肩上搭块毛巾，出出进进，机敏地伺候着。张子馥游走在权贵之中，张嘴连横闭口合纵，曲意奉承，适时提出筹款的要求。

"好办，好办，区区小事。"有人推脱，"不必劳师动众，鱼校董弹一下指头就成了，哈哈哈，诸位说如何？哈哈哈。"

"是是是，鱼兄热心教育事业，这点算不了啥，嘿嘿嘿。"

"嘿嘿嘿。"鱼继尧笑着说，"鱼某不敢独占鳌头嘛，袁镇长一言重九鼎，何劳张三李四嘛！"

张子馥被老奸巨猾的绅士们在八仙桌上谦让地推来推去，提出的要求被淹没在哼哼哈哈的烟雾中。袁镇长老谋深算，断然止住圆球的滚动，说渔河堡的事都有份，要这家拿出一百，那家拿出八十，他同鱼继尧揽大头。鱼继尧半推半就，扭转话题："子馥大侄名声远扬，将四乡子弟都吸引来啦，后生可畏噢。"

"过奖过奖，全靠众老前辈扶持啊，再大的鱼也离不开水呀！"张子馥弦外有音地说。鱼继尧会意地放声大笑。坐间人哄堂响应。正在这当儿，门帘掀开一角，陈驴驹探进头，向校长丢了个飞眼。

张子馥从笑声中闪出来，对陈驴驹的话摸不着头脑，"甚，嗯？"歪着头想了片刻，才想起来当初他一时心血来潮让学德读书的事。他对陈驴驹俯耳吩咐了一句，转身又回去高谈阔论了。

陈驴驹回来说："娃留下。校长正在议事，出不来，身在公门不由己哩。"说着将张子招送出大门。张子招后脚刚出门槛，"吭啷"一声，黑漆大门就在他的身后关上。他心里一疼，好像是一张大嘴吞下了小放。他摇摇头，学堂哪是穷人待的地方？人生地不熟，这娃自己能扛得住？

"铃铃铃，铃铃铃"手摇铃响起，绕大殿转了一圈，铃声还未停，四下里桌凳一阵响，爆发出轰隆隆的骚动。学德透过窗户空隙，看见各教室犹如决开口子的堤，学生们吼叫旭躈子地狂奔出来。接着哨声唧唧，学生们嬉笑蹦跳，推挤踢打着站成两列队伍。

"立正！"一位长衫先生站在中间发出口令，全场鸦雀无声。静了片刻，"向左转！"所有的脸一齐转向大门。"开步走！"几百只脚故意用劲踏响，踢踢踏踏地穿过大门道，一出校门如同点燃了的鞭炮，叭叭咯咯四散奔跑。

学德被编入高一班。宿舍已经住满，门房对面的小屋只住一个看守寺庙的老和尚，陈驴驹硬将他塞进去。老和尚挤出灶火烧不到的冷墙一侧让给他。小书桌放在临窗一头，便成了他的宿舍兼自习室。

不几天，学德在初小的对头刘锦贵也来上学。那次张子馥去宕岔，到刘福清家赴宴，刘家招待他的是红烧肘子，大块猪羊肉，整鸡，整鸭，整盘整碗往上端的饭菜，但是张子馥更感兴趣的是刚念完初小的少掌柜，如果这大财主的娃能上他的学校多好？张子馥对刘福清说，应该送少掌柜上高小。刘福清瞧不起念书的，常嘲讽"秀才没事干，来到椝前站，学声驴叫唤，吃碗香灰饭"，他摇头断然回绝。张子馥知道锦贵同鱼继尧家九哥的女儿定了亲，便说："鱼继尧家的子弟都上学了，女儿读私塾，你家少爷不拿张高小毕业的文凭，不怕人家小瞧吗？"一句话便征服了土财主。

刘锦贵骑头大黑骡子，一头是榆木大书桌，一头是死沉的行李卷，直到校门前才让长工扶下来。火车头帽子，山岗子鞋，厚棉袄，扎起裤角，布腰带将背后束起个包，个头粗大，正是土老财一个模子出来的。陈驴驹和长工一齐动手抬书桌，搬行李，张子馥将少掌柜引进校长室。然后叫和尚搬到后院保留神像的西殿里，陪着神仙睡。要刘锦贵同学德住一起。学德一看真是冤家路窄，冷冰冰地对他。刘锦贵离开家也心里发慌，有个熟人就有个照应，而且他知道学德的学习好，也能帮他一些，于是和解地说："小孩打架还记仇？小心眼。"这一说，学德也就与他和好了。只是刘锦贵的书桌个头大，铺盖太臃肿，大半个屋子叫他占去了。

学德的衣着和其他体面学生相比较褴褛得扎眼。他没纸没笔砚，没课本，只有一支铅笔。一切靠记忆，用眼睛在脑子里刻记。人家执笔摩字帖，他只能拿指头划肚皮。去年冬天从宕岔跑来的三个富家子弟在高二班，见了学德装着不认识。虽然五叔是校长，但也不和他说话。学德二叔张子荣的二儿子张仁德，中学毕业在这里教数学，张家大院还有几个上学的，这些人也都有意回避他，不想认这个穷亲戚。这倒让学德可以专心学习，少了很多麻烦。

学德第一次来到渔河堡，想看看当年父母的"老家"，于是抽空去了一趟张家大院。大院墙倒门歪，连看门狗也不养了。磨房拆掉了，当年的那副石磨，磨得没了牙，破成几块扔在断墙下。父母结婚住过的那间耳房如今是张仁德的卧室。父亲当年栖身的破草房仍然在，没上锁。他推开门看，里边居然堆了半屋子书籍，让他惊喜不禁。这是张仁德中学毕业后，把这些不要的书籍乱堆在这里。女人们撕来糊顶棚剪鞋样，书页纸片散乱脚下。学德如获至宝，去问二娘，这屋里的东西能不能借给他？二娘没把这当回事，叫他随便拿，只是要留一些给她剪鞋样用。学德翻出有用的书籍和可以利用的纸片，油印资料，看懂的看不懂的掳到手里就是宝，竟然还发现了弃置的笔墨和砚台。学德一发不止，有空就去，一摞摞地抱走。等到二娘来找纸张剪鞋样，才发现只剩下《啼笑姻缘》几本残书破页了。学德将用过的本子翻过来订好再用，那些文具让他如虎添翼，他的成绩突飞猛进。

初小是一个先生包打天下，高小则是几个先生各显其能。在这四野黄沙的大寺院里，来自全国各地的教员们让这些僻野山乡的青少年被各种潮流所激荡，引导他们初睁朦胧的双眼来认识新世界。

李云明是县党部这条线上来的，总是把国民党党证放在中山装左胸前的兜兜里，露出一指宽的蓝边儿。大烟瘾已使他脱了像，那副皮骨足可熬出几斤大烟土。上课时一刻不停地抽纸烟，熏得指头和牙齿焦黄。他歪戴土耳其帽，专讲党义，讲国民党，讲三民主义："政者，众人之事也。治者，治理众人之事也。总而言之，统而言之，即政治也。国民党，管理国民之党也……"他喜欢哼唱《毛毛雨》或者《小麻雀》之类软绵绵情依依的小调，可是唱出来铿锵有力，非常滑稽。于是学生模仿他的腔调改编了歌：

调寄《毛毛雨》：毛毛雨，化作鸦片，微微的风，吹倒江山。党证鸦片结良缘。哎哟哟，我的李云明。

调寄《小麻雀》：哎哟，不好了，先生不见了，莫非他叫猫叼跑，鸡窝，狗洞，路窄门小，往何处找？雾渺渺，哎哟，我的李太保。

他教书为人都不行，但是在县教育局有人脉。张子馥需要他出面应酬上面。有什么棘手的事，他出面请对方到大烟灯前，送几两凉州货，葫芦头冒着大烟泡，难题便化解了。顶要紧的是有了他，学校就具有了官办性质，可以报领经费，摊赈款项。

白葆兰来自北平大学,他将一连串新颖的名词和名字抛给学生:"政治是阶级斗争的总和。共产主义是世界的未来。只有消灭阶级压迫,劳苦大众才能解放出来。"他讲中国为什么贫穷混乱,什么是共产党,国民党,军伐,土豪劣绅,三民主义,资本主义,谁是马克思,列宁,李大钊……他讲的慷慨激昂,有力地打手势,仿佛要一掌翻转乾坤。同学们虽然不太懂,但觉得听白先生讲革命就跟听孙悟空大闹天宫那样痛快,新鲜神奇又真实动人。白先生和其他几位先生被称为"左倾激烈分子"。张子馥需要他们。没有激烈分子,完小就没有生气,没有洋学堂的色彩,不够时髦,出不了风头。

　　学校还从县城请来一个跪过丹池的状元。这位费半天工夫写一个字的老先生,七十多岁,眼目昏花。国民革命让他剪掉辫子,他索性全剃光,不留中山头。他不穿洋先生们的长衫,只穿深灰色或褐色的老式长袍。他不戴礼帽戴瓜皮帽,蔑视白葆兰,鄙视李云明,自吟自叹"世风日下,今不如昔,耻与孺子为伍。悠哉游哉,聊以卒岁!"张子馥也需要这种历史的尾巴。由于聘用了前清文士,完小对财主绅士们很有吸应力。觉得这个洋学堂不忘三纲五常,能把子弟教成守家立业的材料。

　　鱼继圣在鱼家排行老八,他一身顶两门,念完高中回来吃这两份家产,美中不足是自今尚未得子。他委身在大寺院当教员,免得寂寞。他厌烦国民党,害怕共产党,碰上同事们争论便头疼:"哎哎哎,烦死人,吃饱饭瞎吵吵。说得再好,没千儿八百的硬响洋,都干瞪眼。国家呀,民族呀,说这些不沾边的有啥用?今日有酒今日醉嘛。"他对于争论的左右两方是一种调和剂,维持两者的平衡。

　　虽然教员的政见不同,但都一不信神二不怕鬼,既不吃斋,更不念佛,这可苦坏了大寺庙的众神明。"哼哈二将"的头颅抛在厕所旁,"四大金刚"缺胳膊少腿,露出支持着残骸的木骨秃。后殿上至高无上地释迦牟尼和两旁的比丘尼仍然留在座上,只是断了手指,丢了耳朵,抠掉了眼珠子。昔日信徒叩头摩拜的殿堂,现在是高二班的教室。白先生就在佛像身旁说:神佛鬼都是人编造出来骗人的,世上没有得道成仙的秘诀,门神爷,财神爷,天堂地狱的,都是迷信,人没有来世,所以要把今生过好。

"唔，原来这样！"学德豁然开朗，好像一直缠在他身上的神鬼和命运的束缚被解开，自己的前途要靠自己争取，不能靠神仙菩萨。

"哎，哎，哎。这么说什么都完了。"刘锦贵却悲哀起来，"没有来世，那我家里的钱咋办？那活着有什么意思呢？"

尽管神灵们在大寺院里"怀才不遇"，但在大寺院外仍然大有"佛缘"，经常有善男信女来寺院，烧香许愿上布施。碰到下课，学生便跳上去，坐在佛腿上嬉笑搅闹，大刺刺价叫："吾神在上，有求必应，你等拿钱来。"镇上人直摇头说："神鬼怕恶人啊！""凶神下凡菩萨遭难喽！"

教员之间唇刀舌剑的分歧，在学生中也产生了对立，从斗嘴倒动手，经常发生。当然也有天生就爱闹事的。永丰功家的小少爷鱼继润，在班里年纪最小，但好斗，又精灵古怪，搅弄得全班不宁。学德家穷，但勤奋自励，学习稳步进到了前五名，经常受到老师要表扬，于是招来鱼继润的嫉妒，老是找碴欺负他。

张学德记着父亲的话，绝不能忍气吞声，但也知道自己势单力薄，就找到四个常受欺侮的同学，在大寺院外的杨树下，堆起沙土，每人插上一根草代替香柱，跪下结拜发誓：一人有难共同承挡。将名字刻在杨树上，推张学德为头。从此，只要一个人受欺负，另外四人一齐上阵。人多势众，果然鱼继润不敢再挑衅。他们尝到了联合起来的甜头，快放暑假时，正式结拜为换帖的弟兄，罗业伟年龄最大，奉为大哥。

可是他们没想到，这个暑假不太平，陕北又遭大灾了。

15　起蛟啦

农历七月，天气闷热。沟底下的蛤蟆一股劲往高处爬，人们根据老经验，知道要发洪水，都扛起镢头铁锹到田里，整修排洪沟。

学德家的小灰驴在槽头"啃哧啃哧"啃青草，三婶坐在炕边守着两岁的小孙子，拿手帕哄打苍蝇。小孙子病了，几天不吃东西，昏迷迷躺在炕上不睁眼。苍蝇一窝蜂地飞来，叮住幼儿的眼窝，鼻孔和嘴角，撅起屁股挤挤攘攘。手帕过来，"哄"地飞起，挪动一下位置随后又落下叮住。娃的小脸烧得焦红，肚脐上掩块破围裙。小手小脚无力地摊开。三婶已是几夜没睡觉，拉着灼热的小手。嘴里呢喃着什么，手帕无力地绕动，不时望望佛台，无望地祈求意外的转机。

小孙儿是同小灰驴同年来的，起个乳名叫黑驴。因为驴在阎王的生死簿上没名，能活得长点。小黑驴是人顶替驴名，蹒蹒跚跚满院跑，张开双手叫人抱，还会弄几个小故事眼儿，逗得破窑院里呵呵笑。一家人在佛堂前不知磕了多少头，可是小黑驴还是病了，浑身滚烫，鼻孔煽动。大家情知不妙，愁云锁住了破窑洞。

"栓柱家，你看看呀！"三婶低声唤儿媳。

"啊，怎？"媳妇惊恐地站起，揉揉熬红的眼。

婆婆指指水缸："流眼泪了。"

一只水缸浑身水珠滴滴，一串一串地淌下来。媳妇过去抹一把，"好凉呀，好凉呀。"回过头来摸摸娃的脸。小黑驴动了一下，这轻微的反应激起婆媳俩的希望。媳妇接连抹来几把，黑驴睁睁眼，媳妇俯下身子挨近娃的脸："娘的小心肝，看看娘呀！"三婶朝水缸说："哭吧，哭吧，泪珠就是药啊。"叫媳妇快去水缸多抹几把泪珠来，可是水缸偏不肯再流。娃望望，又落入热炎中。

这时，窑檐上乒乒乓乓地滚落小土块，打得门台撒豆般响。婆婆说："土牛眨眼(地震)？"媳妇说："不，我大在上面整水沟，天要发水啦。"

婆婆说："叫你大来。再请人看看，行不行尽心哟！"

张子招走进来，掩住长胡子，屏住气，耳朵贴着孙儿的胸膛听了听："嗯哧嗯哧，这症候，十有八九又是个讨债的，唉，命啊！"

"再请高万千来看看？"三婶说。

"拿甚看？扎一针一块钱咧。"张子招舍不得。

"千难万难也得看看。尽了咱的心，万一，万一，阿弥陀佛，也不后悔呀。"

高万千是周围几十里唯一的郎中。他念过几年冬学，自己从书上揣摩出来，拿脉，针灸，开药方都能来得，家里开了个小药铺，金木水火土地能配几样药。扎人就跟扎牲口，一针下去扎个半死。碰对了，一针见效。没碰对，一命呜呼。因为碰对的时候很少，都是到了生死碰命的时候才请他。他为人倒也随和，好请。但是一针一块钱，管一顿饭。抓药花钱，多少再说。

"唉！没法子。"张子招无奈地要去找高万千，刚出门，便大叫一声，"不好！"

只见西北风陡然而起，湛蓝的天空抛射出满天羽箭云，紧接着蓬蓬松松的黑云低空飞来，急速打旋四处扩散，酷似黑色妖魔跳跃狂舞。一转眼的工夫，头顶上就声声炸雷，电光在眼前乱舞，天地间陷入恐怖的深渊。山头暴雨呼啸而来，檐头洪水瀑布般倾泻，暴雨泼水似的激起飞浪样水雾。山洪咆哮，寒气逼人，瞬间的电光将天地弄得更加黑暗。雷声，雨声，涛声混成一片，仿佛人间就要毁灭。

三婶抱紧奄奄一息的孙儿。嫂子拿身子遮挡寒风，学德用手臂掩护油灯。张子招和栓柱披着毛口袋，握紧锹柄，侧耳倾听。

"阿弥陀佛，善哉，快过去吧。"三婶喃喃祈祷，"哎呀！"她突然惊叫起来。眼见炕角射出锹柄粗的泥水柱，像条黄色蟒蛇窜起几尺高，越过人头，带着阴风和泥水的腥味呼呼喷射。油灯打灭了，全家在黑暗中呼喊。

"快，快！"张子招大喊，用尽全力堵决口。电光一闪一闪的瞬间，现出张子招的一只腿插进漏洞，强大的泥土射流缩回了脖子，但还在"唧唧咕咕"从腿的周围泛出。又一个闪电，栓柱冲出门去了。

"灯，灯！"张子招呼唤，学德从供台上的香炉底下摸出两根火柴，第一根划出一点光，熄灭了。他捏住最后一根火柴，手在打颤，从神像后摸出黄标纸，点燃了。供台上的油灯亮了，摇曳的灯光中，只见衣，被，家具都泡在泥水里，每个人都泥浆淋漓，泥水从炕上流下来，盆碗瓢勺飘在门口打漩。嫂子像黄色怪物，在泥水里抓捞。张子招脚下的泥水如同快要挣脱的几条小蛇寻找空隙，正在向外窜。忽然，窑壁上又有几处射出水柱，眼看就要大发作了！正在危急时刻，忽然又一齐缩回了头。张子招松了口气，拔出腿来，蓦地猛醒过来，吼一声："栓柱！"冲出门外。

栓柱在窑顶上，半个身子塞进洪水冲开的洞穴，洪水带着砂石从背上，头顶上泼过，他用铁锹抵住，支撑着身子。洪水咆哮，以强大的冲击力要将他冲进洞里。张子招从上方洪沟掘开一道缺口，洪水跳跃着漫坡奔放，栓柱从洞穴脱出身来。

暴雨肆虐了几顿饭的工夫，减弱了势头。雷电，黑云，暴雨步步南移，从山那边时时抛出紫色光带，仿佛要将剩下的人牵走。山洪急喘，崖流奔腾，栓柱依着铁锹定在炕边，身上条条裂口渗血。

"天呀，快！"三婶又突然惊叫，窑顶上嗖嗖掉土，一家人齐惊叫。张子招挥一下手臂叫全家人都靠在窑掌上说："塌窑不塌掌！"幸好，窑顶只眨了一下眼，裂开一道缝便停住了。

这里刚刚定了定神，听到外边有人呼叫："起蛟啦，起蛟啦！"人们高一脚低一脚往庙岭上跑。关帝庙和龙王庙的钟鼓乱鸣。沟岔间狂风般号啕，沉重的撞击沟岸，电光一闪，洪浪翻天，汹涌的洪水涌满了沟岔。山峰般的狂浪从后沟翻滚出来，直冲关帝庙前的石崖，再折回来同后浪相碰，像巨兽搏斗。高浪翻卷，在河湾打个漩，朝岔口涌出投向无定河。水头一次比一次高，日间垂阴的大柳树没在洪水里，只露出树梢。

南庄的点点灯笼沿岸奔跑。十几支土枪对准石崖前的浪头不停轰击。一只一只小灯笼抛进洪流里，一晃便熄灭。各家跑出来敲击铜勺，脸盆，菜刀。呼天号地价恫吓兴波掀浪的蛟龙："打呀！打呀！""停啊！停啊！"

面对一浪一浪上涨的洪水，土炮无奈放弃了轰击，星星灯火纷纷往高处奔跳。南庄地势低，刘汉玉家的场院也是浪打潮涌。几支火把照出刘汉玉家跪在高处焚烧香纸，将一只山羊推进奔腾的洪水里，期望龙王吃了羊高高手放过他们。

　　暴风雨让宕岔变了样。洪水将绿色的山坡撕裂出一条条土色的沟沟坎坎，处处墙倒院塌，很多家的窑洞变成了一堆泥土，只剩下窑撑支持着一截窑顶。娃，女人蹲在炕角打哆嗦。村坡小道冲刷得碎石鳞鳞，沟底河边的泥腥味呛人。树梢上挂着河柴和草根。房子般大的石头搁在小河当中。关帝庙前的石崖下，平常叫作龙眼的，聚出不知多深的泥水湖泊。岸边的山崖上留下洪水的印迹。关帝庙东边半坡上的两家房舍被洪水冲走了大半。

　　天蒙蒙亮的时候，张子招一家从泥水中站起来，一个个糊了满身黄泥浆，仿佛从地层深处钻出来的怪物。眨动着眼睛，露出的牙齿，看不出是哭还是笑，急急抓抓朝沟对面倒腾。沟对面有刘大叔留下的破窑院。几年前刘大叔交不上租，刘福清便收回他租种的地。大叔一家哭着走了，将钥匙留下托张子招照料。几年没人住了，蓬草满院，老鼠乱窜。现在多亏有这么个栖身之处。全家从裂开大缝的窑洞搬出来，他们牵着小灰驴刚爬上这边的院畔，家里的窑洞如同抽掉了支柱，轰咚一声倒下来，一派飞土波浪般冲出坡头扑向沟对面院坡。

　　咿呀！全家暗自庆幸，晚一步就是灭顶之灾呀。

　　各家都在淘积水，铲泥浆，清理暴雨的贻害，修补洪水的创伤。村头上开始聚集起人来，互相打听消息。有人说眼见两条蛟龙互相厮打将洪水聚起，要不是拿炮打，南庄就完了。有人说："那几杆土炮顶啥？还是祷告祭典顶了用。土炮险些打出大祸来。"

　　"无定河出岸啦！快来呀！快呀！无定河出岸啦！"正说着，从关帝庙那边传来急切的呼喊，把人都吸引到无定河边。

　　东岔口，被古城残垣挡住视野的那边，洪水冒出无定河的老岸，在川面上奔腾叫啸，庄稼地里波涛汹涌。洪水倒灌进岔口来，洪水还在涨，一股压过一股，眨眼间就扑到脚下。人们"咿呀"着一步一步朝高处退，大树只露出半截，树枝触到了水面，洪流上飘荡着沉浮的尸体，门板，箱笼，西瓜，大块石炭一起上下翻滚。

"救命呀！快！救命呀！"洪水中飘着一块门板，上面趴着两个人在凄厉地呼救。人们正在想办法，一个披头浪卷下来，门板飘浮起来，人却消失在洪流中。"哎哟，完了。"人们只有叹息。洪水混浊凶猛，卷着生命，财物和牲畜呼啸奔腾，不断将吞噬的"垃圾"推向岸边。人们争着去打捞，在泥水中争夺。谁先抓住就是谁的。有时候同时抓住，就发生争执，甚至在泥水中厮打起来。谁厉害就是谁的。

南庄的老刘头会几下狗刨（游泳），走近河边，见一棵大树漂流下来，他扑腾几下游过去，趴在树干上，顺着水势向岸边推。快到岸边了，树枝抵住了地面，恰又涨来一股水，一个浪头过来，大树打了个滚，将老汉翻到在树下，卷进急流中，头在浪头里晃了晃不见了。人们急叫着沿河跑着追，眼看着没命了。

二掌柜刘来运带着刘锦贵和刘选路过，瞧见这一幕，说："舍命不舍财哩，没福气呀。"他的脸忽而又沉下来，发现洪水把田间冲成了一片泥滩，漫没了田头界线。他拿根捅猪的铁杖凌空画了个圈，吩咐刘选："明天带上几个人来划地界，立上界石，别叫龟孙们乘空占了咱家的。"

他们转身来到关帝庙的坡畔上，瞧见河沟当中搁块房子般大的石头，有几个人正围着石头转，歪着头端详。刘来运眼睛一亮："好东西，破开够一孔窑的。"他吩咐刘选，"你同锦贵下去给咱号住，回头叫几个人来，撬到河这边。"说完，一步一颤地朝北庄蹩上来。

"闪开，这是我家的。"刘锦贵一只脚蹬在石头上，"我号下啦！"

"你凭啥？"刘汉玉的侄子刘让瞪圆牛眼睛。

"从我家的山上冲下来的。"

"哪架山？狗屁，冲到我家地里就是我家的。"

刘锦贵抓块石头，在石头北边一侧划出个刘字。

刘让也抓起块石头："你敢动一下？老子砸烂你这狗杂种！"

刘选一看两个财主家的少爷打起来，赶紧拉住刘锦贵，向刘让连连作揖央求："哎哎哎，我的小祖宗们呀，犯不着嘛，回头再说嘛。"

"有人吗？"刘来运来到刘大叔院口吆喝。刘福清听说张子招家的窑洞塌了，搬到刘家的窑洞里，吩咐刘来运来看看。

"谁，谁？"张子招走出院口，便瞧见二掌柜，不知这种时候他来又要怎？他嘴唇哆嗦，声音沙哑而沉重，"呵，你看我泥手泥脚。有事吗？刚搬过来。娃娃病了，病得不轻，啊！"

"我管不着你家那些没笼头的事。"刘来运冷刺刺地说："这院子姓刘，不姓张。不说一声就往进来搬，嗯？是给你预备的？这是无定河冲下来没主的洋财？"

"唉！没法子哟！你看，"他指指沟对过倒塌了的窝儿："差一步就完啦，成方走时把钥匙留给了我。"

"你家窑塌了，捱我屁事，一把破钥匙就想赖我的院子吗，嗯？"

"哎哎哎，说远啦，好歹避几天。等我收拾——"

"像话吗？死驴烂马地随随便便往我的窑院里塞？"

"出口伤人，你吃了疯狗奶！"张子招气急了，头上的泥巴簌簌跌落，胡子抖动，攥拳头挺起腰，一步一步逼过来，"你家都是死驴烂马，嗯？"

这时候，沟对面畔上，井台上，已经集聚了很多看热闹的人，七嘴八舌地议论。"不管怎说，叫人家避避难嘛。""水火无情，谁家没个马高镫短的。"

刘来运望望沟岔，刘选还没上来，便避开锋芒，直捅张子招的软处："好好好，我说的理儿，打个比方嘛！这个咱不说，借我的四块响洋不假吧，咱今天把账清了，本利一齐还。"

"你。"张子招倒退一步，"不到期又来逼……"

"唉，他大，慢慢说。"三婶出来拉他低声说，"娃加病啦，抽风啦。"她过来央求刘来运，"水火无情，没法子，过了这一阵再说嘛！"

刘来运看到刘选朝这边来，胆子壮了："欠债还钱，天经地义，借了钱还想赖账哩。"

"你是知理的人。"张子招抹把头上的汗说："水火无情，我避避难，你出口伤人。债不到期，乘着路断人行就来逼。"说着，蹲在大门口石台上。

"有钱有势就有理哇？乘着灾难逼人啊！"这时候看热闹的更是

议论纷纷。

刘来运觉察到众人愤愤不平,于是搁下在众人面前说不过去的:"别的不说了,四块响洋,今格非要不可,你拿不出来请谁替你垫上哇!"

"这不是成心逼我吗?"

"你家供得起洋学生,还不起这点钱?"刚说到这儿,院子里小灰驴嗷嗷几声跑出来。刘来运眼睛一亮,"没现洋,拿驴抵吧。"

"我不舍,明春就顶用啦。"张子招不同意。

"给多少也不卖,一把草一把料喂大的。"三婶拉住缰绳亲昵地摸抚小灰驴。

"那好哇,这驴我还不想要呢。拿现洋吧!"

"算啦,我为你们就吃这一次亏吧。"刘福清的本家兄弟刘福堂正在旁边看热闹,觉得小灰驴不错,从腰里掏出四块白洋,一个一个敲一遍,塞给刘来运说,"驴,我买啦,都是邻居,吃亏多少就不说啦。"

刘来运半推半就,接过来又重新敲了一遍:"看在老叔的面上。"大步过来夺过缰绳交给刘福堂。

"慢,慢,我没答应,卖也不是这个价,你们强,强……"张子招想从刘福堂手里夺缰绳。

"我是从刘掌柜手里接的,想要驴,你同刘掌柜说去,不识抬举。"刘福堂推开他,拽着小灰驴就要走。

"大哟,我的小黑驴哟!"窑院里突然儿媳妇槌天抓地价哭叫起来。张子招顾不上小灰驴了,赶紧回去看小孙子。

栓柱带着学德从河边背回来树权,西瓜,河柴。刚到小井泉顶上,老远就听见家里放声哭。瞧见父亲从院里出来,腋下挟个干草卷儿,露出两只小脚。小脚丫随着老人的脚步无力地晃动,媳妇在后边号哭着追出来,栓柱扔下东西往家跑。

学德看着满地打滚的西瓜和柴火不知所措。

16 瘟神降临

　　一场洪水过去，无定河的老河床周围淤积下漫滩漫川的泥水。无定河搬了家，更靠近渔河堡，河水无情地吞噬着良田，两岸散发出刺鼻的腥臭。成千上万只老鸹噪叫着飞起落下争食腐烂尸体。老鼠不要命地从洞里窜出来，跑不远便死了。各家一筐一筐往地里埋死老鼠。苍蝇互相碰撞，草丛中钻出无穷无尽的蚊群，叮人叮牲口，悬在半空像烟雾。庄稼地里冒出来白色小飞虫，一层又一层云遮雾罩地飘在上空，掉在地上也是一层白色。人们惶惑不安，不知将要降临什么灾难。

　　因为洪水阻隔，渔河堡高小推迟了开学日期。到了八月中旬，死神又降临渔河堡，连日抬出暴死的人。这个病来的邪乎，才觉肚子扭痛，咕咕响一阵，没等再说几句话，便开始上吐下泻。慢的一两顿饭的工夫，快的一袋烟的光景便放挺了。渔河堡顿时阴风森森，落入死亡的阴霾中。刚开始，有抬死人的人，半道上倒下，被人抬走。有人去埋死人，自己一头栽进坑里被人埋上。再往后，没人抬也没人埋了，就挺在跌倒的地方，任由苍蝇生小蛆，小蛆繁衍出苍蝇来。城堡里的人一窝蜂地悄悄跑出去，在东沙窝里搭起窝棚，将城堡留给死尸和苍蝇。往日闹哄哄的镇堡，变成静荡荡黑阒阒的墓场。

　　人们隐在沙窝里，互相隔绝的人家就地掘坑取水。这里处处升起炊烟，在低空缭绕形成一层流动的薄雾。就算知道沙梁那边住的是谁家，也不敢声张说话。岂料，人走到哪里，苍蝇随即追来，几处沙窝里又传出死了人的消息。这下没有退路了，只能听天由命，伸起腰来面对瘟神，迎接死亡。各人选定自己的葬身处，刨出个沙坑，肚子咕噜响几声，便离开活人，自己躺进坑里等待生命的结束。死了，几锹埋掉，躺了半天不死的，带着活变鬼的庆幸，重新加入活人中来。这一阵子究竟死了多少人，死了谁，没人知道。因为都准备死，便都不怕死了。于是放开肚皮吃呀，喝呀。不该结婚的，为了死后在阴间有个伴，在沙窝里成了亲，渔河堡用死亡逼出来的力量对抗死亡。

一河之隔的宕岔暂时平安无事。人们每天击鼓撞钟，加紧磕头烧香，祈求老天爷保佑这一方，千万别让瘟神跨过无定河。岂料，北庄的陈良，晌午还背回来一背糜子，山岗子鞋踏得坡路哨嘟响，刚端起碗，突然肚子咕咕叫，接着扭肠裂肚般地疼，上吐下泻，不到两顿饭的工夫便死了。咿呀！宕岔惊叫起来，很多人连夜逃出村去躲避。那几家财主缠住了腿，动不了。一来人口众多在野外没法摆弄，二来家大业大风声也大，野外没墙没院，金银财宝没法防。他们几家大门紧闭，断绝与外界的来往。

还有一些人家不愿意走。有的老人觉得活够了，心里想着万一瘟神找上门来由自己去挡驾，代替家里人去死吧。三婶就是这样，说啥也不肯走。逼着张子招他们走，自己一个人留下来，守着冰冷的窑院，她将破破烂烂的东西抖弄出来，拆洗晒干缝缝补补，万一要走了也得穿件体面的衣裳。

"阿弥陀佛，放过他们吧，都叫我一个代替了。"三婶跪在供台前，虔诚而静默地，以极为哀怜的心意仰望佛像，仿佛菩萨就停立在上空，倾听下界弟子这个最简单的祈求。她啜泣着："娃们还小，离不开他大的照顾啊！先，先，先收我吧！"她将希望寄托给佛爷之后，心里便轻松了许多。"阿弥陀佛"，每当她听到坡跟下脚步沉重而错乱，就知道又抬出去一个。隔一天，邻居家传上来哭声："二叔哟……二叔哟……"这分明是老二死了。"咳！老天爷不长眼啊！"她心里埋怨，瘟神不公平，这家就这么一个好人，善睦睦的同长工一样下地干活，是种庄稼的好手，放过老大不死抓老二，大概瘟神也怕恶人呢。瞅瞅佛爷老是笑眯眯地合住嘴不说话，心里说："老佛祖，该说话的时候也给指点指点嘛！"

张子招领着栓柱和学德几天没回家，白天在五家岭割谷子，晚上就住在外面。那天，栓柱媳妇在山窝间点起野灶做午饭。她头发蓬乱，焦黄的脸上留下几道失去儿子的泪痕。秋风袅袅，枯草呜咽。她揉揉胀痛的乳房，望望近午的秋阳，望望山梁上父子三个，正在猫下腰挥动镰刀，捆谷把。她叹口气："唉！大人也难保哟！"

山高风头硬，阵阵朔风吹来，满山糜谷煞煞涌动。吃午饭的时候，张子招握住勺把刚要盛饭，忽然肚子扭痛起来。他停住手，歪下头，耳朵贴近肩头，谛听片刻，有咕噜咕噜的声音，凄然长叹一声："唉！阳世上的饭吃够喽，罪也受到了头，你们把你娘照料好。"他捂着肚子站起来，望望黄漠漠的秋野，抬手止住惊愕的孩子们，"别到我身边来！"说完，大步朝沟畔走去。

"大，不怎吧？多半是受了凉，老病又犯了。"栓柱和学德追着说，嫂子端来热菜汤："大，喝几口压压冷风，说不定就好了。"

"不，不，留给你们吧。"张子招不肯多浪费一口人间的饭食，严厉制止他们靠近。他拨开蓬草跳进山洪冲出的洞穴，算是他选定的墓穴，仰天躺下，痛楚地揉摩腹部，大声叫，"走开，走远些！死了填上几锹土。"

他仰望惨淡的苍天，觉得世上最伤心的事就是白发人送黑发人。两个女儿殁了。几个孙儿，其中一个活到九岁，一个个都殁了。今天他能死在两个儿子的前头，就算是善终了。

栓柱他们守在洞口上哀求父亲："大，不能就这样扔下我们呀！"他不理，袒开胸膛，头上粒粒汗珠，朝天大叫："快呀，给个快刑吧！活够啦！叫我一个人替了他们吧！"他向死神呼唤了半天，感觉腹内的扭痛和响动停了，觉得同往常的老毛病一样，没有上吐下泻。他自言自语，"莫非阎王不收我？"

他叫栓柱拿来针灸包儿，摸出根三棱针，弓起腰，曲起腿，在后腿窝的穴位上刺了一针。深红色的血液箭一般射出，染红了坑穴。老人抓把土按在针眼上，鲜血从指缝间淌出来，肚子不痛了。栓柱和学德把他从沟洞里搀扶出来。他不好意思地苦笑笑："咳咳，想死的死不了，那，那我就再为你们活着吧。"

从坟墓中爬出来的张子招，蓬乱的苍发上挂着枯草，脸上，胸膛，手脚，全身落了一层黄土，针眼处的血染透了的泥土还未干，身上散发出一种亲切欢畅的气味。孩子们亲昵地围住从死亡诀别中活过来的父亲，端热汤烤糠窝，欢笑着问这问那，互相摸头发，搂脖子，仿佛在另一个世界重逢了。张子招并不觉得死是可怕的事情，他穷，活得太累太苦，死对他来说是一种解脱。而且他相信他的死能换来子女的生，那还是值得做出的奉献。现在看着身边喜形于色的孩子们，心想，活着还是好嘛。

17　大驾光临

洪水和瘟神终于离开，渔河堡完小要开学了。张子招不想让学德再去上学，可是张子馥通知各家，停课前已经上了学的学生不许退学！张子招家的窑洞被洪水冲塌，已经一无所有，全靠租种张子馥家的地渡过难关，人家的话不得不听。没奈何，张子招只能又把学德送到渔河堡。

经过长时间的停课，大寺院变成一块撂荒地。操场，院子，墙头，屋顶上，到处都是蓬乱的枯草。只是寺庙里的神仙们都复辟了。没搬掉的泥像，座前香火旺盛，挂出不少牌匾，红布的、细纱的、木制的。被搬掉的泥像，在空位上立起个木牌位，也是香火缭绕挂上了牌匾。老百姓遭灾，反倒让老和尚红火起来。只是好景不长，开学了，诸神退位，大寺院又是小学生们的天下了。

学德对能重返学校非常高兴。离开学校，他好像蒙在鼓里，看不到外面的世界，连去年东北发生"九一八事变"也是到了学校才知道。学德学习成绩优秀，得到几位老师的赞扬。张子馥也觉得有面子，开学后，公开承认这个侄儿。学德也不再借读刘锦贵的课本，在集体宿舍里占有了一席铺位，成了"真正"的学生。

渔河堡一场瘟疫死了八九十人，可是学生不但没减少，还从四乡来了八九个新学生。不仅如此，张子馥还创立了女子小学，这在渔河堡是破天荒大事情。女子小学设在镇公所旁边的药王庙。张子馥兼任校长，聘请刚从女子师范毕业的拓文秀当教员。拓文秀其父在绥德县衙里做主管文印的小职员，她携带老母前来就任。

拓文秀娇嫩妩媚，虽然毕业离校，还舍不得脱去当下最时髦的学生服。她上身阴丹士林卡腰短衫儿，黑色的纱裙齐膝盖，长筒白袜子直通大腿根，方口黑皮鞋，鞋带横过脚面，金黄色的钳儿闪着光，油黑的短发掩住耳朵的一半，腰腋里的白手帕露出一点小角儿。她天然姿色，皮肤白皙而细腻，乳房如同半透明的粉团鼓挣挣地，丰满的臀部，极具诱惑力。她个儿不高，一双黑汪汪的大眼睛，瓜子脸白里透红，红杏似的小嘴唇，两排牙齿整齐洁白，语音清脆歌喉婉转，轻盈的步子带着香风，不时朝后漾一下短发。在小脚女人当道的渔河堡，她是一朵靓丽的水仙花，非常引人瞩目。张子馥虽然已成婚，但见她也是惊为天人，一下子堕入情网。

刚开始很多人不相信女校能办起来。"女子无才便是德"，谁家愿送女娃上学？张子馥有办法，他请岳父袁镇长发出通知：民国章法男女平等，女子也有受教育的权利。凡十六岁以下的未婚女孩都得来上学，不来的不准结婚，没定亲的不准定亲。这本身就属于无法无天的规矩，可是把各家吓唬住了，都急忙把女娃送来，将药王庙里的东西厢房挤得满满当当。

一个完小，一个女小，一时渔河堡的教育事业空前兴旺起来。督学委员，训导专员，巡回视学员，过路顺便参观的，老同学老同事，前来歇脚叙旧的，各方人士接踵光临。

那天，盛夏的骄阳当空，渔河堡四周的沙漠放出灼灼热炎。午睡刚过，学生们睡眼惺忪，在屋檐下揉眼睛。忽听大门外蹄子响，还没弄清是驴还是马，"吭啷"一声，黑大门被踢开。一个公差装束的人推门而入，全身刺眼的白夏服，提根铜色的膝棍，阔檐草帽吊在背后，高声喊："曹委员到！"

这一声把大寺院震得直颤悠。校工一个跳出去接行李，一个奔去校长室。曹委员慢条斯理地踏进大门道，他身段细长，一身阴丹士林长衫被穿堂风吹得鼓鼓飘动，戴顶硕大的白色德国盔，茶色眼镜遮住眼睛，白手套提根红缨马鞭子，礼服呢大底鞋。好像试探脚下是否有暗机关，小心翼翼地踏下门台阶。

"哎呀呀！失迎，失迎哩！"张子馥紧张的如同火烧了屁股，手抓着礼帽来不及戴，老远便开始施礼，同时用严厉的眼色，叫学生们回避，点头哈腰一揖接一揖的迎接委员。曹委员严肃地点了一下头，扶一下沉重的德国盔表示还礼，伸出一只手脱去手套，让校长握一下。张校长轻手轻脚地搀扶着曹委员，小碎步附着委员走。一边讨好地说：

"辛苦啦，太热天。"一边扭过脸吩咐陈驴驹去给委员遛马，吩咐鱼三打洗脸水和沏茶，再让请李云明来。

曹委员庄重地跨进校长室，微微低了一下头，同时摘下德国盔，头发稀疏，在后脑勺压出一道明显的痕迹。他是县党部肃反委员会在教育界的特派委员。他今天是打这儿路过，进来歇歇凉，喝杯茶，顺便看看这个名噪一时的完小。张子馥知道此人是惹是生非的灾星，不知要发生什么灾祸。他用最卑下的礼貌迎接，生怕得罪他。

李云明猛听说曹委员来了，如同蜈蚣精听见了公鸡叫，浑身战栗，撇下烟枪，急急忙忙换衣裳，搔头发，没进校长室便开始了施礼："云明拜见，云明拜见……失迎啦，委员劳苦功高……"直到摸清楚曹委员的来意，两个人才松了口气。对这位大人物的亲临甚为荣幸，是满可以在教育界炫耀一下事情。

大门外，壁阴下的白马，不住地弹蹄子。公差坐在门口里的椅子上，拿草帽煽风，蔑视地注视着周围。校长室里烟雾缭绕，曹委员正在合纵连横高谈阔论，几把扇子不停地挥动。鱼三和陈驴驹提茶送水进进出出。好奇的学生们借着去厕所，从校长室窗前经过，放慢脚步，侧听曹委员说些什么。

"九一八事变是局部事件……日本人我们不爱他，暂时不管他……""共产主义……我们不爱他。""蒋总裁，反对共产党，我们要爱他……"

同学们你听来一句他听来一句，相互传播的时候都特别强调曹委员的口头语，"我们要爱他""我们不爱他"。

白先生抱了一叠讲义从后门出去，返回来悄悄嘱咐几个同学把讲义藏起来。于是割开顶棚往里藏禁书，抱着讲义书刊从后门出去埋进沙堆里，几个同学到大门外放哨，看是否有军警出现。

"令，令令……"铃声响了。鱼三举着手摇着铃："高一高二的学生到后院大殿听训话啦！先生们都去校长室，初小的回自习室，不许乱动……"

老师们走进校长室，向曹委员鞠躬致意。曹委员点一下头，开始了他的高谈阔论，用"爱他"和"不爱他"对一切事情做出判决。

"对对对""是是是"校长领着教师们,对委员的"爱他""不爱他"表示完全赞同。

高一高二的同学们坐在大殿的教室里,好奇地等候曹委员的驾临。"来啦,来啦。"站在门口的值日生压低音量向后招手。教室里漾起微微的骚动,一齐伸长脖颈探望。

张校长手里拿着礼帽,表示脱帽礼不可中断,哈腰侧着身子,小碎步横着走,将路让给曹委员。曹委员头戴白色德国帽盔,身穿蓝色长衫,白手套玩弄着红缨马鞭儿,挺直腰杆迈方步。紧跟在后的是李云明,然后是阴丹士林染成一色的教师群,浩浩荡荡地走进大殿。

"立正!"值日生发出口令,桌凳吭啷响应。曹委员登上讲台,摘下德国盔交给校长,透过深色眼镜扫了一眼,轻轻点了一下头。

"坐下!"桌凳发出一片响动,教室静了下来。

张校长捧着德国盔,因为怕沾上粉笔灰不敢放在讲桌上,他欠身台前,高声说:"曹委员劳苦功高,不辞辛苦前来我校视察,欢迎委员训话。欢迎,欢迎。"

"诸位!"曹委员露出白牙齿似乎笑了一下,马鞭搁在课桌上,眼光落在大殿上方的那几尊泥像上,佛像断手缺耳朵,抠掉了眼珠子,光滑的脸上,裸露的胸脯有明显可辨的字迹。曹委员的目光就是被上边这些字迹所吸引,那是"打倒蒋介石,打倒小东洋,打倒……""李云明+鸦片烟=国民党"。

李云明暗自叫苦。张校长不久前向县教育局申请来经费,说是要将泥像封闭起来的,他以为那笔款项的事被曹委员看出了破绽,赶紧解释:"呵!百事待兴,时间赶不及呀,过几天就动手,有碍观瞻,有碍……"

曹委员不置可否,开始了他的训话。他用对所有学校用熟了的现成话说,这个学校办得不错,教师们尽心尽责,校长领导有方,学生成绩一定很好,给他留下了深刻的印象,然后开始讲主义,"……我们不爱他,……我们要爱他……"委员结束了训话,朝后理了两下疏发,接过德国盔准备走。张校长向委员深深一躬,表示全体师生一体同人必将委员的训示永铭不忘,他代替值日生喊立正,桌凳同巴掌一齐响。

一群蓝长衫簇拥着德国盔，左右伸出七八只手，表示准备随时搀扶他。

"我们要爱他。我们不爱他。"委员一走，学生们活泼地模仿他的口头语。

"神像那边写的什么？""嘿嘿，谁写的？他大概发现了这个。""怕什么，打倒他，我们不爱他。"

陈驴驹牵着白马候在操场路边的柳荫下，白衣公差不停地拍马背，紧肚带，摸摸这儿，捅捅那儿。马欢快地甩尾巴，扫得公差背后的草帽沙沙响。它抬起后腿踢肚皮，猛地折回头来啃后胯，摇头摆耳喷鼻子，没个安静的时候。

"诸位请留步。"委员止住环列在大门口的先生群，抱拳告辞。

"好好好，大家不必远送，由我和云明代表啦。"张校长这样说，上司就不好拒绝，即把巴结上司的机会垄断过来，又显示他同上司的关系很不一般，在避开众人的场合下，得到面授机宜的训示和关照。也借此加深自己在上司心目中的印象。

"卑职大胆，请委员示下。"张校长将礼帽按在心窝上俯首聆训。

"哼！"委员扫了一眼呆立一旁的校役。

"你去吧！"李云明冷眼示意陈驴驹。

"我们要爱他""我们不爱他"

从这里可以听到学校那边忽高忽低音调拉长的声音。

"贵校长要注意贵校的色彩噢！"曹委员弦外有音地说。张子馥弄不清指的是什么，只是一躬到底地："卑职明白，请委员放心，下次再来视察定有改观。"

曹委员的马鞭换了一次手，扶一下德国盔，撩起衣角准备上马，一只脚踏在公差支好的大腿上，对张子馥阴阳怪气地说，"留心人家借你们的灵堂哭自己的爹娘啊！"

"是的，是的。"张校长忙不迭应承，心里还是没明白。

曹委员使劲蹬着公差的大腿翻身上马，扭过半个身子，说声再会，扶了一下德国盔表，马鞭凌空扬起。马蹄踏破沙土路，公差的大草帽遮住了马屁股，六条腿在一条线上搅动。公差的肩膀同马尾巴不协调地摆动，不一会隐没在南沙湾那边去了。

"啊，云明兄，曹委员说的什么？"张子馥看着远去的曹委员摸不着头脑。可是一回头，才发现方李云明已经走了。原来他的烟瘾犯了，一溜烟跑回宿舍吸大烟去了。恼闷的张子馥如同经历了一场遭遇战。回到校长室一头栽到床上，合住眼，让自己平静一会儿。

"哟，哦，哦，没赶上。"室外传来清脆悦耳充满欢乐的女高音，拓文秀带着一股香风进来。张子馥高兴地跳起来想搂住她，瞅一眼门还敞开着，停住了手："去他娘的，来了个丧门神。"他情意浓浓地勾了一眼拓文秀，猥亵地说，"什么委员，狗屁！一口一个不爱我，要爱你。"

"看你说的甚？"拓文秀绯红了脸，瞅瞅刚扫完外屋的鱼三，努努小嘴唇，骄矜地示意，"有人，庄重些。"

"欢迎，请坐。鱼……"张子馥想叫鱼三倒茶，被她纤细白嫩的手止住。他探头向门外看看，反手掩住门。他俩在校长室内唧唧哝哝起来，间或透出来一阵压抑的嬉笑。张子馥坐在太师椅子里，一只肘支在桌沿上撑着下巴，眯缝起眼，听她音乐般的细声妙语，甜甜蜜蜜地，每个轻微的动作都散发出醉心的芳香，让张子馥的烦恼消散在柔情的湖泊中。

"好好好，曹委员，我们不爱他。咱俩比一比，我男小一定压倒你女小。"张子馥说的是女子小学要同男生小学做一次唱歌比赛。

"看你，又来啦。"拓文秀作嗔地努一下嘴唇。张子馥一惊，以为有人来了，赶忙正襟坐起。拓文秀扑哧一笑，"男女要平等，不要动不动就压。"

"不压，咋平？"张子馥张开嘴无声地笑。拓文秀红润的手举起茶杯，抿了一口，在屋子里原地打了个旋，鼓溜溜的乳峰微微颤动，黑绸裙同黑发同时飘荡，露出通到大腿根的白袜筒，连连朝后漾短发，像孔雀开屏般的诱人。张子馥被逗引的发狂，张开双臂要去搂住她，"我的小白……"

"咳，咳。"门外有人轻咳嗽，"子馥兄，咔，咔，哈呸！"

"请进，云明兄。"

李云明掀开门，开玩笑地说："不妨碍什么吧？"

"哪里，哪里，请。"张子馥让座，点烟。虽想尽量装得一本正经，但是过分的热情和慌乱的手脚反而欲盖弥彰，笨拙得使李云明掩口失笑。

"你们谈，哦，我改日再来。"拓文秀彬彬有礼地欠欠身，仰起头来把短发朝后一漾，飘然离去。

"你这老鬼。"张子馥说："猫手猫脚地悄悄溜走，抽足了吧？"

"说正经的，曹委员话里有话呢。"

"究竟攒的什么谜，不肯道破？"

"要出事啦。"李云明压低声，鬼头鬼脑地朝外面瞅瞅，凑近校长的耳朵神秘地说："学校出了共产党。"

这低低的一句话，恰似一声炸雷，张子馥吓了一跳："啊！你瞎说，疑神疑鬼地，怎会呢？不过激烈点罢了。"

"发啥愣嘛！佛像身上写的啥你不知道？白葆兰要砸你的饭碗啦！"李云明将他所知道的以及猜想到的统统掏出来。

"你再看看，我再想想，你把我搞糊涂啦。"张子馥用糊涂来掩饰内心的不安。曹委员的谜底他已明白，这事态非同小可。他马上叫人在大殿上用高粱秆绑扎窗框子，糊上旧报纸，挡住佛像。然后找来白葆兰，开门见山地说："老弟，你的色彩太浓，人家注意上你了，你看怎办好呢？"

"你是说那个曹委员？"

"你老弟太激烈，弄得我不好办呀。"张子馥作难地说，"我不管什么三民主义四民主义，我只信一个主义，饭碗主义。"

"马吃草，人吃饭，这没错。可是你的国民党党票是啥主义？"

"嗨嗨，老弟。"张子馥摸出党证晃了晃，"没这玩意，饭碗能端稳吗？"

"好，谢谢兄长关照。小弟告辞了。"白先生是个明白人。

"倒也没什么了不起的，我怕万一出了事大家都不好。老弟年轻，天地广大，尽可远走高飞，躲过一阵子，我还欢迎你的。"张子馥拿出八块白洋给他，叫他留下一个请假条。

十几天过去，李云明来找张子馥："姓白的这小子逾期不归，莫非溜了？"张子馥假装不知情："行李还在呢，等他回来再说吧。"

虽然白葆兰走了，张子馥还是心里不安。他将校务托给李云明应付，自己进县城去上下活动，免得出事。

18　突然袭击

"叮啷，叮啷"上课铃含着懒意不紧不慢地响了。这是一个炎热的下午，学生午睡起来，睡意刚消退，这时候本来没有课，学生都诧异是不是鱼三弄错了？

"高一高二的同学到正殿集合啦，带上笔砚。其他人都休息。"鱼三绕大殿摇着铃喊。

"又闹什么鬼？"高一高二的学生迷惑不解。他们瞅见大门外壁影下拴着一头备着鞍杖的小毛驴，看样子有什么人来了。走进正殿。发现教室里摆好了桌凳，一人一个课桌，而且都标定了入座的姓名，这可新奇了。

正诧异着，李云明陪着一个穿蓝长衫的人走来。此人戴一顶褪了色的夏礼帽，中等个子，瘦条条，架副深色二饼子（墨镜），瞧模样是一个烟瘾入骨的人物。他腋下挟一卷卷纸，轻飘飘地朝正殿走来。

蓝衫人踏进教室。李云明两手下压示意，不立正，不鼓掌。他关住门，气氛有点神秘紧张。此人登上讲台，帽子搁在讲桌上，牛毛般的头发从左向右边倒，夹板脸灰暗无光，眼睛隐在黑色眼镜后面打量着教室，目光停在不久才封闭的纸窗上。上面贴的都是《大公报》，尽是追剿红军消灭共匪之类的大号黑体字。李云明瞅瞅室外，认为一切都妥当了之后，站在门口介绍说："金督学奉当局之命，前来对高一高二进行特别考试。请大家遵守考场规则，认真答题。"

"诸位。"金督学开腔了，"兄弟此来甚为荣幸，久闻渔河堡完小办得好，尤其高一高二班的同学们成绩优秀。教育局非常重视，特命兄弟携带统一考题前来考试，我想诸位一定不会有负盛名的喽。"听他这么说，学生们感到兴奋而骄傲。

卷纸哗哗响，学生们的心砰砰跳动，教室里洋溢出紧张，兴奋，欢快的气氛。好奇而又好胜的青少年，以能够引起教育局的重视而自豪。

他们只怕答不好，取不得优秀而有负盛名给学校丢人。可是试卷无试题，越发出奇了。

金督学挽起衣袖，抓起粉笔开始在黑板上出题目"朝这看，我写，诸位答。"粉笔嗒嗒疾响，时时扭过头来用警告的目光监视考场，以至将孙中山写成了好中山。

你信仰什么主义？

你拥护什么党？

谁是世界上的伟人？

……

题目亮出来，个个傻了眼，手执笔杆眼瞪如环，课程里没教过呀！大家目光投向守门的李云明。可是他背剪着手，嘴里叼根哈德门，眯缝住眼睛朝天看。督学启发大家："题目够简单的啰！课程以外的，讲过的，看过的，听过的，都可以回答嘛！"

同学们思考片刻，开始挥笔作答，教室响起一片沙沙沙的写字声。刘锦贵对政治一窍不通，捅捅张学德，让他抄答案。罗业伟伸长脖颈急急左右偷看，像兔儿吃草左边叨一口，右边叨一口。金督学则面向黑板佯作不见。

开始交卷了，金督学双手接答卷，快速地瞧瞧都是咋答的。答上了的学生兴高采烈地跳出来，答不上的人胡乱凑几句沮丧地退出来。出了考场的学生围了几个小圈子，唧唧咕咕互相询问答案。"应该这样答""应该那样""对对对，至少九十分""糟糕，错了一大半"

"好好好"金督学当场浏览过答卷，迅速卷好藏进袖筒里。焦黄的脸上泛起笑容，急忙吞进一粒大烟泡子，扣上礼帽，迈出教室。

"学生们的成绩怎样？"李云明问。

"好呵，很好，很好！"他不置可否，跨上驴背叫脚家，驱赶毛驴，要在关闭城门前赶回县城。

"你们答的啥？"余先生走过来问。

张学德和几个公认答的好的学生说了各自的答案。平时他们喜欢听白先生讲课，都是按照白先生的说法答的。余先生一听大惊失色："糟了，坏了！"

103

"怎，不对吗？"

"怎？"余先生焦急地说，"脑袋要搬家啦！要把你们统统当共产党抓起来砍头。"

"这样就成共产党了？"学生惊骇困惑。

"你们哪里知道？"袁先生说，"邻县高小也是突然考试，出了同样的题目，凡是像你们这样答的，都被抓进县党部，手指头上钉竹签，灌辣椒水，硬叫说出谁是共产党，家长倾家荡产才保出去。抓走了几个教员，校长也撤了。"

"鬼东西，谁叫你让我抄？"刘锦贵推了张学德一把，抱住头蹲在台阶上呜呜哭。

"好好好，我可弄对了。"罗业伟庆幸地蹦起来说"我只抄了一两句，够不上，差远呢，逞能嘛，再逞能呀！"

"好哇！"李云明送走督学返回来，立在台阶上，指缝里夹根哈德门，露出一副凶相对同学说："白葆兰，宣传共产，毒害青少年，现在请假溜啦？等着抓回来替你们。"说着，合住眼打呵欠，烟瘾发了，转身走开。

"咱们跑吧？"外乡的几个学生说。

"怕甚？"鱼继润说："顶多花几斤大烟土。"

"追上去把卷子抢回来烧了。"

"不成，不成。"余先生摇头，"那岂不把乱子捅得更大了？"

"这，这，这……"同学们在院子里惶惶不安地打转，钉竹签，灌辣椒水，压杠子的可怕阴影笼罩在同学们的心头。

金督学看过答卷，知道渔河堡高小的兴败，张子馥的饭碗，统统装进了他的口袋。想着这件奇货送进县党部，岂不是大功一件？他掏出个大烟泡子吞下去，催促脚家鞭打毛驴急急赶路。心里高兴，忍不住细声儿哼起《绣荷包》：初一到十五，十五月儿高。那春风摆动，杨呀杨柳梢……

这时候，张子馥正心急火燎地从县城返回来，他骑着自家的大黑骡，背负斜阳，四只骡蹄儿抛球般翻滚。他到县城。一来申请经费修缮学校，筹备渔河堡有史以来第一次的高小毕业盛典。二来要求教育当局和县党部放心，不可轻信那些风言闲语。他对教育局的李局长说："小小完小还能大闹天宫？"李局长冷笑笑："金一城去你们高小考试了，是红是白等他回来再说吧。"张子馥暗自吃惊，佯装不慌："那就太好了，真金不怕火炼呵。"应付几句退出来。他急急跨上骡背，上路往回走，沿路仔细观望，不漏过一个向县城这方向来的人。

"哈呀！那不是老金吗？"他老远就发现了金督学，一颗吊着的心落下来一半。他赶紧扬手召唤，加两鞭子迎过来，跳下骡背，迎头拦住金督学的毛驴儿。金督学就怕碰到张子馥，偏偏就碰上，赶紧在驴背上对老同学拱手："小弟公务在身，赶路要紧，恕我不恭，改日再会啦！"他边说边用脚跟戳驴胯肚，驴儿扭动屁股摆了一下头，把缰绳甩起来，张子馥一把拉住。

"哪能成，到了我家门口不进门？"张子馥挽住缰绳不放，"考试过了吗，成绩如何？"

"贵校长教育有方，成绩很好，很好！"

"去去去，打什么官腔。"张子馥听出弦外有音，"怎么，不认老同学啦？太阳快落山了，住一晚再走嘛。走走走，得啾，得啾。"张子馥不由分说扭转驴头，示意脚家向后转，"这一天的我包啦。"

脚家本不愿赶路，巴不得有人挽留住，瞅见张子馥对他竖起两个指头，那意思是要给双倍的脚钱。于是尽管金一城在驴背上连叫"不成，不成！"脚家却只管得啾得啾大声吆喝，毛驴怕骡子，听见前面的骡子喷鼻子，顺溜溜地回了头。

"不成，不成啊。"身不由己的金一城还在驴背上叫。张子馥跨上骡背说："不成也得成。"扬起鞭子在后头催赶，硬是把金督学赶回了渔河堡。

夜色沉沉，张子馥家上房下房忙着待客人，他父亲陪着客人抽大烟。玉石嘴烟枪，凉州泡子一股劲地往金督学的嘴边送。两个母娘在下房里这弄那弄满足上房的要求，校长大人亲自上灶待客，校长夫人的桃花脸上浮着憨厚的笑意，以前曾是一双诱人的小金莲，这会恰似新时的圆规，满地划圆弧，添水加炭拨旺灶火呼呼响。

金督学大半天没曾躺下过烟瘾，这会躺在大烟灯前，最上等的凉州泡子送到鼻尖下，大烟瘾一下子升了天，抽着抽着眯住了眼。

　　张子馥早就逡巡着督学的马袋子，看着隐现出那卷要命玩意的轮廓。他嘴里应酬着，等时机一到，立刻猫手猫脚地从马袋子里抽出考卷，蹑手蹑脚地转进后房，打开急急浏览。"嘘！"他倒吸一口冷气。伶俐的夫人探身进来，立即领会了丈夫示意的眼色，转身出来端起正要沸开的锅，张子馥稀里哗啦将卷纸塞进灶火里。金督学虽然沉沦在迷醉中，但是还念念不忘他的功名，心里生怕出事，迷离觉察出声息异常。睁开眼，大事不好！老同学正把卷纸往灶火里塞。"你，你，你！"他嘶叫着要翻身扑过去。

　　"抽吧，抽吧。"张子馥的父亲死死拽住他的一条胳膊不放，校长张开双臂挡着他。校长夫人放下开水锅，"噗"的一声压住灶口，灶火以更大的吸力呼呼响。

　　"完—了—"张子馥轻巧地用山西梆子的腔调，拉长声儿宣告事情的结束。同时两个指头送到督学的鼻尖上弄出个清脆的"嘣儿"。

　　"你，你，你父子做的圈套！"金督学气急败坏，脸色灰白，嘴皮哆嗦，站起来指着老同学咆哮，"我，我同你不罢休，我告你！脚家！脚家！走，马上走！"

　　"哈哈哈"张子馥拊掌大笑，"我的老弟呀，你告我什么？有证据吗？若不看在老同学的份上，我还要告你呢！"

　　"你还能告我？"

　　"轻的告你玩忽职守，鸦片瘾重，败坏风气。重的告你弄虚作假，诬陷青年，要挟我等敲诈勒索。好，我连夜将你送进衙门，脚家，脚家！"

　　"哎哎哎，你声低，声低点。"

　　"哎什么，二斤上等凉州货，不亏待你，以后还请老同学多关照哩，乖乖儿抽吧。"

　　"咦！罢罢罢，拿你没办法。"他知道无凭无据说不清楚了，顺势栽回大烟灯前，抓住玉石嘴烟枪，不住气地抽，张子馥解开衣扣抹了把汗，兴高采烈地呼唤妻子，指使家人重新烫酒另炒菜，拨亮灯火作长夜饮。

　　第二天早上，张校长回到大寺院．让鱼三摇动上课铃，绕着正殿叫喊:"高一高二的正殿考试啦。"同学们带着在劫难逃的阴云走进教室,迎接不测之祸的降临。先生们也都来了,唯独李云明没来,他的差事是到校长家陪督学抽大烟解闷儿。

张校长登上讲台,绷紧脸,将一卷同昨天同样的卷纸,"啪!"地摔在讲桌上,激起一派粉笔灰。"混蛋!你们不想活啦,嗯?想送你们的狗命啦,嗯?"他严厉地扫视全教室。

"张学德,你过来。"张子馥把自己的侄子叫到讲台前,表明不徇私情,他居高临下老鹰抓小鸡似的抓住张学德的头,指着他的破衣裳,"裤子都穿不上,你还管什么马渴死,牛饿死,嗯?什么共产主义,共妻主义,什么人人有饭吃,有衣穿,哪听来的邪说,嗯?"

"民生主义里不是讲人人……"张学德还想分辨。

"狗屁!什么民生主义,民死主义,能抵饭吃?列宁你见过?信仰,嘿嘿!你还有信仰?乳气未干黄毛未脱,你知道个臭狗屁!"

"那,那我哪道题答错了?"

"混账东西!"张子馥大怒,抡起教鞭左右抽打,抽一鞭子问一声,"你姓张还是姓马?""共产党你见过?""共产主义是个啥?""不想活啦?"直到教鞭打断,才蹬了他一脚,"滚!"

他打一儆百,发泄了怒气。又把学生和教师训斥了一顿。说他要是迟来一步就大祸难免了。他大讲如果卷纸送到县里会带来什么严重后果。老师和学生越听越后怕,每一双眼睛里洋溢出感激的光。张学德虽然背上火辣辣的,心里也感激他,要是被当成共产党,家里要遭多大的灾呀。

重新考试,题目同昨天的一样。但要求只准拥护国民党,信仰三民主义,而且答案不许相同,必须有错别字,必须有答不上来的,还得有几个交白卷的,总之做得越糊涂越好。教师加进来帮助学生把题答错,"考试"很顺利,一场灾祸化忧为喜,风波平息了。

金督学带着二斤凉州货和密封的试卷走了。张子馥特别召开了一次教员及部分家长联席会议。报告了他对这一事件处置经过以及他家在这一事件中的大笔破费,同时宣布,随即要举行高二班的毕业典礼,这又是一笔花费,还请各位解囊相助。家长们感激他,绅士们赞扬他,

107

镇上的四乡的头面人物钦佩他。袁镇长坐在首席位置上，手里转动铁流星说："多亏子馥啦，要不几个教师抓进去，十几个娃抓进去，谁家能安宁？倾家荡产，人命攸关，渔河堡就休想太平了，咱们不能亏待他呀！"

"是是是，那当然。"众人齐声响应。

张子馥的声望一下子腾空而起，成了渔河堡桂冠上的夜明珠，也是榆林教育界崭露头角的小名星。连日连夜轮流赴宴，打麻将，迎迎送送，应酬不暇。就连榆林几个中学放假路过的学生，教员，先生也要来完小露宿过夜，沾一点仙气。张子馥脑袋开始大幅度摇晃起来。他把大寺院托付给李云明应酬，大部分时间躺在拓文秀的安乐窝里快活去了。

19　东窗事发

高二班毕业那天，高小的学生都穿上蓝色制服，校内校外彩旗飘扬。县教育局局长，曹委员和几位督学出席，县城里及周围几个县的高小都派来代表。有身份的家长和渔河堡的头面人物都莅临大寺院。从县城请来摄影师拍合影留念。上峰训谕，家长讲话，学生代表答谢，校长致辞，女教员指挥男女小学生表演合唱《小麻雀》。然后便是宴席，教室改作宴会厅，学生充当招待员，吃酒猜拳，说上流社会的风流话，吃得喝得天昏地转。接着鱼三和陈驴驹每人抱了一大沓喜报，带上铁炮到毕业生家报喜。

高二毕业，学校放假。张子馥踌躇满志地和拓文秀同居了。拓文秀多方面衡量，觉得他是可以托付的人。他是几门子的独根，将来几门的家业都是他的，单凭这一条，她终身有靠。他在渔河堡声望鼎鼎，受到各方的赞扬，前途远大。总而言之，统而言之，就像曹委员所说，我们要爱他，于是就爱上了他。只一件不称心，他已经有了婆姨。好在他再三发誓，要用新时代的力量，冲破旧封建的羁绊，豁出校长不干，也要弃旧迎新娶她为妻。

张子馥开头只是想玩玩洋学生，岂知她太娇媚了，生铁在她怀抱里也能化成水。她冰肌玉肤，洋溢着魅力，她受过学校教育，能歌会舞，懂得爱别人，也懂得如何叫别人爱。他坠入情海了。现在的妻子也娇贵，但不生娃。他们兄弟三门子就他这条独根，不孝有三无后为大呀。单凭这一条，他就可以休了她。但是，嘴上说豁出一切，可是又舍不得，婆家到底是有钱有势呀。张子馥脚踏两只船，即有镇长岳父做靠山，又金屋藏娇享受床第之欢，两全其美，美得很。

可是，有一天，拓文秀幸福地告诉他："我有啦。"

"哈，啊？"张子馥一阵狂喜，立刻被惊恐的风暴熄灭掉，半天合不上口。

"你怎啦？"拓文秀怔怔地望着他纳闷，"这不是你家几辈子磕头烧香盼的吗？"

张子馥发愁地说："那头还没说好呢。"

"还等啥？快说，快办呀！"

"要不这样吧。"张子馥略做思索，"你同老娘先回城里住，我准备一下几天随后去，咱们就在城里先办个手续，请几桌客，开学时请田先生代你的课。"

"这算啥做法，啊？"拓文秀知道这是要她带着大肚子，回城里隐匿，做他的外室私房。一股屈辱和恼恨涌上来，平常柔情似水的弱女子，爆出狮子般的怒吼，"好哇！你想变卦？山盟海誓只是放屁吗？"

"哎哎哎，我的宝贝哟，这不是同你商量嘛！想到哪去了？怎能变卦呢，容我一个时间啊！"

"我容你。"她指着微微隆起的肚子，"他不容我呀，快两个月了，一天一个样哦！"她开始啜泣了。

"也罢。"张子馥被她逼定了决心，"这就去挑明了它，事到如今，你可要保重自己的身子呀！"

张子馥头脑发热，恨不得一进家门就摊牌。

妻子看到他突然回家，高兴地忙前忙后地迎接，关切地说："脸色不太好哩。累了就回家歇息嘛，身子骨要紧哟。"

"身在公门不由己呀，这个请，那个邀，迎来送往推不脱啊！"他接过妻子双手端来的茶饭，看着捧到嘴边来的西瓜，已经剔去瓜子撒上了砂糖。咳，这么贤惠的妻子，咋开口呀？

这天夏阳西斜，张子馥躺在大枕头上扇扇子，妻子在一旁翻弄衣裳，看看哪个扣子快掉了，哪处沾了污点，突然，她轻轻地"咦"了一声。

"怎么了？"

"这，这，这里开线了，叫人家看见了还不笑话你没个好老婆？"

"咳！人家。"他深有感慨，"屁股上开个大窟窿人家也不会告诉你，人家只会背后笑哩。"

"所以要细心，自己没窟窿，别人想笑也没把柄。"夫人打趣地说。张子馥心头一怔，是不是她知道了？"那，那咱们就好好说吧。"

他坐起来，搁下扇子，叫妻子停住手中的活，"我知道，咱俩都有一条心病，你看怎办好？"

"怎办？你家的风水，咱俩的命，能有啥法子呢？"她自然知道他在说什么，叹口气，"再不行，那就抱上人家的一个吧。唉！命哟！"

他摇摇头："家鸡孵野鸭，到头来还是鸡归鸡鸭归鸭，没有好下场！"

"要不，你再娶个小的来，那不就是二娘生的嘛！"

"像个样的，人家不干。瞎驴烂马的我也不要，哪有那么合适的呀？"

"说的也是。"妻子通达地说，"你爹几门子都是大小婆，到头来还只一条根哦。"她连连摇头，"命哟，命哟！"

"风水不由人啊，乘你还年轻，要不……"他欲言而止，妻子一怔屏住气，他支支吾吾地，"我，我不忍心再，再耽误你啦！要不，你就换个风水好的，另成一个家吧，生男育女也不枉人世走一场啊！"

"啊，你，你，你说啥？你要休我？"妻子吃惊地睁大眼睛，被这晴天霹雳惊飞了魂，疾火攻心，战栗的手指着他，仰后栽倒，咬定牙关，浑身急剧抽搐。张子馥赶紧叫家人，上房下房的人都奔来，围着不省人事的贵夫人忙活。

父亲问："好好的两口子怎成这个样？"张子馥知道瞒不住，就照实说了。张凤飞一听，新人肚子里已经有了传宗接代的根，单凭这一条，豁出一切来也值得。他叫张子馥和大娘二娘日夜轮流守住媳妇，不敢闹出人命来，其他事情缓一缓再说。

拓文秀的肚子已经显了眼，虽然脱下学生装换上了宽松的衣衫，也掩不住隐约的形迹。她一天无数次地到门外探望，又是盼他，又是恨他，怀着蠕动的肚子等着他。她吃不香，坐不稳，睡不着。正在这个节骨眼上，有人来关怀她了。

原来，鱼继尧早就看出张子馥他俩的形迹，拓文秀突然离开学校，他便知道怎么回事。他想抓住张子馥的这个把柄取而代之，于是如此这般地对媳妇面授机宜。鱼家媳妇径直来看望拓文秀，瞅着她的大肚子说："张子馥不敢得罪袁镇长，也舍不得那媳妇，你上当啦！你一个闺女家，学堂的女先生，怀上私娃娃怎见人呀！怪可怜的哟！"

"他揖天磕地说定了的，能变卦吗？"拓文秀半信半疑。

"傻姑娘，你念过洋书的人，咋还这么死心眼呢？男人的话有几个靠得住？尘世上有几个王金龙嘛！"

"那，大嫂是见过风雨的，那我该怎办呢？"拓文秀泪水收不住，没主意了。

鱼家媳妇出了一个主意。她觉得到了这一步，只能如此了。

这天，还在午睡的时候，拓文秀打把凉伞挺着鼓起的肚子走在前头，老母亲挟个包袱跟在身后，两人踏进张家大院，推开上房的门，朝炕上抽大烟的张凤飞鞠了一躬："爹爹安康，子馥呢？"

张凤飞还没来得及坐起，张子馥从后房跳出来："你，你你你，唉，你怎就来啦？"

"回我的家呀。"她提高声音，叫母亲将包袱放下，"这回就不走啦，活是你家的人，死是你家的鬼。"她指指鼓起的肚子大声说，"他姓张呀！"

"我的天呀！"贵夫人在后房听得清楚，不顾一切地冲出家门，嚎天恸地冲上大街，发髻垂在肩头上，跌跌撞撞地朝娘家奔去。

袁镇长傍着拦柜正同几个能够说上话的人纳凉聊天，忽然听见一个女人抓小猪般地嚎叫，带着沸沸扬扬的声浪朝这厢涌来，他手搭遮阳急急探头望去，正是他的掌上明珠。女儿跑过来抱住他，把张子馥的风流事说出来。

"可恶！可恶！气死我也。"袁镇长气得手指颤抖，槌胸跺脚怨恨自己瞎了眼，立即打发人，提着棍棒敲打张子馥的家门，传达他的驱逐令："滚，连夜滚，滚出渔河堡！"

第二天，张姓校长的桃色新闻就在《上郡日报》头版头条大号套红字登了出来。文章写得情节细腻，绘声绘色，仿佛这对男女交合的全过程有第三者现场实录。文章见报后，县教育局便发来命令，革掉张子馥校长及所兼女子小学校长的职务。

张子馥悄悄地雇来一乘驾窝子，携带上大腹便便的拓文秀，趁着夜色出走了。张子馥一倒台，女孩们的家长没等开学便砸开门搬走书桌，把女子小学的牌子扔进臭水沟。

　　鱼继尧为什么要在背后捅张子馥一刀呢？原来他这些年时运不佳。鱼家是此地的首富，五世同堂，鱼继尧排行老大，曾代理过一年殖边县长，捞了一大把，回家开了永丰功杂货铺。明卖杂货，暗倒鸦片，一两年工夫发了财。后来他委托小三叔去经营。没承想小三叔将永丰功掏空，还说拉下了大笔亏空要他补救，他只好把杂货铺抵给小三叔。为了翻本，他孤注一掷，拿出老本钱收购羊绒，要去山西贩卖，搏一把东山再起。族中一个绰号叫鱼刺的，开一座骡马店，养一帮骆驼揽脚跑单帮。这次他和鱼继尧搭伙，拉着骆驼入了伙。骆驼帮的大铜铃叮咚叮咚，日夜兼程到达山西。几个城镇的客栈，堆放起鱼继尧的羊绒包，四方客商蜜蜂似的嗡嗡嚷嚷要求成交。电报频频传来，鱼继尧稳坐钓鱼台，连连回电囤积看涨。眼看这次要大赚，他高兴得睡不着，开始算计要新开多少门面，雇多少伙计，在什么地点盖几处什么样的公馆。正得意时，突然阎锡山同蒋介石开战，黄河沿岸几个县又闹起了红军。加急电报一封接一封打来，鱼继尧慌了神，一封接一封急回电：卖！卖！卖！可是羊绒现在成了六月的臭包子，高低没人要。鱼继尧急得抓耳挠腮没法弄，在院子里转圈子，疯疯癫癫在街头瞎跑。进堡子找不见城门洞，去厨房却站在茅房门口。各地又打来电报，店家催要栈房钱，而且栈房钱又暴涨，鱼继尧耳朵嗡嗡响，撕碎电报踩在脚下，骂老阎，骂老蒋，骂共产党。不到一年工夫，羊绒全部抵了栈房钱。不但一笔已经到手边的大财没了，连老本也搭进去。

　　鱼继尧哗啦啦塌了台。他长吁短叹，耷拉下眼皮，瓜皮帽压住眉头，趿着鞋后跟蹒蹒跚跚踱步，两手无力地摔打屁股。在兴旺时，人们仰慕他，敬重他，跟他攀谈几句便引以为荣。可是如今门庭冷落，人们躲着他，疏远他。他万千感慨，对天长吟：盛时懒见捯门客，败时难得鬼敲门，悔不该……

　　正在鱼继尧山穷水尽之时，张子馥给他扔来这么个活绳头，他窜上去抓住。当校长，有一份收入，还有一点地位，聊胜于无呀。他在事发前已经疏通了县党部和教育局，报社的朋友帮他落井下石，等到张子馥身败名裂。他便被委任为新校长。鱼继尧一上任，把张仁德这帮教员辞退，换上自家人当教员。

八月十五以后，渔河堡完小才开学。上学期高二班毕了业。学德他们高一的学生就升上高二，只是高一班招不到学生，后继无人，前途堪忧。

鱼继尧就任时，训了一番话，便把学校的一切全权交给他的宝贝儿子去执掌，人称鱼二校长。他在北平一家私立中学混了一张毕业证书，刚刚上了高中，父亲赔了老本，没钱供他读书只好退回家来。现在借老父的光，执掌着完小的校务。国文，党义，体育他一身兼，兼课兼薪，鱼儿得水了。他喜欢吃冰糖，整天嘴里噙着。离文言文不说话，张口呜呼，闭口哀哉。他酷爱古文和拳脚，请来一个会做八股文的和一个会舞拳弄棒的。大清早将学生们轰起来，赶到操场上拿腿肚子碰树桩，半天半夜棍棒噼啪，将院子里那棵小杨树踢得死去活来。古文代替了白话文，《七侠武艺》代替了"三民主义"，一周念几篇古文，做一篇之乎者也，便将自由放给了学生。大寺院没人管了，好动的青少年摔跤打架，粉笔灰毛笔画花脸，披上被单唱大戏。攀城墙闹庙宇，拿棍子戳破天棚掏麻雀，闹得不可开交。

不管学生怎么闹，高二班毕业的日子还是越来越近了。鱼二校长发了愁，高一班招不到学生，高二毕了业，完全小学不完全，就变成初级小学，薪水经费都得降低。鱼二校长提出延期毕业："学而时习之不亦乐乎。温故而知新不亦可乎！多学一两年，打好基础呃。"

这下家长和学生"炸锅"了。学生们临近终考时在黑板上写出：不让毕业就罢课，集体到教育局去请愿。雪上加霜的是，鱼继尧在教育局的朋友私下抄给他一封状告他的联名状纸，为首的是被他辞退的教师张仁德，那上边高二班的学生都签了名盖了章，告他吞掉修缮费，告他不敬业，将校务交给浪荡公子，把学校变成鱼家的天下，告他误人子弟败坏学校……要求县教育局派专员查办，要求撤掉校长，追查公款，挽救小学。桩桩件件击中要害，看得他直流冷汗。他明白了，这高二班留着就是祸害，得让他们尽快毕业，早点摆脱这帮惹祸精。

于是，张学德高小毕业了。

20　哭笑不得

七月的宕岔，树满沟岔谷满坡，春时的雏鸡这会儿已经扑打着翅膀追逐啄食了。家家户户升起了近午的炊烟，村头大榆树下有几个老人乘凉闲话。张子招家院前的牵牛花，繁叶托着花碗，伸出蔓条攀上短墙，昂起头四处张望。院口那棵小榆树，今年没生虫子，清清爽爽地撑开枝叶，投下一小片阴凉，又从院口伸出一根枝杈，宛如一只打招呼的手臂。

张子招从外村回来，到家刚放下褡裢，便听见有脚步声从小坡响上来。他心头不稳，不知又出了什么事，转身迎出去。认清来人是渔河堡小学的校役鱼三。他一怔，莫非放娃出了啥事？只见鱼三腋下挟一大卷红纸，迎着他抱住双拳高叫："恭喜，恭喜！令郎张学德高小毕业啦！"说罢便将一卷大红纸双手递给他。

张子招没见过这个，脸通红，不知所措，觉得应该笑，又笑不出来。他手颤抖着接过大红纸，愣了一忽儿才明白过来，这就是喜报咧。

这时，鱼三从布袋里掏出三只铁炮，摆在院头，弄好药捻从耳朵背上取来香火，像小孩点鞭炮似的，倾斜身子，伸出手，张开口，避开脸。"更！更！更！"三声爆响，铁炮蹦得老高，冒起三道带着黄土的硝烟，震得破窑院撒撒落土，引来很多人来看。

张子招拿着喜报发愣，往哪儿贴呢？塌过一次的破窑洞还是用荆条泥巴支撑起来的，没个平整地方。正作难时，几个后生过来，支起人梯将喜报钉在墙面的最高处。破窑院哪辈子有过这等事？不识字的老父亲望着红洋洋的大喜报，哭不得笑不得。

为了打发送喜报的，张子招又作了难。拿来一小块大烟土，鱼三一把拿过去吞进去，立在门口不走。张子招找出五百钱！他嫌少："你能拿出手吗？供得起毕业生，接不起喜报？"无奈何，东借西挪凑够了一元钱，央求他："高高手吧，我家穷呀！"

鱼三看看他实在拿不出，拿着钱，没好气地走了。

乡亲们都觉得好笑，穷人家读书，顶啥用？报啥喜嘛。

刘福清父子正在计议七月十五唱戏的事，猛听几声爆响，吃了一惊，急问："啊？什么事，嗯？"家人赶紧跑出看，很快回来说，是完小到张子招家报喜，很快要来咱家了。刘福清不高兴地说："哼！穷折腾。这东西为啥不先到咱家？"

不一会儿，鱼三一揖接一揖地躬着腰进了刘家大院。刘福清家里一代一代不缺钱，就缺读书的，这下总算露脸了。他高兴地接过喜报，吩咐高高地挂起来。

"更！更！更！"刘福清家门口破天荒地爆响了三声铁炮。狗吠炮响人欢叫，又赏钱又送烟土，把鱼三喜得眉开眼笑。

下午，刘锦贵骑着大黑骡子，后头跟着长工，也拉着一头骡子，驮着大书桌和一大堆行李，声势浩荡地回来。山村路窄，行人都给高小毕业回来的少掌柜让路。人们羡慕，恭维，赞叹："吓！高小毕业，不得了哩！"

晚间，张学德随着赶集籴粮的人回来。三婶见他背着书桌小行李进了家，抢过来接下，拍打儿子身上的尘土，撩起围裙擦儿子头上的汗。点着灯坐在炕沿上叫："来，叫娘仔细看看，"摸头发捏耳朵，好像他还是那个亲昵幼稚的小放。

"差事支应完了吧！"张子招问。

"完了，不去啦！"

"就是么，穷人家念书，叫人笑话哦！"

栓柱从外边回来，脱下布衫面朝外坐在门槛上，半天不作声。学德过去打招呼，他赌气撇一下身子，不理睬，好像弟弟做了什么见不得人的事。三婶看不过眼说："亲兄弟嘛，像路人似的，你就没句话？毕业了，外人还贺喜呢。"

"喜啥？顶个屁？"栓柱冷刺刺地说。

"哥。"学德蹲在他身旁，"你说要我顶啥样用？要文的，你告状，我写状纸。要武的，我拼命，一个抵一个。"

"唔？"栓柱扑哧一声笑了，摸抚着他的头，"说得容易，连条狗还对付不了呢。"一家子都笑了。

学德毕业，张子招少了供学的负担，摆脱了"国民教育"这个紧箍咒，不用同那些满嘴文明的先生们打交道了。一家人在一起，不用隔着无定河天天惦念了。他颤着声音说："放娃，你哥已属是非中的人了，长短由他吧，我老了，就指望你了。"

第二天，学德到村里去找朋友，当年一块割过草的，冬天一道晒太阳取过暖的，初小同过学的。这些人大都没有离开过宕岔，而学德却是上过高小见过"大世面"，他并没有因此瞧不起过去的朋友。可是他没想到，这些朋友反倒瞧不起他。

"念书有啥用？你不是又回来种地吗？""我们能干的你干不了啦。"确实，他们都是干农家活计的好手，能承担起家庭的重担。可是他们只能像祖辈一样，在千百年的老路上循环重复着贫困和卑贱。学德知道他读的那些书在农村毫无用处，但是他知道外面的世界是啥什么样子，他相信学的东西总会有用。当然他也知道，既然眼下要务农，就得像个务农的样，不相信多念了几年书，人就废了？

学德脱掉鞋袜，戴上破草帽，开始承受务农的劳苦。清扫家院，浇灌牵牛花，不到两天的工夫，破窑院整拾得清净利落。从山上采来灭蝇花，苍蝇少了，晚间可以在院子里吃饭，睡觉了。他跟父亲下地。日出而作，日没而息，在农民千年走出的老路上加上了他的脚印。他家那头小灰驴，前年被刘福堂以四块钱抵债拉走，洪灾过后，张子招又花了五元五角赎回来。这时他家不仅有了小毛驴，还有五只羊，一口猪，七八只鸡，一只小黑狗。一时有了一点兴旺的光景。

务农干的是粗活重活，但也有很多经验和技巧，张子招教学德，赤脚走石子路，脚下要用力把石头踏实了，才不会让石子割脚或者碰破脚指头。四野小道布满蒺藜，走这样的路，脚要擦着地皮走。见学德将镰刀挂在脖颈上，叫他握在手里，刀头在后，握住刀裤，免得发生意外。一次遇上暴雨，洪沟有了急流。学德背着青草，想一步跳过去。张子招拉住他，"背着草去跳，万一失脚跌入洪沟，背草脱不了身，那就危险了。"背东西时绳要打活扣，紧急情况下打得开。锄柄要紧握，只会打茧子不会起泡。怎样铲掉杂草，使用犁杖，耕田，播种，锄草，施肥，收割，打场，怎么早看天，晚看云……

开头那些日子，学德精疲力竭，浑身疼痛，几个月之后适应了。只是一身投入农田，便同外界脱离了关系。秦域，汉域，未知今日之世竟是谁家天下了。乡村无报纸，往来多是乡间人。忙得抬不起头，累得伸不起腰，何论国家天下事？

大家看学德农活干得来，夸他"这小子没学坏"。但是很快又说"这小子胆儿太大。"因为他不信神不怕鬼。人家敬拜关老爷，他说："关云长是个二杆子货，重私情弃大义。为了两个嫂子而投降曹操，为了报私恩在华容道上徇私情，不顾大局狂妄对待东吴提亲，最后丢了脑袋，毁了西蜀，没啥可敬的。"还说，"劝人行善是好事，但要人修仙成道是幻想。"旁边的人都害怕，不敢听下去。人们问："你家吃斋念佛装神弄鬼的，你怎这样？"

张子招知道他不信鬼神，也不为难他，自己信了一辈子，又咋样？放娃读过书见识广，说不定有什么道行呢。于是给他分出一个砂锅，可以在院子里支起野灶炖羊肉，煮鸡蛋。他对小放，放开了。

张子招瞅着自己的两个儿子心里纳闷，自己这个靠种地过日子的庄户人家，两个娃咋都不像种地的呢？学德识文断字不信鬼神，被视为另类。栓柱装神弄鬼，也被人鄙视。栓柱这个庄户人家的大后生，披袈裟吹唢呐，不佛不道四处跑，不在田地上下苦功。财主喜欢只懂种地的农民，老实，好摆弄。可是栓柱见多识广，不安分，早晚是个麻烦。财主看着他不顺眼，他也不怕财主。张子招想，栓柱和财主做对头，早晚要吃亏哩。

21 有口难辩

　　正月十二，栓柱去青云山拜过周敦和尚，来到榆林城内的表姐夫家，想住两天看看城里的热闹再回家。表姐夫在兵工厂打杂，每天挑水进去，再挑沺水出来，表姐给人家伺候月子，洗衣服。工人师傅们换下来要扔的旧衣裳，她洗干净，让十几岁的女儿到街上去卖。就这样五六年，他们积攒了点钱，想要衣锦回乡，将父母遗骨合葬入坟，僧道两行吹吹打打排场一番，让老人在九泉之下高兴。他算计前后得一个月，正想找可靠的人顶替一下，保住这饭碗，正好栓柱来了。表姐夫要他顶替一个月，栓柱当然求之不得。表姐夫领他见过总务员先生，在左胸前别上了一角临时工的小白布章，接过表姐夫的桶担。

　　表姐夫妇雇了一乘架窝子，脚家一扬鞭，骡蹄欢跃串铃响，那气派就同发了大财的富翁，风风光光地回乡去了。

　　兵工厂对外的牌号叫修械所，实际上装配枪械，制造炸药手榴弹，城西南边的一大片地都是兵工厂的范围，经常听到实弹试验的响声。兵工厂警备森严，黑大门外有两个佩带冲锋枪的士兵站岗，院内另有围墙，那里边才是兵工厂的核心。内外都有带驳壳枪的警岗，四角有岗楼，高墙上挂了铁刺网。

　　栓柱挑起桶担，出入黑大门。他主动帮伙房掏炉灰劈烧柴，很快便混熟了，人们不唤他的姓名只叫大个子。伙房师傅们端来肉菜给他吃，他斋戒，可白面馒头没少吃。每天随着几次汽笛响，黑大门吞进吐出着满身油垢的师傅。有一天，栓柱挑着桶担，正在羡慕地看着那些师傅，有一位师傅友善地过来问："大个子，你是哪来的？"

　　栓柱一惊，摸不清这个公家师傅问这作甚，他说："宕岔，庄稼人。"

　　"鞋子破成这样儿，怎不换一双？"

　　"对付着穿呀，嘴还顾不过来呢！"

　　"你等一等，我马上回来。"师傅说完扭头就走。不一会，提着一双半新的皮底鞋来,将鞋扔在栓柱脚跟前,"试试看。"

栓柱只穿过农家自己做的布鞋,这样的皮底鞋,连摸都没摸过,他不知所措地站着不动。

"放下桶担,你愣啥?"师傅蹲下来,抓住他的脚比了比,"来,抬起脚。"

"哎呀,这,这可使不得,给你弄脏。"

"屁话!"他亲切地骂了一句,"大小差不离,穿上吧。"转转身就要走。

"等等,好大哥,多少钱?"

"屁话,我又不是卖鞋的。"师傅说话间就转入小胡同不见了。

"留个名呀!"栓柱提着鞋,眼里含着感激的泪花,师傅说的"屁话"这个词儿让他心里热乎乎的。

一个月很快过去,表姐夫妇一家回来了,但是完全没有走时候的气派。走时雇了一乘架窝子,回来时行李却是放在驴粪驼子上捎带着,跟着掏大粪的乡下人走回来。姐夫后悔地说:"穷人硬逞富的事千万干不得,都伸手要钱张口吃饭,钱都花光了,人家还嫌太小气。安葬了老人抖穷了家,险些把活人累死哩。"

栓柱告诉姐夫,一位师傅送了他一双鞋,连姓名都不告诉,只知道他喜欢说"屁话"。姐夫一听就笑了,说那是李文正,愿意帮助穷弟兄,见义勇为,够朋友。栓柱去厂里结算,拿到五元工钱,给表姐家留下一元钱,揣上干粮,腰里别上那双鞋,赶早动身回宕岔。

栓柱拿根酸柳鞭杆,迎着进城来卖炭贩粮的人流,插空奔出城门赶路。城市的喧闹,沙丘荒坟,烽火台,十里墩,树木及嗡嗡呻吟的电话杆,渐渐丢在身后。忽然听到背后马蹄声,急回头,一股马队驱风驾尘而来,兵器和马身上的铜铁闪烁刺眼。他急忙闪开公路,骑兵耀武扬威,挥动马鞭,枪械碰得鞍镫响,疾驰而去。栓柱回头一看,不远处有长枪鬼头刀闪光,军帽波浪般的起伏。"哎呀,不好。"他知道国军瞅见人就要抓夫,几步逃离大路,在沙丘后河滩间寻找便道走。

天刚过午,他渡过无定河,看到坟驾山顶上耸立的古坟,还有熟悉的山坡道路树木田野。山坡下一片柳林后,陈大叔他们的小山庄里,传来一阵阵狗叫声。栓柱奇怪，青天白日地，狗儿为什么叫？

正在纳闷，迎面跑来一头小灰驴，鞍架是空的，毛驴怕踩住拖在地上的缰绳，歪斜着脖颈碎步窜窜而来。小灰驴见对面来了人，横过身站住了。栓柱仔细一看，这不是陈大叔家的吗？人呢？他一把抓住缰绳，摸摸驴耳朵，挽好缰绳，朝灰驴的胯上抽了一鞭杆说，"快回去，不怕狼吃你？"小灰驴夹起尾巴朝小山庄跑。

咦！那是啥？栓柱往前走不远，突然看见一个满身是血的人，头上仍旧涔涔出血，挣扎着从沟底爬上沟畔，在地上留下一道血迹，沟底下扔着鞭杆和毛口袋，踪脚错乱有几摊血印。栓柱认出来："呀，这不是二娃吗？"他赶紧过去抱住二娃，"你怎？"

二娃吃力地睁开眼，认出是栓柱，身子一歪，合住眼不动了。

"二娃，二娃！"栓柱跪着一条腿，抱住他血淋淋的头，从二娃身上扯下几片布，轻轻擦去他脸上的泥血，看到重伤处在太阳穴。他解下自己的布腰带包扎住伤口，抱起二娃朝山庄走，边走边喊："救人呀！救人呀！"

正在这时，刘来运带着七八个人拿着棍棒跑过来。他们听两个追逃兵的大兵说，村西的大路旁有人抢劫，路边躺着一个人，死的活的没看清，因为他们"吃粮不管闲事"，要村里人出去查个究竟。他们给两个大兵装了一口袋烧饼，算是酬劳他们报信，大兵呼啸着进后沟去了。刘来运纠集一伙人风风火火的赶来。

栓柱望见山庄来了人，走不动了，抱着二娃停下来喘气。

"你，是你？"刘来运看到满身是血的栓柱，本来就想找他的麻烦，便杀气腾腾地问："你怎么干出这号事嗯？"

栓柱诧异地说："你是啥意思？我是救人的。"

刘来运发现了那双鞋："鞋是从哪儿抢来的？"

"我的，怎说是抢来的？"

"放狗屁，你饭都吃不饱，肯花钱买这鞋？"刘来运不分青红皂白地说。任老六跳过来揪住栓柱的领口，"强盗！你倒学会了装蒜！"

栓柱被这飞来横祸惊呆了："你们血口喷人！"

刘来运不容分说叱喝："你做的好事，给我搜！"十几双手撕开衣裳，搜出四块钱一双洋袜子，几个烧饼。

"你这个贼小子，这么多钱，还洋玩意，哪来的？"刘来运狰狞地狂叫，"图财害命，贼喊捉贼！贼骨头，还敢不认账，给我绑起来！"刘来运一声令下，七手八脚将栓柱五花大绑起来，乱棒抽打再不容他分说。"就是他，就是他……"

突然，二娃挺直脖子嚎了一声，刚赶到的陈大伯一家都忙着捂弄儿子。

"走，走，走！""土匪！""凶手！"一帮人呼叫推打着将栓柱押进关帝庙。

"抓住啦，抓住土匪啦！"宕岔的人们向关帝庙跑，一霎时人山人海塞满庙院，挤上墙头。

栓柱被绑在旗杆下，衣裳撕成几片，露出红一块紫一块的血痕，他闭住眼不看任何人，只是仰天喊冤。

张子招砍回一背枣刺刚进家，只听村坡上下沟岔南北，人声鼎沸脚步踏踏，说抓住个土匪，还是本村的。他心不在意地嘟哝："宕岔有这号人吗？瞎说。"他想去看看，老伴立在门口说："管他呢，歇一会嘛，是非场里少沾边。"

这时，门前小坡上脚步杂乱，上来几个人过来堵住门口说："你养的土匪儿子，图财害命。抓住啦，这会正在老爷庙上审问，等一会要来你家搜赃物哩。"

"老天爷哟！"三婶双手招天号哭，"你们不能冤屈好人啊！我的栓柱不是那号人呀！"

"我的天呀！"栓柱媳妇和刚满月的小娃在屋里哭起来。

"那，那我倒要去看看是真还是假。"张子招刚要举步。

"不行！"那几个人拦住，"从现在起，你家的人不许动，听官府来人发落。"

关帝庙院里刘来运站在台阶上，指着绑在旗杆上的栓柱骂："贼头贼脑的，不是个正经货，这一向不在村里，原来在外头当土匪啦，嗯？兔子不吃窝边草，伤天害理算人吗？"

"冤枉！"

"再给我打！"刘来运挥手，几根马棒打连架般地落在栓柱身上，"给我招，嗯？抢到窝里来啦！嗯？从实招。"

"冤枉。"栓柱有气无力地说了一句，昏死过去，头耷拉在肩上。

"喷，喷凉水。"一盆凉水劈头盖脸地浇上去。

"冤枉！"栓柱醒过来，还是喊冤。

"喂，哪有这样审案的？"银匠喜应从人群中挤出来说，"不容分说，只顾打，出了人命谁担当？""是呀，事有事在呀，这叫干啥嘛！"人群开始骚动。

"冤枉！"一个急迫的呼声从山门外喊进来，"栓柱冤枉！冤枉啊！"陈大叔跌跌撞撞跑进来，扑上去抱住栓柱，直声呼号，"栓柱冤枉啊！他是救我二娃的呀，二娃醒过来啦，害他的是两个兵！"

"哎呀！"人们大吃一惊。刘来运从台阶上跳下来，将陈大叔拖进庙堂里。过一会儿，刘来运出来叫给栓柱松了绑，嘴上还不放松："信佛哩，念经哩，出门不会挑个好日子？偏要从那条路上来，自找倒霉嘛。"

"伤天害理，做绝啦！"人们带着不平的愤慨各自散去，喜应背起栓柱出了关帝庙。

第二天，大半晌的时候，渔河堡开过来十几个大兵。改娃狐假虎威地领着官兵冲上张子招家的破窑院，几个大兵步枪推上子弹把住院口，领头的排长匣子枪张开机头，指着遍体鳞伤的栓柱，要他招出凶手来。栓柱媳妇抱着娃跳起来挡住枪口，怒气冲冲地说："救人还有罪？他到的时候凶手早跑了，看都没看到，咋招？你们把人打成甚样了还不放过？天呀，老天爷呀，没活路啦！"她哭叫着向枪口逼来，"开枪吧，把我娘俩打死，天呀！"

排长急忙跳出院子，挥一下手，改娃带路，一股狂风向陈大叔家卷去。大兵围住受伤的二娃问："凶手什么样？"

二娃老老实实地说："是两个兵。"

话音刚落，几个大耳刮子打过来，打得他口鼻流血。"瞎了你的狗眼！"排长的指头戳打二娃的脑门心，"娘卖屄，活够啦？睁大眼认认看，哪个是凶手？"

"哎哟，老总啊！我一时眼发黑，记不清了。"二娃明白了，再也不敢提兵，本来的"两个兵"变成"记不清"了。

小山庄杀猪宰羊抓鸡炸油糕，支应这些大兵，几盘炕上横三竖四躺着抽大烟的兵，喝醉了往菜缸里吐，小山庄踏得底朝天。陈大叔家是理所当然的驻扎地，马鞭子在大叔大婶的背上乱敲打，一会要鸦片，一会要烧酒。大叫"老子们为你家抓土匪，当兵吃粮，我们可没带炉灶啊！"大兵们住上不走，粮食吃完了，麻油耗了个精光。陈大叔伺候不下去，背上二娃连夜逃走了。大兵们这才渡过无定河走了。

22　刀枪不入

那天，学德从渔河堡粜粮回来，一进村便听到人们沸沸扬扬议论栓柱的事。回到家，见哥哥躺在小榆树底下，浑身是伤，但不吭不声，怒目圆睁，直勾勾地望着天。

学德关切地问："哥，还疼吧？"

"疼！能不疼吗？！你念的书多，顶屁用？！"栓柱没好气地拿他泄愤。

这些天，愤懑的栓柱心里燃烧着仇恨的火焰。平白无故挨了一顿毒打，说什么也没有人听。要不是二娃醒过来，他可能就被打死了，死了还得担着罪名，窝囊呀！他看什么都不顺眼，鸡鸣狗叫惹得心烦，小娃娃哭，他连同小被窝一脚蹬开，暴哮："短命鬼！讨债的！给老子快点死，死！都死光！"

"哎，栓柱呀，你的性子怎变啦？从小善穆穆地嘛！"三婶痛惜地说，"这世道把人逼得怎过哟。"她的左眼去年失明了，也没了泪，这会只是撩起衣角擦眼窝。

"变吧，变吧！把天变成两半塌下来，把世界砸个稀巴烂！"栓柱愤怒地说。

"窝在家里发闷气顶个屁。"张子招没好气地盯了儿子一眼，摆动着狮子般蓬松的苍头，"没骨气成不了大事，这家里的人谁惹了你？有本事到外面使！"

"哎哟，娃正在气头上，你还激他？咱们可是善良人家，歹事千万做不得！"三婶说。

"球！"张子招一骨碌坐起，瞥一眼老伴，"人家快把娃折磨死啦，你还说这号没主心骨话？猫不上树狗撵着呢，善，善善，快把一家人善完啦。"他眼边挂着老泪，仰天长啸，"老天爷啊，你瞎了眼啦！"

三婶痛苦无告地撩起衣襟揉眼窝："老天爷哟！快叫我早点合上

眼吧，我烧香磕头的盼，盼……"

"烦死人！眼泪哭干，没哭倒仇人，没哭好咱家的命！"张子招跳下炕，踉踉跄跄地走了。

"柱娃，别听你大的，他老懵啦！"

"娘，我大说的对，这世道不想法子，活不下了！"栓柱俯身过来拿衣袖替母亲拭眼窝，"放心，歹事做不出来，咱们黑不下那号心呀。"

夜幕降临。北庄阳坡院畔上，喜应的铁匠炉上，重锤动地，风匣急促，火光冲刺夜空。陈步昌前推后仰地拉风匣。喜应半蹲着伸出一条腿，左手掌长钎，一会夹出一块烧得白热的铁件在钻子上灵巧地调换部位，右手的小锤打花鼓般地敲点。他的小锤点到哪里，栓柱和石柱的大锤就打到哪里，小锤点的轻，大锤打得轻，小锤打的重，大锤打得重。重锤下去，火星飞溅，

小锤摆了一下头，锤声顿息。喜应站起来，伸伸腰，四下望望："栓柱夜格说的主意合我的心，你们说呢？"

"成，成，成。"大家一齐响应。陈步昌说："上庄的福义也联络上了。同咱们是一个心。"

"一言为定。"栓柱说，"明格夜里就办，在龙王庙亭上。"

陈步昌兴奋地拉响风匣，喜应的小锤儿欢快地敲打，大铁锤一锤重过一锤，火光映红了几张纯朴而又兴奋的脸。

第二天，五月初的深夜，没有月亮，繁星满天。龙王庙岭的小庙亭里，先后闪来几个人。闩上门，脱下布衫掩住窗户，点亮油灯，几张赤诚的笑脸，几颗激动的心。栓柱立在供桌一旁说："咱们几个的心都是一样的，年岁相差不多，可是我们的辈分不同，结拜弟兄不好弄，咱们就盟誓结成生死朋友，这在天下都行得通。"

"对对对。"大家都响应，"对神发誓表表我们的心。"

"那就都跪下吧。"喜应说。他们跪下，每人一炷香，虔诚地举过头顶，喜应带头发誓："神灵在上，我等六人永远结为生死朋友，有难同当有福同享，若有变心，龙抓雷劈。"发誓完毕把香拢在一起插进香炉，磕过头挽住手互相拜过，六个受苦人结为一体。

推开庙门，凉风拂来，满怀舒畅，仰望夜空繁星闪耀，俯瞰宕岔

灯火稀疏，他们坐在庙廊下。栓柱问："往后怎办？"

"投红军！"年龄最小的刘福应说。他在外面挖炭，常到川前的骡马店里挑水，听说红军是受苦人的军队，早就暗下决心投红军。

"红军来去无踪，去哪儿投？"栓柱也早有这个想法，只是不知道红军在哪儿。

"咱们都留心打听消息。"喜应说，"来铁匠炉的人多，说啥的都有。"

"咦！我想起来一件事。"陈步昌说，"新愿说他干爹是红枪会的，每天早晚举小石磨练功夫。"

"什么是红枪会？"

"红枪会，刀砍不进，枪打不入。"

石柱说："哎呀，早不说？赶快求他教我们吧！"

"天无绝人之路，刀枪不入那还怕啥？"几个人兴奋起来。

新愿的干爹是从河南来的李郎中。他近六十岁，身材消瘦，背上蓝布包儿摇动圈铃走乡穿村给人针灸施药。人们说他救不了命，也害不了人，发不了财，赔不了本。他同新愿的爹刘海清结为弟兄，十天半月到刘海清家落脚，每隔三四年回一趟老家。

现在兵荒马乱，赤手空拳的都怕带枪拿刀的，总想寻找个对付刀枪的法子。从小刀会到白莲教，黄砂会，金钟会，红枪会，此起彼伏地冒出来。这个新起的红枪会声称刀枪不入。深信有神鬼的人，也深信会有能叫凡间枪刀失去威力的法术。要不然河南的红枪会咋把岳维军的几千人马打得溃不成军？

李郎中听了栓柱他们的要求，也不推辞，痛快地答应。第三天晚上，在龙王庙岭上的小庙堂里，李郎中站在供桌前，一幅红布围住供桌，龙王泥像前，设了个太上老君的牌位。香炉前横一把雪亮的马刀，刀柄挽块红布。李郎中头裹红巾，腰挽红布带，两只布带头垂至膝盖，郑重地往香炉插上三炷香。磕过三头，执起马刀侧身立定。

栓柱几个一字跪下，都脱光上衣，赤脚，挺直腰，合掌胸前，屏住气息听候传授。庄严的气氛，使每个人都觉得有股威慑而神秘的力量从夜空降临。平常温善的李郎中，此刻变成严厉可畏的法师，仿佛那马刀附上了无穷的法力。法师严肃地宣布戒律：不准走漏消息，不得背离法师，神法不得私传，每天卯午酉亥四个时辰，面向太阳的方向收法练功，一百二十天之内不得接触女人，期满后要在法堂前试刀。法师喝问："汝等能守吗？！"

"能守！"他们坚定地回答，逐个发誓，"若有违背，吐浓化血，五雷轰顶。"发誓完毕，全都退出，然后一个一个叫进来，跪下传授口诀。

第一个是栓柱。法师朝他头顶喷口冷水，他打了个寒噤。法师附耳过来，传授第一道法令："太上老君临凡界，招来火龙护我身，吾奉玄天勒令。"教他在地上画十字，双脚踏上，双手切诀，在一口气吸进的过程中，一字不差地默念完，以后不论增加到多少条，必须一口吸气中全部默诵完毕。一一传授完毕，法师收取供物，再到岭下的戏台上教练一阵子刀法拳棍。从此每夜入定后，龙王庙岭传授吾奉玄天勒令，岭下戏台上苦练武术。喜应给每人打了马刀和标枪。石柱打来几个石锁。每日按指定的时辰，避开人，面向太阳的方位切诀默念，几颗热烈的心倾注在刀枪不入的功夫上。

张子招看着他们的一举一动，不解地问："你们几个闹甚呢？"

"大，不是说过嘛，到时就知道啦！"

"千万不敢走邪路啊！一步走错后悔就迟了！"

"放心，练练护身的，防灾避难嘛！"

一月过去了，法师的那二十条法令传授完了，他将老君爷能够调动的天兵天将都请了，那几套拳路也教完了，现在只要求弟子们自己去练就成。左邻右舍觉得这几个人的行动不寻常，看他们好像身上都添了力量，脸上洋溢出自信的神情。

刘福堂家的小羊倌双喜，每夜给地主家挑完水，回家的路上总听龙王庙上有响动，于是他猫手猫脚地爬上庙坡，隐在蓬草里，把栓柱他们的举动看得一清二楚。这一天，他在坟驾山牧羊，瞧见陈二娃坐在地畔上歇息，头上缠块白布，伤口已结痂。

"二娃哥，你好啦？"双喜想起栓柱为了二娃挨打，望望四野无人，凑近二娃耳边，"栓柱哥他们几个要起事啦，你千万别对外人说呀。"

二娃心里一惊，急忙打听详细，嘱咐他："你的舌头可要牢靠呀，记住对别人只字不吐。"双喜答应着,吆喝羊群穿沟越岭走了。

这一天夜深人静,沟岔几声犬吠。栓柱从庙上回来,刚要落睡,忽听轻轻叩门,有人低声唤:"栓柱哥,我是二娃。"栓柱纳闷,放他进来。二娃进得门来,"咯噔"朝栓柱跪下,头上还包着白布,叫声"栓柱哥",便抽噎起来。

"二娃,你怎啦?快起来,有话慢慢说呀!"

二娃不起来,呜咽着说:"你们要起事,把我带上吧,生死我跟你走。你为救我,受那么大的苦,可别嫌弃我啊!"二娃说着,磕了三个头。

栓柱拉他起来,问:"我们起什么事?听谁说的?"

"还瞒我呢,信不过?双喜看得清楚听得明白……"

"哎呀,墙里说话墙外听,来,跟我到外边来。"栓柱带二娃坐在院里小榆树下,聊了起来。等二娃走了,栓柱毫无睡意,哼着小曲儿:"鸡不叫,天也明,狗不咬,人也穷……"

没有不透风的墙,栓柱他们练红枪会的事情也传到刘福清耳朵里了。

那天早上,双喜吆喝羊群出村,在关帝庙坡上碰到改娃。改娃耀武扬威地摆弄土枪,惊乱了羊群,双喜气恼地说,"你是人还是狼?"

"老子一枪崩了你。"改娃拿枪比画。

"比屁淡。"双喜扔出石子砰地击在他的枪托上,"过一个月,人家刀枪不入,你的枪子上不了身。"

"啥?你吹牛。天下还有比枪子厉害的?一枪一个黑窟窿。"

"屁,人家大喝一声,你那枪子出了枪口,便落地溜平。"

"瞎吹,我才不信。"

不谙世事的小羊倌想要镇住他:"你不信?咱村就要闹起红枪会,栓柱哥几个天天练功,嘿嘿嘿,等着瞧吧,有你咋呼的。"双喜突然发觉说漏了嘴,赶紧甩响鞭子吆喝羊群出了村。改娃一听,红枪会?这还了得?一溜烟地跑到刘福清家报信。

双喜看改娃往庄里跑,知道惹祸了,可是他离不开羊群,只好等晚上收了羊,赶紧爬上庙岭,搂住栓柱的胳膊呜呜哭。

"怎啦?有话快说,啊!"

"我上当啦……"双喜说了和改娃的事情。

"傻小子,你不知道改娃是啥人嘛!"

"该怎处置,我都情愿。"

正这时,庙坡下那唯一的窄险小道上传来脚步响,迟来的陈步昌大大咧咧地上来。

"栓柱哥,都在吗?啊?双喜也来啦!"

"低声点,不敢让别人听到。"栓柱说。

"哈哈哈。"陈步昌大笑,特意提高嗓门说,"不怕啦,都挑明啦,今天刘福清把李郎中叫去,要他收刘来运为徒弟,由他家主办红枪会,神堂就设在关帝庙,一切花销由他承担,会长由刘来运当,村里年轻人都参加,还怕啥?鸣锣击鼓地闹呀。"

"这,这又弄的什么鬼?"栓柱糊涂了。

原来,改娃听了双喜话,赶紧去报信。他气喘吁吁地跑到刘福清家门口,还没等叫门,里面的大黑狗便汪的一声跳起来,带着铁链往外扑,凶恶地撕抓门缝,一扑一扑地狂吠。

刘锦贵正在拨弄算盘,他去年高小毕业回来,已坐在三掌柜的位置上。听到狗叫,他扔下算盘出来,看见大黑狗龇着牙朝门外的改娃咆哮。

刘锦贵喝退大黑狗,"什么事,嗯?看你慌慌张张的!"

"老掌柜在家吗?有要紧事。"

"跟我来吧。"

"不好啦,要出事啦!"改娃一进屋门先报急,抹把汗,补个弯腰礼。这时候,刘福清正躺在炕头打盹,突然被惊醒,坐起来不高兴地问:"什么事?大惊小怪地,嗯?"

"咱村闹起红枪会啦!栓柱,石柱,多着呢,舞刀弄枪,双喜透出来的风。"改娃一五一十把双喜的话添油加醋地说出来。

"哼!"刘福清压住内心的震惊,仔细问了详情,故作镇静地说,"有啥大惊小怪地,慌啥?好啊,先给我报个信,咱爷孙有交情嘛,再去打听清楚些,多留心,别乱嚷嚷,我等你呀!"

改娃受到刘福清的赞赏和嘱咐,高兴地又深深弯了一次腰,喜冲冲退出来。刘锦贵喝退黑狗，放出改娃。刘福清立即把刘来运招来，他背剪着手在屋子里转圈子，啃，啃，连连倒吸冷气，刘来运知道，出大事了。

"大，出了什么事？"

刘福清冷冷地说："造反啦，栓柱一伙闹起红枪会，舞刀弄枪，穷鬼造反比疯牛还凶啊！"

"抓起来，先下手为强。"刘来运听了事情的来龙去脉，咬牙切齿地说，"先抓栓柱，鸟无头不飞。"

"瞎主意，凭哪一条？咱在宕岔不住啦？官府不听咱使唤，官兵也不天天给咱站岗。"刘福清断然否定，他急急转了几个圈子，靠着灶台站定，有了主意，"我看，咱也加入红枪会。"

老地主的话弄得儿子直眨巴眼，仿佛他爹说了疯话，但刘福清却冷笑笑："会长由咱当，给点甜头，叫龟孙们替咱挡土匪挡红军嘛。"

陈步昌高兴地说："还有呢，李郎中刚回家，南庄又请去了，说南庄也起红枪会，从刘壁起，够年岁的都参加，刘汉玉亲自当会长，神堂立在小学校的一孔空窑洞里。南庄，北庄都压在一个红眼子上啦。李郎中告诉大伙，今后明着来，不偷偷摸摸地了。"

喜应想了想："这样也好，不管他是红是黑，咱们一条心不散。"

"对。"栓柱响应，"咱们明着应付，暗中防备，拧成疙瘩，走着瞧吧。"

于是宕岔敲锣击鼓办起红枪会。两座铁匠炉做矛枪打马刀，李郎中天天给弟子头顶上喷凉水传秘诀，布匹粮米不断地拿回住处。年轻人都像着了魔，撇开女人，面向太阳练仙法，都在"吾奉玄天勒令"中吞符吐气了。

南北两庄的会长，传出神的旨意，为本村的平安抵御外来的侵害，红枪会的人都得轮流守夜，北庄到刘福清的炮楼上，南庄到刘汉玉的学校里。摊派差役，筹办庙会，都按红枪会的名头分派，一道又一道神意随着"吾奉玄天勒令"一起凌空飞来。

最早入会的人一百二十天期满了，要试刀。这是初秋的月明之夜，同盛昌的大场院挤满了男人，四处放出嘹哨，叱喝女人不可靠近，因为女人偷看会将神法冲乱。场院前放一张红漆大方桌,四周围裹红布,桌上放个大方斗,满盛了谷米,当中供上太上老君的神位,四方插上香火,大斗前搁一把马刀,用红布缠裹着。李郎中一身法师装束,参拜毕太上老君,解开红布,马刀雪亮闪放寒光,法师对马刀喷了三口凉水朝天大喝三声,全场打了个冷噤。

第一个出场的就是栓柱。他只穿一条短裤,束条红布裤带,对着神位切诀运气默诵法条。"哧"的一声,李法师朝他肚子上喷口冷水,举起马刀从头上绕过,大喝一声,直向栓柱的肚子砍去。栓柱毫不畏惧,大喝一声挺身迎去,刀"砰"地砍到肚皮上,立刻反弹回来。全场吓得呀了一声,接连十二刀下去,栓柱岿然不动。

试刀成功!

人们涌上来察看肚皮,砍过处留下条条白印,人们再看栓柱,似乎罩上一身神光,不怒自威。李大法师宣布试一个等于试一批,同期入会的不再试了。李郎中功成名就,买了一头毛驴,驮着财物走了。

红枪会的法力震慑了宕岔,震撼了周围几十里地面,各地纷纷办起了红枪会。

学德本来不相信,再练功那肉身也抵不住钢刀哇。可是看到法师排刀那威严雄壮的气势,令他振奋信服。回到家,他仔细察看栓柱肚子上的十三道刀痕,开始时发白,逐渐变红,几天后便看不出来,真的是刀砍不入。他也想参红枪会,练一个刀砍不入的不坏之身。栓柱说不必正式报名,他有传教权。于是学德也跪在神前发誓,由栓柱传授秘诀。

他是童男,不近女色的戒律不戒自律。他每日按照四个时辰,面朝太阳的方向,调整呼吸,吸气时将所授秘诀全部默诵完毕。最后秘诀增至十二条,共二百二十个字,必须一口气吸进去默诵完毕,这就必须延长吸气时间,增大肺活量。久之习惯了,到时不做完功课身上不舒服,做完后全身热气烘烘,自感充满了气力,人便无所畏惧起来。秘诀并不神秘,都是像"太上老君立当空,五海龙王护我身,吾奉玄天勒令!"之类神神道道的顺口溜。但如此集中意念练功,对身体确实大有裨益。一百二十天后,学德已经能一口气吸纳所有秘诀,虽然不敢试刀，身体强壮了许多。

有一天晚上，川前客店来了三个土匪。一个拿着一支驳壳枪，指定客商大喝："不准动！"两个带匕首的土匪上去将客商围住，抢来银两，束在腰里，再挑开骆驼驮子掠取大包鸦片。店主人从后门溜出来，朝东岔口奔跑呼救。接到警报，东岔口神堂吹起洋号，龙王庙岭上敲锣呼叫红枪会。于是红枪会的人从各处奔来，一个个背插马刀，手持红缨枪，大呼小叫地朝客店冲来。

这三个是惯匪，根本没把乡下人放在眼里。听到一片呼喝声，看到脚步飞动人影跳纵，土匪不慌不忙地朝人群上方"啪啪"打了两枪。按他们的经验，老百姓听到枪声就怕了，没人敢上前。可是他们万万没有想到，栓柱不但不退，反而像猛虎般地冲过来。匪徒朝栓柱打了一枪，栓柱觉得耳朵边呲溜一声，子弹擦身而过。他以为刀枪不入的护身罩发神威了，更加不怕。匪徒急了，朝他打了一梭子弹。也是奇怪，栓柱不怕子弹，子弹反倒怕了他，都在他身旁嗖嗖擦过。栓柱毫发无损。越发勇猛，"荷荷荷"叫着冲过去。众人一看，胆气冲天，发声喊，口中念着"吾奉玄天勒令"一起冲过来。土匪们哪见过这个？吓得魂飞魄散，扭头没命狂奔，连滚带爬地逃进夜色沉沉的沟林里。

红枪会的众弟子兴高采烈地得胜回村。栓柱先是在众人面前接了十三刀，毫发无损，现在连子弹也近不了身，刀枪不入的神功谁敢不信？以前谁都敢欺负的穷后生，数月前差点死在棍棒之下的栓柱，在众人心目中赫然高大起来，具有天神般的威严，成为穷人家的依仗。

刘福清和刘汉玉一直是宕岔说一不二的土皇帝，现在突然从穷人堆里冒出来一个"天神"，他们的权威大打折扣，这让他们惊骇万分，把栓柱看成是大祸害。刘福清本想将红枪会抓过来听他支配，现在发现这步棋走错了。这穷人有了神功，都刀枪不入了，谁还听他们的话？

过了几天，改娃破锣穿村，吆唤红枪会的人都带上各自的家伙上关帝庙议事，每家还必须去一个长辈人。

刘来运站在台阶上，一眼望去一片红缨枪矛头闪着光，插在背上的马刀红布挽手晃眼睛，庙院里刀光枪影红洋洋地着实令他胆寒。他暗暗佩服他爹老谋深算，真的不能让穷人心齐呀。他以一村之首一会

133

之长的身份说:"咱宕岔靠关老爷保佑,没出过什么大乱子。现在李大法师走了,耍刀弄枪不是咱庄户人家的营生,招风惹事嘛!我宣布,从今日起,各家刀枪都交出来,解散红枪会,今后不准再闹啦!"

栓柱站出来:"你是红枪会会长,规矩你知道,你在神堂前发过誓,你不怕龙抓雷劈吗?"

刘来运张口结舌额头冒汗,不知道说什么好。

喜应亢声道:"你入会退会别各管不着,别各入会退会你也管不着!"

"众人听着。"栓柱大声宣告,"从今天起,北庄南庄的会长都拉倒,不算数啦!"现在他说话有分量,大家齐声响应。刘来运一看拗不过,退一步说:"那刀,矛枪要交。"

"刀和矛枪都是自己的,凭什么交给你?"众人一片哗然。

"你想要吗?自己去拿!"栓柱举起红缨枪抛出去。红缨枪飕地贴着刘壁的头皮飞过,"啪"地刺进木旗杆,红缨抖擞,枪柄有力地弹动几下牢牢钉住。接连又有几支红缨枪飕飕地飞去,刺进旗杆。全场一片赞叹!庙上几个头前人缩在檐角下不敢再动,刘汉玉一条腿跨在门槛扬手嚷叫:"散,散,散……"

人们愤愤不平地散去。红枪会也偃旗息鼓了。

23　拨云见日

　　民国二十三年，一场红枪会的风波被秋收的忙碌冲淡了。今年丰收，千万把镰刀割下成熟的庄稼，像是为田野脱去了绣衫珠冠，留下大地素面朝天。朔风萧瑟，河边有了冰花，人们刚歇口气，打仗的风声却一天天紧起来。

　　全国各地红军先后离开了根据地，说不清楚要去何处安营扎寨。而陕北刘志丹的红军却站住了脚，在安塞，保安，安定一带攻城夺寨。国民党的队伍一拨一拨地经过宕岔去围剿。军队抓夫拉牲口，逃兵要吃要换便衣，追逃兵的要向导，闹得宕岔鸡犬不宁。

　　宕岔的几家财主心慌意乱。他们知道金岳派兵打仗是要保住他自己的地盘，至于他们这几户人家，金大人连姓甚名谁还不知呢。别人指望不上，于是他们拿定主意要将宕岔南北两庄遥相呼应的土寨子修复。他们有十支步枪，两把匣子枪，到时候再配上土枪，能守住寨子抵挡一阵子，等候官兵到来。他们差人敲锣传令，每户都得出人上寨。北庄首先动工，在小寨梁墙外东南一边平坦的地面上，挖一条两人深的护沟。铁锹扬起黄土，几天工夫，壕沟已经挖下去一人多深了。

　　这一天，替刘福清跑腿的改娃盯上黑娃，指定他去挖沟。按道理，再没人也轮不黑娃，因为他是北庄放牧零羊的羊倌，别人替代不了。一般小户人家只养三两只羊，合起来请一个羊倌，按羊只分摊工钱，过年过节轮流请羊倌吃顿饭，碰上谁家做红白事送点吃的，羊倌同各家像亲戚一样来往。黑娃自打从父亲手里接过牧羊鞭，就百般呵护各家的羊。羊生了什么病，什么时候生小羊，他都了如指掌。有病的留在各家隔离，羊羔生在野外，他抱在怀里送回来，有时一次抱两三个。野狼来了他护住羊群，皮鞭在狼的眼睛前啪啪响，手里同时飞出石子百发百中。他的羊群不论风雪洪涝没丢失过，也没受过伤，羊肥羔儿多，家家的羊儿交给他放心。财主家眼红了，几次加价要雇他，他不肯，舍不得这群羊。

昨天，黑娃告诉各家："明格的零羊不出圈了，刘家点名叫我去修寨子。"各家一听便有气，都说刘福清太刻薄，连大家的羊倌都不放过，这不是让大家为难吗？

这件事其实和刘福清关系不大，而是改娃有意为难，因为黑娃是他不待见的妹夫。黑娃家穷，还有一个瞎眼老娘。像这样的穷汉，本来也是光棍命，可是，改花偏偏嫁给了黑娃，这让改娃耿耿于怀。

那时候，黑娃每天早晨挨家逐户领羊："放羊啦！放羊啦！"到了晚上送羊回各家："收羊啦！收羊啦！"不知道怎么就打动了改花的心。十七岁的大姑娘，抽空就塞给他一块菜叶包块干粮："黑娃哥，给你。"黑娃不敢看她，憨笑笑，赶快离开。前年夏天，她瞅个空儿，将黑娃叫来背人处。大胆地问："你家没个人，我去嫌不？"

"哎呀呀，好妹妹！"黑娃瞅着她那油黑光亮的长辫子，不敢相信，"我哪有这个福分？我家要啥没啥，不敢想啊！"

改花生气了："说了半天，你嫌我？"说完扭头就走。

"好妹妹，别生气，听我说呀。"黑娃知道她是认真的，追上前去，"你知道我是怎个人，我黑娃哪还能嫌你？我是怕你跟上我受罪，怕弄不成反倒坏了你的名声，怕……"

"怕，怕，怕！"改花转过身来，绯红脸儿咄咄逼人，"怕什么？闪电不怕雷？放羊不怕狼？下雨不怕发大水？我不怕，你倒怕？这么大的后生，不如我们女娃。"

"我发誓，我发誓……"黑娃跪下来对天发誓。

改娃听到风声，回来叫爹把改花管住，好歹找个人家赶紧嫁出去。爹娘张罗给改花找婆家。她在路口上拦住媒人："大婶大叔别费心了，我的亲事早就定好啦。"说媒的人再不愿揽这桩事了。

黑娃托本家的叔叔来任家提亲，改花爹眼珠子一翻："我家闺女不嫁人啦。"媒人讨了个没趣，讪讪地走了。

改花从后窑出来，大大落落价对爹说："我要嫁给黑娃。"

"呸！"改花爹气炸了肚皮，抓起铁锹暴哮，"老子劈了你！"老伴扑过来死死拽住："家丑不可外扬啊，左邻右舍的听见怎见人哦！

叫我慢慢劝说她。"

改娃回来，听说妹妹要嫁黑娃，将菜刀砰地扎在案板上："敢？看我剥你的皮！"

"不要自己找罪受，哪家不比他家强嘛！"改花娘提出十来户托人说媒的，有田有牛有宅院，"娘就你一个女娃，舍不得呀。"

改花说："杏花和桃花的下场娘还记得吧？我三爷爷三奶奶口口声声说是为了她们，却一个一个害了她们。如果当初让她们自己找，怎会连命都丢了？金银财宝我不要，我就要黑娃。"

"哎哟哟，我的祖奶奶！多会变成这个样？我，我。"改花娘咬紧嘴唇，抓起笤帚把子打她。宕岔人嘲笑，"改花不害臊，哪有闺女自己找男人的嘛。"

改花爹急了，很快给女儿说好了一门亲事，说定年三十过门。

腊月二十三灶王爷要上天，家家媳妇要回婆家的这一天。改花挟一包衣裳，悄悄跑来黑娃家。黑娃事先请来本家十几个亲近的人，放了几串鞭炮，门上贴出个大喜字，当着众人拜过天地就进了洞房。改花爹和改娃听到消息，拿着菜刀找上门来，指着洞房一跳几丈高："臭小子，拐我的女子，你出来！爷爷宰了你！"

这一闹轰动了宕岔，都跑来看稀罕。黑娃族里的人抱住暴跳的父子俩："生米煮成熟饭啦，认下这门亲事吧。"改花爹只好大吼一声："气死我了。"扭头走了。改娃也没奈何，拿着菜刀指着贴着大红喜字的门户："贱骨头，永远别登我家的门。"

改花是宕岔第一个自由恋爱结婚的。小两口相亲相爱，尽心尽意侍奉双目失明的老婆婆。老婆婆对人们说："实实在在的好娃啊！心地亮堂堂价，我黑娃是有福的，我瞎眼老婆子前世积下德了。"

改娃在刘福清手下当差，是个趋炎附势之人，看见黑娃就眼黑。这次他帮着刘家拉人，借机让黑娃去挖沟吃些苦头。

约莫快收工的时候，改花正忙做晚饭。突然，"轰咚！"小寨梁方向闷声一响，窗户纸都战怵了一下，远远地听见有人喊："不好啦，救人呐……"

改花打了个冷战，扔下手中的碗，不顾一切地冲出门，同人们一

137

起往小寨梁跑。

原来，沟挖开几丈长，深过人头了，像一头张着大嘴的巨兽。谁也没想到，这巨兽突然闭上大嘴，整排壕土"轰咂"一声塌下来，激起几丈高的黄土。飞土落下，把深沟都快埋成平地。一时间到处是呼号惨叫，人们连滚带爬地从土里逃出来，待到尘埃落定，发现有人还没出来。

大家赶紧奋力挖。首先挖出来的是卖柳器的刘光棍。接着是刘海清的独生子新愿和他表弟，两人紧紧抱在一起，费了很大的劲才将手掰开。最后挖出来是黑娃。他们四人的衣裳撕烂了，赤着脚，一个个口鼻耳朵塞满了泥土，慢慢地渗出血。按传统，人死亡在外的遗体不能进大门，人们拿门板将死者抬到各家大门外。

塌沟的那当口，刘福清正在壕沟上头监工。壕塌时，他仰后栽倒在壕畔上，险些被带下沟，他身上覆盖了一层土，一只脚悬空颤抖，不敢动了，直声嚎叫。他被人背回家，躺在炕头打哼哼，时不时一惊一乍地喊叫。有明白人说是被吓跑了魂。于是，刘选打着灯笼，端个香纸盘。刘来运抱只面笋，红布裹着，来到出事地点。他们磕头，烧纸，点香，往面笋里抓一把土，说刘福清的魂在里面。红灯引路，刘来运随后，一声一声叫："爹跟我回！爹跟我回！"一路叫回家，把面笋扣在刘福清的胸上。

"哨！"刘福清倒吸一口凉气，慢慢坐起来，魂归原体，复活了。

宕岔从未发生过这样大的惨祸，几家人哭得死去活来。栓柱带着人到各家帮办丧事。"嚓，嚓，嚓"北庄几副大锯忙着解木板，赶着打棺材，古城坡几处坟地刨墓穴。村里死了人，要动动响器，超度亡魂，这是乡俗。栓柱提出，明格四尸同时起灵，由他带上一班人一路送葬超度，分文不要，尽一份心意。

天已过午，浮云沉沉，几家院头停着白刺刺的棺材，一切出葬的事都收拾停当了。

"更！更！更！"小寨梁上，三声铁炮响，震得各家的窗纸嚓嚓响。听到炮响，刘福清猛地坐起，侧耳谛听。

死者家的院口鼓钹大钗齐鸣。有人全身披挂手执法铃前导，栓柱披袈裟戴佛帽，吹起唢呐，领着五六个道士装束的人，各执法器缓步行走。抬棺材的人踏着沉重的步子，跟着是打纸幡送殡的人，各家院畔都燃起了送葬的烟火，送葬的行列呼着嚎着朝关帝庙坡走来。

"嘀啦啦，喇嘀喇——嘀——嘀——嘀喇嘀啦，啦——啦……"栓柱的唢呐唤起悲鸣聚起哭声，引导着送殡的行列。瘦小的引魂幡走在每具灵柩后头。

"更！更！更！"关帝庙畔又是三声炮响。阴霾笼罩山庄，送葬的人群，抬着棺材，跟着凄厉的唢呐，走出关帝庙，向古城坡坟地走去。

寒风凄凄，雪霰稀疏，模糊了踪迹，掩住新起的坟头。

过去宕岔有什么大事，人们都来找刘福清他们几个头人出头张罗。这次出事，刘福清本来还发愁怎么打发这些人。可没想到，这次没人来求他，反倒找栓柱主事。栓柱他们也不负众望，把后事安排得妥妥当当。人们不但不找刘福清，还说，"不修寨子就出不了这样的事，人是刘福清父子害死的。""刘福清是催命鬼，催着给他家修寨子啊！"

刘福清那几个财主对于栓柱这几个人又恨又怕，也不敢再提修寨子，先后跑到榆林城躲避观风去了。

栓柱虽然深得乡亲们的信任，但也知道凭"刀枪不入"的功夫斗不过给财主们，因为他们身后还有军警撑腰，随时可能带人来抓他，所以他夜间都藏在家里的地窨子里睡觉。

在陕北居住窑洞的人家，都在窑后挖地窨子，用以存放米粮杂物。但是张子招家的地窨子却包括两个暗窑和一个明窑，是构思巧妙的大工程。

地窨的入口非常隐秘。炕角苇席下掀开锅盖大的石板，露出一个垂直的地洞，两丈来深。下到底，向北有一水平地道，猫腰走进两三丈，又一直上到暗洞，攀登上去则是一处可以居住的大窑洞。有炕有炉灶，烟道同外边居住的窑洞的烟囱出口处相接，还有通风孔，日光折射进来，照得暗窨宛如月夜。有个观察孔拿根空心竹竿伸到出口，能够看到外边居室的门户。这才是第一个暗窨。

暗窨的西北角下，掀开石板又是一个垂直的地洞，深约三四丈。下到半腰，北侧洞壁间有一块石板，掀开是一个大地道，备有木板，拉出来成为踏脚,进去后将木板抽开,反身将石板堵上,封住。蜿蜒曲折向上攀,数十步又进入第二个暗窑,这是可以长时间居住的两孔大窑洞。不知什么年代留下的半缸水尚未挥发掉,半缸小米手捏便成粉末,缸底麻油粘如鼻涕。有炕,有灶,烟道,通风设置周全。

窑洞前的西北上方又有一通道,有梯子架上。上去后,将梯子抽去,上下便断开了。然后蜿蜒曲折一直向上攀登,每隔一段便有通风孔,便可反过身来将通道封堵。有一个出口和观察兼用的旁洞,洞口恰在后山断岩额头下人迹不到的草丛中,视野甚阔,极为隐蔽。地道从山体内一直通到山顶土寨内的一孔窑洞里,这是属于这一户避难时可以居住的,出口就在窑洞一角作为存放衣物的小壁洞里。

起先发现这个地洞,张子招揣想说不定会有多少宝藏。他头顶麻油灯,背上搭条毛褡裢,一袋一袋将碱化浮土运出来,进入第二暗室也没发现财宝。这几年栓柱又接起来清理,直到全部打通。从小寨里推开石板跳出,四处望望原样封好,原路退回。栓柱大喜过望:"上天无路,入地有门。"成了他安身避难的好去处。

那天,铁匠喜应知道栓柱要去马坊涧前山收割谷子,就托他将马坊涧刘大叔定做的几把镰刀捎去。栓柱到大叔家送镰刀,"碰巧"刘大叔在后山的亲戚也在。栓柱知道后山一带已经"赤化",两个人一聊,栓柱才知道,他叫江成海,"组织上"知道栓柱他们想去苏区,派他来和栓柱联系。栓柱喜出望外,心想喜应一定是"通红"的,这是他有意的安排。他仔细打量江成海,模样和普通庄稼人差不多,看不出仙骨神光,也不可怕。倒是他称栓柱为"童子"(同志)让栓柱很是新奇。栓柱不知道"组织上"是什么官衔,但也不好意思问。江成海叫栓柱暂时留在宕岔多联络一些人,多了解情况,听候通知再走。栓柱回家后兴奋不已,干活也不在心上。他旁敲侧击地和喜应说见到江成海,可是喜应不置可否,估计是"纪律"所限,也就心照不宣了。

24 小放，不放了

自从栓柱在红枪会发威，地主老财对张子招的态度发生了变化。过去他们对张子招连正眼都不给，现在突然对他格外客气，称他为三叔，老弟兄，老姑舅亲。张子招知道，他们忌惮栓柱了。张子招一生多灾多难，知道穷人斗不过财主，他怕栓柱待在家里早晚要出事，又怕栓柱离开家远走高飞。这些天张子招看栓柱跑进跑出，没有心思干庄稼活，就明白栓柱的心已经飞了，早晚得走。这样也好，免得在家里担惊受怕。他知道这个家指望不上大儿子了，于是他把寄托转移到小儿子身上。不过，小放读了几年书，也不是一个稳当人，他得想个办法把小放拴住。

秋收刚罢，农历九月二十九，家里给学德做十六周岁生日。按着传统，中午吃油炸糕和杂面条，寓意高升和长寿。饭后一家人坐在炕上，东一句西一句拉着家常话。张子招背靠墙抱住双腿，望望学德，对全家宣布："今年腊月，给放儿成家，把我们最后的一场心事办了吧。"他看学德目瞪口呆的样子，说："这是两家老人的心事啊！张老爹年老多病，急着想办，一个儿女一条心，做父母的都一样哦！人家不要财礼，喜事喜办，过门往后好好过日子就行。"

这门亲事是学德在三岁时就定了的。渔河堡张老爹，家有十几垧地，会编织毛口袋。生有两子一女，老人憨厚正直，同张子招交往多年，是情笃意厚的老朋友。那年张子招到渔河堡办完事顺便去看老友，张老爹一家正哄弄啼哭不止的女娃娃。这娃落地五六个月了，常常啼哭，哭得紧了会缓不过气，脸儿憋得发紫，他们挠头抓耳设法弄。正好会捉鬼弄神的张子招来了，叫给娃看看该怎整治？张子招施展法术，嘀里咕噜一阵，大喝一声，女娃竟然不哭了，睡得满甜香。张老爹提出要张子招给"保锁"起来，于是给她脖子上套上个小项圈，一把小锁锁住，他也就成为女娃的干爹了。在吃饭中间，张子招说："为保娃长命，咱两家结个亲吧。"

张老爹甚为赞同，张子招切指推算，龙蛇马羊金木水火土地念叨了一气："相属不相克，正好相配。"亲事就这样定了。乡下人娶个媳妇，彩礼钱足够买几头骡子的，多少穷家子弟就是因为拿不出彩礼而打一辈子光棍。人家不要彩礼，这是多大的诚意呀！

学德在渔河堡上学几年，只是远远地望见过她一次。她身材瘦小，一双小脚，一个黄毛小丫头。张老爹腋下夹个羊毛卷，一步一步退着捻毛线，她在另一头摇纺车，看上去眉清目秀。按道理，学德应该高兴才对。可是，学德在学校深受"自由婚姻"思潮的影响，对父母包办婚姻非常抗拒，认为两个姐姐的悲剧就是包办婚姻造成的，心里早就把这桩婚事彻底否定了。现在一听要结婚，他一口拒绝："不，我不要。"

"啊，啊，你，你说啥？"一家人惊呆了，不知说什么好。张子招气得胡子抖动，向前移动身子，两只手要抓什么家伙，母亲握紧了笤帚把子，栓柱一只脚蹬在灶台上，眼冒火光，抓起了擀面杖："没头鬼，你再说一句？"嫂子抱着娃躲开，学德跳下炕，立在门口准备跑。

母亲拦住大家，走近说："我的小祖宗，你要折磨死爹娘吗？人家哪打配不上你？念了几天书，心肠变黑啦？唉哟，我的老天爷哟，叫我怎活哦！"说着哭起来了。张子招颤抖着身子，"我的小祖宗呀，我求你了，叫我办完这件事，以后你要怎我不管了啊。"说完，"咯噔"给学德跪下。

学德赶紧跪下来给老人磕头："大，你这不是要折死我吗？"他把父亲扶起，又扶起母亲，两位老人依着供台浑身颤抖，拦着拿根擀面杖的栓柱。学德又跪下："我还顾不了自己，再娶来一个怎过活？我将来还不知是怎样的，不要害了人家的女娃嘛。"

"这算什么话？谁家不是这样的？嫁鸡随鸡，嫁狗随狗，过了门再说嘛。"张子招缓和一下口气，让他起来说。

"等我长大了，能成家养口的时候，再说嘛。"学德不肯起来。

"我们能等到那一天吗？人家也等不得呀！哎哎哎，我的小祖宗。"张子招气的要跌倒。栓柱扶住，眼冒火光地叱喝："没头鬼，你不想叫老人活啦！"

"我的小祖宗，你还不肯听我们的。"母亲又跪下了，"气死我！没良心的，你不听，我不起来啦。"

"好，好，好！我听你们的！"学德不怕打也不怕骂，可是父母下跪这他可承受不起，只好放弃了，"我听你们的就是了。"说着，去搀扶父亲。

"滚远点，没头鬼！"哥哥怒冲冲地斥责，在他的肩头打了一掌，他趔趔地倒退几步立在门口。

学德面对下跪的父母只有屈服，可是又不甘心。改花，一个农家女孩竟能冲破恶俗争得婚姻自由。自己念完了高小，满脑袋"新思想"，却冲不破封建壁垒，书真是白读了。全家人都睡了。小灰驴"啃哧啃哧"啃草根，学德立在院畔，依着小榆树，仰望晴空疏星闪烁，月儿挂在龙王庙岭的顶端，他本来想在家多待几年，侍奉老人，现在他在思量如何脱离家庭了。

外边的战事缓和了。刘福清，刘汉玉又回了村。栓柱出去了一趟也回来了。学德家在上冻前将小草房改造成新房。这倒不费什么事，只要盘炕，打通烟囱，泥巴糊好。墙砌成，仅用了三天时间就成型了。

腊月天短，年节临近。小戏也得像大戏唱，乡俗不能违呀。不请阴阳先生成不了婚，没有牲口娶不来亲，不穿新衣裳见不了人，不贴喜字不进门。瓜皮帽要戴，长袍要穿，穷家摆不起酒席，油糕大烩菜也得管一顿。瓶酒，红枣，红头绳……缺了哪样都不成呀！张子招像老喜鹊筑窝似的，一会儿拿回红纸鞭炮，一会儿买回来红布蓝布。母亲和嫂子，磨面，做糕，做豆腐……比往常过年忙出多倍。张子招手头实在转动不开，又走进了刘福清家的门，刘来运正在炕边拨动铁算盘。看是张子招，冷冷地问："哼！有事吗？"

"我要办喜事，手头紧。"

"哼！手头紧，你还知道上我的门？"

张子招被呛得半晌没说话，愣了一会儿说："那就不打扰啦！"转身要走。

"哎哎哎，三叔，看你老人家说的，我是开玩笑呀，哪能像小孩打架在门坎上等人呢。"

张子招停住脚，瞧刘来运，刚才还白脸，这会儿又笑呵呵地问："要多少？"

"八块。"

"那够啥？给娃办喜事，是一次小登科嘛，还不花个百八十的。"

"喜事穷办哟，多了我还不起呀。"

"嗨嗨嗨，咱们还有啥说的，办喜事嘛，凑个整，拿上十块吧。学德同我家锦贵还是同学嘛。"

张子招拿了十块白洋回来，一个一个敲一遍，栓柱看见，惊异地问："哪来的？"

"向刘来运借的。"

"哎呀，大，不该再借他家的，刚还了断肠债，这不又叫套住了吗？"

"不借怎办？转动不开呀。"张子招把钱交给老伴，朝栓柱瞪了一眼，"我欠的债我还。"

还有一些东西要买办的，等着赶集来不及了，张子招到南庄刘汉五的铺子去置办。刘汉玉从账房出来，瞧见他买的那些东西，就问："办喜事？"

"嗯。给小放办喜事。"

"还缺甚？"刘汉玉关心地问。

"牲口还没找下呢。"

"你缺啥就说话呀，我家的四头骡子给你迎亲用，我出人出牲口，草料饭食都不要。"刘汉玉格外地慷慨。

"当真？"

"我多会儿说过假。"

"那就说定了，到时别误事啊？"

"放心，放下老娘舅亲不用，瞎愁甚？缺啥从我柜上拿嘛，我把驾窝子弄好，到那天，领上走就是了。"刘汉玉满面堆着笑。

张子招寻思，这些财主，说变都变啦，怎弄的？他想来想去，想到栓柱身上。果然是人弱被人欺，马弱被人骑。栓柱一闹腾，反倒好说话了。虽说黄鼠狼拜年没怀好意，可这会儿需要，管他呢，能用一时就用一时吧。

25　洞房花烛夜

腊月三十是黄道吉日。山村的各条道上，迎亲的送亲的络绎不绝。家境不同，身份不同，亲事的规模自然是大相径庭。这是乱世年头，老人们都急于了结心事，十四五岁的已经是岁数大的了，十二三的也都赶着结了婚。

西风寒冷，小雪霏霏。三婶天不亮就开始一炷香一炷香地数上时间。大清早，学德出去扫院子。母亲说："今天是你的喜日子，不要干活了，照娘教的当好新女婿就成，到时不要出丑呀！"

张子招给小放穿上一面儿新的衣裳和女方送来的一双圆口编纳鞋。拿补丁做了个帽壳，外面褙糊一层布，顶上缀了只玻璃球，成了瓜皮帽。借来一件银灰色绸袍，系了一条红裤带，让小放穿戴好，就成了新郎的模样，吩咐他不准再动了。

小新房贴了几个大喜字。对联是喜，院口是喜，家门，天地爷位前都是喜，喜字贴满了破窑院，小新房装扮得宛如小花轿，家里人个个喜洋洋。学德听任大人摆布，按照规矩扮演着新郎的角色。

无力的冬云悄悄散开，一层薄雪混入脚下的浮土，不晴不阴也无雪，太阳时隐时现。忽然，坡根冒出一个人，抱着一对喜瓶朝小坡上来。

"来啦！"张子招一把将学德推进家门，赶出去迎接。

人声杂，串铃响，新娘到。庞大的驾窝子上不了小陡坡，停在井背上。娘家人将新娘抱上来，像一个红布包，放在天地牌位前的毛毡上。嫂子领学德出来，立在新娘的左侧。男左女右，这是从古到今的规矩，结婚，座席直到墓葬，都是这个规矩。阴阳先生是婚丧大事中的重要角色。他怀抱一个木升子（十升为一斗），里边盛满了麦麸，红枣，和一百枚制钱的杂拌物。从新娘下轿起，阴阳先生便反复唱诵大吉大利的颂歌，不时往新娘身上撒一把驱妖迎喜的杂拌物。"噼里啪啦"鞭炮响，学德跟着仪程拜天地拜高堂。当听到阴阳先生大声呼唱新郎新娘入洞房，他紧走几步进入新房跳上炕，面对墙壁盘膝坐定。新娘由娘家人抱进来放在他的右侧，小门关住了，嫂子守住门口，不让猫呀狗呀的接近新房。按规矩谁都不准动，一动便将福分散了。时间不到也不准互相看，看了会中邪。

穷人家亲戚少，来者寥寥，去者匆匆。喜事就这样办成了，父母的一桩心事完成。学德看着洞房壁上那用喜字并连的对联："喜洋洋鸳鸯一对，笑哈哈夫妻二人。"对联中间的堂画是老寿星笑眯眯，摸抚那群争食桃子的幼儿。再看新娘，心里说，这就是喜洋洋和笑哈哈？

新娘弓着腰，低勾着头，下巴快要碰到脚上，紧盘着腿，一双缠脚，穿双陡立的高跟绣花尖头鞋。她瘦小的脸，突出的面颊，抹了一层白粉，后脑勺上突起一个碗大的发髻，她不抬头，耷拉下眼皮，听不见气息。这个稚气尚浓的小女娃，被从小孩群里拉出来。出嫁前几天便不让吃饱，前一天不让喝水了。被蒙在红布包袱里背来背去，要牢记母亲的嘱咐，动作，姿态，说话，都要符合做新媳妇的规矩。她被放在那儿，直到夜色朦胧点起了灯还没动。母亲嫂子来过多次问："吃点东西吧？""不。""喝口水吧？""不。""想大小便不？""不。""动动身子，歇息吧。""不。"她不吃不喝也不动，只说"不。"

除夕之夜降临了，外边放鞭炮挂灯笼，院子里隆起了火塔。婆婆和嫂子同她说了许多体己话，她终于吃了一点饭。回到洞房，折腾一天的小新娘累不可支，在属于她的那一侧和衣而睡，学德拉上被子也睡过去。农村结婚的年龄太小，大婚之日不同房也算正常，小两口刚结婚像朋友一样过日子也是有的。第二天，陌生的女娃浮出了懦怯怯的活气，竟然大胆地称娘称爹，插手灶台，像是一个知礼，懂事，能干活的儿媳妇。她瞧见了学德便低垂下头，哑然不语。入夜归新房，她警惕地保持着原有的样儿，面墙静坐，直到困吨难支，在她的床位上和衣而睡。

寒风凄凄冷纸窗，油灯晃晃摇新房。学德手里翻着《孔雀东南飞》，满怀愁绪想心事。他想，我们都是旧礼教的牺牲品。她是善良而又不幸的女娃！我呢？没出息，还没走出十里以外的地方，就被婚姻的绳索套住了。他合上书，拿出笔砚来写下：正月初二，阴冷。夜深矣！

新房不语。

正月初三，张老爹赶着小毛驴，早早过河来接女儿"回门"。结婚三天后"回门"，是婚礼的最后一项仪式，为期也是三天。一是感谢女方父母，二是让新郎认大舅子小姨子这些女方娘家的亲戚。三是传授闺房经验。因为女子年纪小，出嫁前母亲不好说，小夫妻对性事还懵懵懂懂。"回门"时，母亲便会与女儿交流这方面的事情。所以很多小夫妻都是"回门"以后才知道圆房是怎么一回事。

"回门"是岳丈家中的大喜事，老早便做了周密的准备。女婿是贵客娇客，一切都要女婿称心快意，拿出最好茶饭给他吃，最讲究的器具供他用，从屋里到院外都收拾得整洁利落一丝不苟。谁陪他说话，谁陪他拜见亲族，张老爹安排的妥帖周到。新郎在丈人家比较舒服，到亲族家那可不好应付。人家要看他怎样走路，冷不防扬来一把土，跳起来要抓走瓜皮帽，吃饭时所有的目光都盯着他，看他怎样端碗怎样用筷子，看他会不会出洋相。忽而提出古怪问题看也能否回答上来，碰上念过几天古书的，之乎者也来几句，看他是否听得懂对得上。这叫作"闹新郎"，他的学识，性格，能力和道德品质经过这么一闹就一目了然。

学德知道老丈人一家热情和招待是对他的寄托和企望，所以尽力表现的像一个称职的女婿和丈夫，在族人和亲戚面前不给他们丢脸。他一路顺风过了关，但是，他知道自己不会一辈子留在宕岔养家糊口，这桩婚事长不了，心里十分矛盾。

明天他要回去宕岔，新娘按习俗要留下来住一阵子。晚间学德和老爹老奶及大兄哥围桌而坐。老爹吸口旱烟思量着说："明格你要回家了。我就这一个女儿，往后有什么不周到之处，多担待着点，一个儿女一条心啊。"

"你老人家的一家太好了。担待她？这个放心。只怕她没嫁上个好人家。"学德看见老爹惊讶地张开口，赶紧解释，"我家是非多，眼看又要出事啦！"

"啊？啥？出什么事？"老奶奶急问。

"我哥得罪了几家财主，能有好吗？他将来是红是黑很难说。他要出了事，我也安稳不了呀。"

"也是。"老爹说，"得要防着点。"

"她还小，头两年让她多在二位老人身边住着，往后看看再说。"学德半隐半露地说，"如果我们前世有缘，以后会成为真正的夫妻。"

学德思索了很久才说出了这种带有暗示的话。老奶奶接上说："在我家多住些日子，这没啥说的，你们往后的日子长着呢。"大兄哥好像听出点意味，寻思了一会儿长吁口气。老爹笑了笑，大概想到圆房上去了，重新抽起了旱烟。

26 陪 桩

　　民国二十四年（1935年），正月初三晚上，阴沉沉的夜空飘落着稀疏的雪花。栓柱从窑后的山庄小道转下来，带着一股寒风闪进家，供台上的佛灯晃了几下。他身后引来两个陌生人，头上都扎块大号羊肚毛巾，老羊皮袄敞开怀，腰里别着几颗手榴弹，肘下掖把明晃晃的鬼头刀。

　　"咦！你这是？"张子招惊恐地打量来人，三婶遮住有地洞口的炕角，栓柱媳妇怀里的娃娃哭起来。

　　"苏区来的。"栓柱不动声色地说，指指母亲身后的炕角，"住两夜就走。"

　　"没人看见吧？"三婶不安地问。

　　"没有，这会儿谁出来？"

　　"先把客人安置好。"三婶让开炕角，瞧那两后生，年纪差不多三十来岁，一个后生进来一条腿顺劲儿跨上炕沿，另外一个把落了一层土的大脚踏在灯台上，抽出一颗手榴弹晃荡："咳咳，怕啥？来三个五个的，一家伙收拾了他们。"

　　"哎呀呀，快别在家里弄这个。"三婶吓得往后躲。两个鲁莽的后生忍不住笑，这才抱住双拳说："拜个晚年吧。"

　　栓柱将两个来人安置进地洞，出来说："一个是石窑湾的，一个是三徨庙的，来这儿探探信儿。"

　　两天过后，栓柱背着娃领着媳妇给父亲跪下，磕了三个头："我们要走了。二老抚养我们长大成人，扔下二老，我心里难受啊！可不走不行啦，那几家暗中监视我，装作来拜佛的，外边转悠的，都是眼睛呀。我不走，出了事就晚啦！"

　　夫妻俩泣不成声。张子招扶他们起来。

　　"那里安家的地方怎样？"三婶不放心。

"放心，苏区里，都是一家人。"

张子招说："这一走，你就是那边的人。一步出去，没有回头了。要记住，不论到哪儿，良心要紧，不可害人啊！"

三婶撩起衣襟擦眼眼泪："你们走，我舍不得。不走，也担惊受怕，这年头啊。可别走远，常捎话回来，抽开空回来看看我们啊！"

"小放也得躲开。"栓柱说，"我同常焦哥说好啦，过了十五，送他到响水寨赵善人家的字号站拦柜。"

"好好好，我正发愁他没个避身处。"张子招宽慰地说，转过头看着学德，"混混肚子，见见世面，学点出门在外的本事，给大字号站拦柜，那可是有规矩的地方，叫人家磨磨你的野性。"

"阿弥陀佛。"三婶合十举手祈祷，"老佛爷保佑你们吧。"

夜深了，雪花稠了。栓柱背着娃领着媳妇，拿了把马刀，同苏区来的那两个人，爬上对面的龙王庙岭，转入沟岔，消失在沉沉的雪夜中。

正月十五刚过，学德按照栓柱的安排也走了。这时候，走亲拜友的人都回来了。该上工的都上工，早动的人家已经踏着冻结的田间山路送粪了。谁在家，谁出门，都已了然。很快宕岔的几家财主就知道栓柱走了。再一查，刘汉玉本家的侄子石柱和北庄的刘福应也走了，还有几个红枪会的骨干分子都在同一时间走了。派人到这几家去问，都说是去亲戚家走走，没回来。这些消息弄得几家财主惊魂不定。开头是怀疑，不久便肯定他们是投红军去了。这如同把宕岔拉开个大豁口，本村人路熟，哪家炉灶在哪儿安着都知道，要是他们带着红军来怎么办？几个财主一窝蜂跑进了城。

几个月过去了，宕岔山川又呼应起春耕的呼牛声。清明刚过，家家坟头还飞舞着残留的纸钱。天刚近午，喜应媳妇从高畔下的小井旁洗衣回来，身后跟着小女儿。刚跨上院畔，猛然看见丈夫被几个拿枪的大兵，从家里押出来，五花大绑，拿枪托在背后戳打着叱喝，"走，娘卖屁的。"

她扔下衣裳盆，直声嚎着扑过来。大兵一脚将她踢倒。喜应大声说："你看好咱娃，看看龟孙们凭什么抓我？能把我怎样？"刘福堂领着五个大兵从屋里出来，叱喝，戳打着，把喜应押走了。喜应媳妇回过头来进家里一看，大锅抱起砸烂了，炕道掏翻了，墙壁上，屋角里到处有刺刀捅出的窟窿。

刘来运和刘福堂俩人陪同大兵将喜应押到武镇。三天后，便传话叫家人去收尸体，他的罪名是"通红"。

喜应被杀不久，从武镇出来一股大兵，其中不少是骑马带驳壳枪的。日已偏西，张子招正在院子里翻粪肥，听见南庄人喊马嘶，不大一会儿，北庄的狗一齐狂吠，张子招瞅见龙王庙山梁那边露出闪光的刺刀尖，忽听窑畔上脚步响，回过头来，猛然瞧见小窑的后坡上有几个提着枪的大兵跳下来，这边又有几个兵跳上小坡头，两个跃过院前那截断墙，踩断刚伸起脖子的牵牛花，枪口瞄准窑门口，从窑顶口那边跳下来的拉动枪栓大喊不许动，将他逼在羊圈小墙前。

"你是张子招吗？"一个军官一手提驳壳枪一手拿根马棒，肩上挂条武装带，恶狠狠地盯住他。

"不假，我就是。"他镇静地回答。

"绑了！"一声令下，几个大兵过来将他五花大绑起来。"搜！"又一声令下，几个大兵踢开门，叱喝，枪托马棒乒乓咔嚓狂打暴砸。一个大兵刺刀尖指定三婶的脑门心，立眉竖眼地恫吓："老太婆，你儿子藏在哪？"

"没在家。"

一个兵过来一脚将她踢得仰后倒下。米缸推到，大锅砸烂，扑起满屋烟尘，佛像同供灯倒在一块。没搜到什么有用的东西，他们押着张子招走了。

同盛昌的晒布架下，三根柱子上各绑着一个人。张子招头发被撕得零乱，裸着树根似的腿和脚，白胡须上挂着鼻涕，眼里放射出无畏的光。他望望对面绑着的两个后生，大约三十来岁，撕烂的衣裳露出血糊的伤，不哭不叫咬紧牙关，对眼前来往的人，概不理睬。听那些兵指指画画说，这两个是红军，既不求饶，也不招供，啥都问不出来。

过了一阵子，有个兵把张子招从柱子上解开，押到同盛昌的铺门前。出来一个瘦高个当官的，青天白日的帽徽下，灰色的嘴唇翘起两撮八字胡须。他是68师的团长姜梅生，恶狠狠地问："你是干啥的？"

张子招没听清，刘壁插过来说："姜团长问你是做什么的？"

张子招被抓，心里暗暗庆幸栓柱走了，又及时让小放离开家。现在娃都不在身边，他什么都不怕，也不在乎什么团长不团长，他对刘壁说："你不知道吗？我是受苦的。"

"你儿子哪里去了？"姜团长问。

"听你们说，他当红军啦？"

"哼！老东西。"姜团长咽咽吐沫，"你叫他回来，我给他放个连长，不然嘛，满门抄斩！"

"我到哪去叫？"张子招反问，"你们这么多人马，有枪有炮不去抓他，找我一个干老头子顶啥？"

"硬嘴，你这老东西不要命啦？"刘壁说。

"我活够啦。"张子招真的不在乎。

"娘卖屁，住嘴！"团长在空中划出一个杀头的手势。大兵过来按倒他，将脖颈压在门槛上叱喝："老东西，你儿子在哪里？叫他回来，要不就砍了你！"大兵举起鬼头刀，红布挽手阴森地抖动。张子招睁大眼睛盯着锋利的刀口，并不畏惧。

"哎，老糊涂啦。"刘壁走来弯下腰说，"把栓柱叫回来，啥事都没了，这点都想不开？要活要死就听你一句话啦。"

"呸！"张子招唾了他一口，"我活够了，砍吧。"

"嗔，不识抬举。"刘壁擦着脸，狰狞地说，"哼，你也活不了几个时辰啦！"

姜团长又打了个杀头的手势，转回账房，一群提着手枪的兵里里外外守住门户。张子招又被绑起来。

军号尖利的响起，大兵守在几个路口上，子弹推上膛，大声叱喝，不准任何人走动。三个被绑的人，被大兵分开押着，刺刀尖指着脊背，几个拿鬼头刀的紧跟在两旁，被押到南山脚下的七里滩，向南站定。

"跪下！"士兵大声叱喝。

三个人都站立着不动。两旁拿刀的人朝他们的腿窝蹬一脚，强行压倒。

哒——嘀——军号尖利地响了。

行刑的刀起头落。嚓,扑通!嚓,扑通!两个人倒下了,只留下张子招。

一个挂武装带的军官走来问:"为啥叫你儿子去当红军?"

"子大不由父,我管不了。"

"你看见了吧?"军官指指倒下的人,"叫你儿子回来,留你一条老命。"

张子招不说话。身后一刀砍下来,他眼迸火星倒在地上。

过来一会儿,张子招听见有人说话,他摇摇头,头还在,"我没死?"他睁开眼睛一看,黄天厚土还是人间,原来他是"陪桩"(陪死刑犯杀头)。他定定神,看到两个倒下的人,身前两摊黑红色的血,头还连在脖子上。

改娃走来解开他的绳索说:"三爷,掌柜的在姜团长前说情,留了你一条命,让你回去好好想一想,把我栓柱叔叫回来不就完了嘛,何苦呢?"

"狗杂种,你算哪号人?"

他被押回同盛昌。大兵的刺刀和鬼头刀在他眼前乱比画,刘壁摆手叫放他走。他抖抖身上的土,高声说:"咳咳,不叫我死,那我就再活几天。"

他死里逃生回来,人们对他的态度发生了变化,都变得客气了。人们叫他老红军,他就答应。提到红军家,都知道那说的是他家。派公差的人来到他家坡下,犹豫几下就走开,不去找他的麻烦。欠刘家的债,不主动去还,刘家也不上门来催。不管怎么说,红军也是军呀。

27　寄人篱下

　　栓柱走以前，拜托佛教会的常大哥带学德去四十里外的响水寨，到赵善人的全兴隆商号做小学徒，避一下风头。常大哥听说栓柱投了红军，怕受牵连，悄悄捎来话，不走大路了，约定时日，叫学德到后沟的一个岔路口去找他。学德揣了几块干粮，拿了一根防身短棍，告别了父母，到约定地点见到常大哥。他立即带着学德转进岔口，穿沟过山加快赶路。约莫走了一半，常大哥不走了，掏出一个像猴子耳朵那么小的信封给学德："我不去了，前头的路好找，你自己去吧。你把这信交给赵善人。不，到那里得叫赵老先生。"他在空中划了几下，"翻过两架山，再过一个小山梁就望见，去吧。"说完转过身就走，估计是怕人看见他送学德进城。

　　山野空旷日影斜，不见行人。山阴积雪被浮沙覆盖，山间小道上，野鸟和饿兽的踪迹纵横交错。学德几次在岔路口上踌躇，揣摩常大哥在空中划出的路线。翻过几架山，天已过午，终于从茫茫的乱山小道中转出来，在浮悬的烟云下，望见了突立在孤岭上的灰暗城堡。他坐在路旁的土埂上啃几口干粮，缓了口气，往城堡走去。

　　城堡西北的坡脚下，排列着十几家骡马店和杂货铺，通川大道从中穿过，山巅上的城堡朝天张开巨牙，威严的城楼俯瞰着堡下，关口把守得严紧，不时听到兵士的叱喝声。山岭陡峭，三面直上直下，只有西北是陡坡，一条盘蛇路通上城堡，学德摸出小信封，登上盘蛇路。

　　"站住，娘卖屁！"城门洞口一声断喝，学德赶紧站住。

　　"干啥？驴入的！"一个大兵一手持枪，一手迅速在他的腰间胯下摸了几把，眼睛瞪着他。

　　学德有生以来第一次进城，第一次被视为可疑的成年人，第一次被大兵搜身，也是第一次领受如此粗鲁的叱喝，心里感觉很新鲜，他说："去全兴隆找赵老先生。"

大兵显然知道赵老先生，手一挥："去吧。"

学德迎着穿洞阴风，进了城堡。堡内灰蒙蒙一片砖瓦房，由西向东一条狭窄的空心街，两侧排列着石磺门面，房额上伸出滴水石檐，槽头挂着冰溜，酷似张开大口上的一排牙齿。学德看到北厢一座显耀的商号，比邻近的高出一头，十六扇门面通通敞开，漆黑锃亮的门楣上挂一块铜底金字匾，"全兴隆宝号"五个金色大字在夕阳下熠熠耀眼。他忐忑不安地登上台阶，跨进高高的门坎。

通长溜光的黑漆拦柜前，站着一个青年伙计，头戴瓜皮帽，深色上衣，脸色苍白，瞅了学德一眼，看出他不像个顾客，不客气地问："做啥？"听学德要找赵老先生，他重新上下打量一番，打个手势吐出一个字："拐。"

学德转出身来，看到铺面旁的门墙上挂块长木牌"全兴隆客货栈"。客栈的大门宽阔高大，可容骆驼进出，宽敞的店院里，骡驮子正在卸货，几头骆驼背上已驮上了沉重的货物，伸长脖子嗷嗷叫，等着起程。

赵善人正在后院的账房里坐在炕桌前闲话。六十多岁的干老汉，留根瘦小辫，戴着一顶几个朝代都通用的瓜皮帽。穿身粗蓝布衣裳，盘膝而坐，弓着背，手里翻来滚去地切数念珠。端茶的、恭候的、陪着说话的，立在一旁听候吩咐的，一大帮人围着他。

学德轻步走进去，向老太爷鞠躬，问安，双手捧着送上小信封。旁边的人用两个指头捏了去，放在他面前。他没抬头，只张了下眼皮，拿出挂在纽扣上的银质牙签，挑开小信封，将半张黄裱纸上写了几行字的信摊开在炕桌上，似看非看地对着那片纸，手里悠闲地切数念珠："哼！你叫，张，张啥？"

"张学德。"

他皱起眉头："我这里不行这么大名大姓地叫，在我家要守我家的规矩。"定了定又问，"识字吗？"

"认得一些。"

"阎掌柜，这猴小你使唤吧。"赵善人发落后，起身走了。

于是，高小毕业响过三声喜炮的张学德，不情不愿地新郎官，走进城门的可疑成年人，进了全兴隆就变成了没名没姓的"猴小"（陕西方言，男孩）。

阎掌柜送走老太爷，转身直起腰来，坐在老太爷方才坐的位子上，抓起水烟袋，"呼噜噜，呼噜噜"抽水烟。他是小眼睛，灰脸皮，薄嘴片，尖下巴，脖颈的肌肉松软，皱褶得像煺了毛的鸡皮。戴瓜皮帽，穿着灰色或者褐色的旧棉袍。他看了一眼那封信，吐出一口烟雾，说："上灯。"

"啊？灯，在哪儿？"学德茫然四顾。

"不长眼，那不是吗？"阎掌柜动了气，"看你也不像吃这碗饭的。"

煤油灯点着了，灯头吐出长舌，熏黑了的玻璃罩把灯光遮的昏暗。他大声喊。"顺成！"方才那个端茶的伙计应声跑来。这个面皮白净的相公（柜台店员），机灵地问："阎掌柜有何吩咐？"

"去，把这个猴小领到厨房去打杂。"他挥一下手，张开口打呵欠，发起烟瘾了。

"跟我来。"顺成领着学德退出去，穿过几套院子，居高临下地说："进了全兴隆就得守规矩，打杂的啥活都得干，谁都可以使唤。三年厨房过了，看你行，才能站拦柜，相公可不是谁想当就能当上的。"

"谁想当相公了？"学德心里说。

宽大而暖烘烘的厨房里，几个人正在收拾盘盏。炕头上坐着一个胖墩墩的大师傅，大约有三十多岁，眯缝眼似笑非笑，似睡非睡，手里捏根羊腿骨的潮烟锅子。顺成一只脚踏在门槛上，探进半个身子："李师傅，新来的一个猴小，拨给你使唤。"他将学德推进去，"老掌柜验过了，先打杂。"说完扭头走了。

"猴小？"李师傅疑惑地瞅瞅立在灶台前的学德，吩咐旁边一个浑身油渍的后生，"于二，领去拿些剩饭剩菜弄热给他吃。把那个谁，谁，呵谁扔下的铺盖抱去，找个空位，明格干活。"学德出去了，他还嘟哝："这么大了，还当猴小？"

学德早就饿了，低着头秋风扫落叶般地吞食。于二交叉抱住手臂，在一旁说明打杂是干啥的，什么时候起床，什么时候才能睡觉，茅厕在哪儿，水井在哪儿，应当做什么，不应当说什么，留神，小心，不准……必须……学德将一连串规矩和残汤剩菜一齐塞进肚肠。

吃完，于二将他领进一孔阴冷的大窑洞，一股陈腐气味刺鼻而来。"就睡在那打。"于二指定石板炕的一角空处，扔下一个小铺盖，走了。这是腌咸菜，泡酸菜，储放干果菜品的冷窑洞。海参，鱼翅，海带，木耳，金针，口蘑……各自散发出独特的味道，混合在一起刺入鼻息。

　　月光消逝，一片黑暗，学德蜷缩在冰冷的石炕角。他在浑浑噩噩中仿佛又来到荒野，漫漫山野遍地荆棘，歧路彷徨，满目凄凉。突然，蒿草中窜出一只大灰狼，扑上来咬住他的脚，"啊！"他惊醒了。

　　原来是于二掀开薄被拉他的脚。"起！"于二铁着脸大声斥责，"睁开眼看看什么时候了？夜格怎说的？驴毛塞住耳朵啦！这可不是在你家呀，先去倒尿壶。"

　　人们起床前，他倒尿壶，生炉火。人们起床后，他打洗脸水，叠被褥，洒水，扫地，擦净桌椅，洗菜，端饭，涮洗锅碗，倒泔水。然后立在那里，随时听候别人召唤。前柜后柜，厨房饭堂，账房客房，都可以叫他。一声呼唤就要小跑上去，应时提茶，倒水，点烟火，放下尿壶提茶壶，端罢饭碗端菜碗……学德忙得团团转。

　　这天，城里杀人，说是共产党。李师傅众伙计都去看，只有学德留在厨房，没想到赵善人信步来了。学德小心翼翼地奉茶侍候，善人切了一阵念珠，忽然叫："猴小，给我炒块豆腐。"

　　学德没弄过这个，硬着头皮捅着火，坐上勺，滴了几点油，油太少，豆腐煳了。赵善人叫倒了，多放油重炒，结果又成了炸豆腐。

　　"嘀嘀。"赵善人没生气，反倒笑着说，"炒豆腐可有学问呢，你看我来炒。"赵善人是个行家老手，大勺颠来倒去就炒好了。

　　赵善人是响水寨大名鼎鼎的人物。据说，他当年同两个山西客人搭伙，在口外倒贩鸦片。不知道为什么，两个同伙一夜之间暴病而死，只有他夜间牵回一列骆驼驮，从此发达起来。先开骡马店，再创全兴隆，远近几个县都有他的买卖。他的大儿子初中毕业后，他便让大儿子执掌大业，自己吃斋念佛一心向善，既消过去的罪孽，又保现在的兴旺，再修来世的阴德。他在后院深处空出一孔石旋大窑洞专设佛堂，一日三叩首，早晚六炷香，从不间断。日间切念珠，夜间坐神功。他不抽烟，不吃肉，还花钱放生。

赵善人对学德印象不错，吃完豆腐，让他侍候敬佛。学德收拾好厨房来到佛堂，推开佛门，掀起长垂到地的红布帘，不声不响地进入神仙洞府。财主家的佛爷也享着荣华富贵。正面通长的大供台油漆朱红锃亮，三盏银灯等距离三角排列，主灯三尺多高，两边的矮出半扎，宛如三只丹顶鹤高仰鹤首。饭锅般大的金色鼎足香炉，雕刻着青龙戏水吐白云。前方还有镀金小香炉，燃着檀香木，怀前漆黑的木墩上放着木鲅鱼。供奉的是南海菩萨如来观世音，金黄色铜像，侍候在左右的金童玉女隐在纱笼里。

赵善人坐在靠近窗户的太师椅子里，手捏数珠，用眼睛示意他进门先净手。佛门规矩学德倒是懂得的，净手后向供台跪下，三拜三叩首，然后掀挂好佛台前的珠帘，鸡毛掸掸拭灰尘。登上短梯，点燃三盏高腿银灯，更换清茶供品，点好三柱长香，举在头顶上恭候。这时赵善人已换好了黑长衫，双手接过香火，亲自插进香炉里，摩礼顶拜，虔诚地跪在草墩上，双手合十默诵观音经。这时，学德按规矩退出佛堂。善人的"功课"（佛家诵经，坐功的通称）不结束，任何人不得打扰。

这时候，大掌柜也就是赵善人的儿子回来了。他是全兴隆的大掌柜，还身兼县党政要职，授了军衔。他三十多岁，中等个子，小平头，面皮灰里透红，腰间显眼地戴着小手枪。他不常到柜上来，一切大宗生意都在后院的另一间小账房里交易。

大掌柜回到家来，脱掉崭新的白衫，将沉甸甸的子弹带和两把手枪扔在炕上。学德赶紧打来洗脸水。大掌柜洗脸当儿，老掌柜做完"功课"来了，拿起白衫发现上面溅了不少的血点子，觉得不吉利，皱一下眉："红军的？"

"不是。逃兵的。拷问了半天不说实话，让我给砍啦。"大掌柜漫不经心地说："头一刀没死，又剁了一刀。这家伙个子大，溅了血点子。"说到这儿朝后窑喊："顺成，顺成！"

顺成应声跑来。

"这件扔了，再拿件新的来。"

"不。"老掌柜叫住，"从上到下全换。"又对儿子怜爱地说，"阿弥陀佛，这号事叫下人办，值不得自己下手嘛！"

自从那次侍候老善人敬佛之后，学德早晨要去清扫佛堂，晚间又去侍候烧香。下人的"等级"取决于被伺候对象的辈分。学德伺候大老爷，等于"跳级"了，引的顺成和于二妒忌，想方设法降低他伺候的"级别"。有一天，二少爷来了，于二叫学德伺候喝茶，从大老爷到二少爷，一下子降了好几级。学德没在意，提着茶壶应声来到。

"咦！你？"二少爷看到学德一愣，原来他是学德以前高小同班毕业的同学！在学堂里，不管什么家境，学业上还都是平等的，上同样的课，考同样的试。学德的学习好，比二少爷强得多，两人之间也不分高下。现在倒好，一个是少爷，一个是猴小，变成了主仆关系。二少爷一脸尴尬，不好意思地摆摆手："不要啦！"

学德一句话没说，脸上热辣辣地退出来。从此再没人叫他伺候二少爷了，赵善人也不再叫他。阎掌柜吩咐："今后账房和佛堂你离远些，早晚该干啥还干啥，日里到堡子下头的井泉挑水来。"

城堡内有井水，但不能饮用，所以要到堡外的西沟里去挑泉水。这是商号中最苦最重的活，比伺候人又贱了一等。学德挑起沉重的水担，穿过城堡下的响水寨街，艰难地在盘蛇路上上下下。一个上午只能挑两趟。十几天过去，肩头打起一层硬茧皮。别人都怕挑水，而他倒觉得比圈在全兴隆里强。这样可以看到响水寨，呼吸到山野的新鲜空气，看见来来往往的行人，觉得又重回人间。

学德不想成为死心塌地效忠于东家的奴才，也不想当站在拦柜前招待顾客的相公。那些相公整天站在柜台前，顾客来了察言观色殷勤接待，不时拿鸡毛掸，掸灰尘。白天看掌柜的脸色行事。晚间侍候账房先生。熬上几十年，能在这家商号以身作价入身股，成为大相公监管奴才，也就干到头了。学德不想走这条路，什么老掌柜，大掌柜，阎掌柜，他都不羡慕。什么日进多少财，哗哗的白洋，大包大烟土，他都不在意，他想的比这些更大比这些更远。

城堡外，北城脚下，沿无定河岸的那一片街面叫作响水寨街。街东头的那一片空场地便是当年邱县长被打的地方。现在四面风声紧，那些同赵掌柜有来往的客商路过这里，夜间不敢在街上住，硬要上堡子里来，挤进全兴隆客栈，这倒使全兴隆的生意更加兴隆。

一天上午，学德挑一担水穿过响水寨街，在一家小杂货铺前的台阶下歇脚。从拦柜里走出来一个中年人，满脸大片麻子点儿，大鼻头，大嘴，满口大黄牙，那颗光头也很有分量。他站在三个台阶的边缘上，声音沙哑粗鲁，浓重的眉毛下一双狡黠的大眼睛，他和气地瞅着学德："猴小，一上午挑几趟？"

"两趟。"

"你上过高小？"

学德没回答。高小毕业对猴小来说是一种讽刺，他不高兴别人揭这个"短处"，挑起水担就走。那人迈下一个台阶："忙啥？响水寨的事，我郭正英都知道，你来我这里干，怎相？"他看学德没拒绝，又迈下一个台阶，"我这里缺个像你这样的猴小，活不重，只三个人，有个大伙计做饭，你来里外招呼，你看怎相？"

"赵掌柜那里怎交代？"学德动心了。

"你没同他家立下文书，请假出来就是了，那头有我担当。"

"这宝号是你的？"

"当然喽。"他高昂起头说，"向他家要个猴小，还有啥说的？"

"什么时候来？"

"明天上午，我在柜上等你。"

"行。"学德答应了，心想，哪里不比全兴隆好？起码不用见那个二少爷。

回去后，他向阎掌柜提出："天热了，我要回家三五天，换衣裳。"

阎掌柜上下打量他，心里知道没那么简单。这时老掌柜正从门前走过，他赶出去对赵善人说了。估计赵善人已厌了学德，一声没吭，摆了一下头，准了。

160

28　兴昌杂货铺

第二天，学德来到响水街头的兴昌杂货铺。这里是半间门面半间账房，后院一进两开的三孔砖旋大窑洞。郭正英是掌柜，大伙计姚二兼厨师，加学德一共三人。货架不大，货物不满，不值多少钱。生意清淡，一天进不了多少。可是庙小神通大，郭掌柜照样包娼妓，打麻将，流水般地花钱。原来，榆林地区的税务局看中了兴昌杂货铺这个卡口位置，将稽查站设在这里，派出一个长驻税务稽查员。郭正英经常领上稽查员闯进客店查客商，只是不到全兴隆客栈去查。各家恨他，怕他，但也羡慕他，巴结他。

郭掌柜只认得账面的那些字。通常午间回来料理一番柜上的事，下午蒙头大睡。晚饭后不是在后院打麻将，便是领上稽查员拦路猎获走私贩鸦片的。然后去宿娼"满山香"的被窝里，这时候大伙计姚二便当家了。

"猴小，冲碗红糖水来。"姚二大模大样地坐在拦柜前属于掌柜坐的那把太师椅子里，架起二郎腿，瞟着街上来往行人。他不喝茶，只爱喝浓红糖水，叫学德也冲上一碗陪他喝。这个二十八九的商门子弟，念了几天冬书，跟着他爹学生意，着实下了一番功夫，练出一身本领。烹调，记账，招徕顾客，打算盘，打麻将，推牌九，提秤，包装，浑身解数样样了得利落。无奈父亲早死，家道破落，尚未娶妻，来这里混日子。他不进大字号，那里规矩太严。小字号随便，不绑身子，一个月四块白洋，比待在家里强。在做生意这行当上，他瞧不起郭正英，说这点门面他一个可以全包下来。但佩服郭掌柜的社交能力。他蔑视地瞟了学德一眼："听说你还上过洋学堂？咳，顶屁？！看人家郭掌柜，斗大字只认识二升半，白洋哗哗响，大烟一包一包扛回来，你这么大了还当个猴小，连条裤子都赚不来。"

这话揭了学德的短。穷猴小竟然高小毕业，或者高小毕业竟然当猴小，都是不可思议的蠢事，好像是一种罪过。人家偏要拿这个来羞辱他。

税务稽查员姓郝，榆林城里人，不知用什么关系弄到这份肥差。他是一个大烟鬼，总是躺在后院那孔厨房兼饭堂的窑洞里。他躲开灼热的炕头，睡在凉一些的炕尾，还垫了扇门板。他抽大烟抽成皮包骨，脸色焦黄没点水分。他梳个时髦的偏分头，遮住半个脸。裤带上总是别支勃朗宁，脚下方的炕角放一只保险箱，白洋，鸦片和税花票都锁在里边。

他和郭正英是搭档。郭正英在外打探消息，碰到小商贩，通知郝稽查员，穿起制服，一起去拦截走私商伙，每次出去必然满载而归。遇到大帮的，便叫上驻军连长，回来关住窑口分赃，然后一起抽大烟打麻将。郭掌柜想着法儿叫郝稽查快活，在麻将桌上有意让着他。驻军黄连长是麻将桌上的常客，有时带着马弁，有时独自来。他斜挂武装带，胯旁一支木套驳壳枪，裤兜里还暗藏一把小手枪。

有一次，黄连长的手气背透了，三十块白洋输光了，还倒欠十多块。郝稽查大烟瘾来了，想收场抽大烟，才伸手抓钱，黄连长跳起来抓起一把麻将牌向郝稽查脸上打来，把麻将桌上的钱全部掳去，叱咤道："瞎了你的狗眼！敢赢老子？"跳下炕便走。

"连座息怒，连座息怒！"郭正英鞠躬作揖地拦住，"弄着玩的嘛，哪能真赢你的？这事全包在我身上。"将他请到前柜账房里赔礼道歉。

"那驴入的！"黄连长说："多出去查几趟就有啦，钱我拿去慰劳弟兄们。"

郝稽查啥都顾不得了，先躺下吞云吐雾地抽大烟，眯住眼生闷气。郭正英进来安慰他："生啥气嘛，带枪的拍打两下算不了啥呀！"

"翻脸不认人，今后，不搭理他。"

"老兄，哪能成呢？同他别扭起来，咱的事还能干吗？赵掌柜也不敢得罪带兵的哩！那点钱算个屁！"

"那，那，我的脸往哪儿搁？"

"听我的吧，由我包下来。"

第三天，郭掌柜在后窑摆了一桌酒席。黄连长带上马弁来赴宴。

在酒席宴上只讲交情不提往事。都是互相依赖的关系，几只酒杯互相一碰，哈哈大笑和解了。重点蜡烛，大烟枪一端，又坐到麻将桌上了。

不过，黄连长有一阵子没有来，他的连出事了。

这天拂晓，突然军号响成一片，堡上，堡下互相响应。一阵军号响过，几个连的大兵，步枪一齐推上刺刀，像条灰色蟒蛇在盘蛇道上急速窜动，冲进城堡登上城楼，控制了全城堡的各个要点。黄连长的队伍徒手在操场集合。黄连长带着几个警卫，手提驳壳枪，机头大张亲自喊口令，点过名后，全体立正。

"二排长，出列！""二排副，出列！""一班长……"

他叫出八个，一声令下，"绑了！"立即五花大绑押起来。原来以排长为首八个人约定哗变，要将整排拉出去，有人说是要投红军，有人说是去草地投奔土匪。岂料二排副告了密，黄连长怕控制不住，急电团部，于是副团长带两个连，急行军前来弹压。

太阳依着山慢慢降下，城堡在河滩投下巨大的阴影。忽听人声沸动，都朝刑场那边跑。学德看靠近刑场的一个小土包没人，抢先站上去。盘蛇路的两边，几步一个站着持枪的兵，门洞口士兵涌出来，四五个兵押着一个犯人。每个被绑人的背上插只白纸牌儿，在阴影中晃荡。

"你奶奶的，不出二十年老子又是个大后生。""婊子养的，下一辈子老子吃你的肉。""驴入的……""狗杂种……"被绑的人骂不绝口，推推搡搡推进刑场，一排站定。

"嘀嘀嗒"一阵军号的尖叫。

一声枪响，一个犯人打了个趔趄，斜歪着身子扭过头来骂："狗娘养的！"又一枪，他倒下去了。枪声不断，犯人有的一枪，有的两枪，在跳骂中倒下。最后推出来的是告密的排副，不跳也不骂。有人说他大概是陪桩的。话犹未了，"更"地一枪响，排副打了个趔趄，扭过头来怔怔地看，大概不明白为什么他也挨了一枪，又一枪，揭去了他的天灵盖，倒下去再没动。

人们散去，走了老远，又听见接连又打了八九枪。原来是收尸时有几个没死的，吱呀着还在挣扎要起来，补了几枪，又给枪毙了一次。

"嗔！这号兵还能打仗？"郭正英鄙夷地说，"几步远的死靶子

163

打不准。"

他说得不错。国军平时耀武扬威，一副天下无敌的模样。可是碰到红军就被打得落花流水。68师在马家坪被红军消灭掉两个营加一个连，带着残余人马退到响水寨街住了一个晚上。第二天拂晓，不声不响地朝东走了。于是，响水寨周围的战事消停下来。

学德来响水寨几个月了，非常惦念家里的父母和投了红军的哥哥，可是这里完全得不到消息，因为没人从宕岔来。也不是没人来，是来了一个，只不过名声不好。她是个妓女，花名叫"野菊花"，是学德的一个远方亲戚的婆姨。此人念过几年私塾，小有才气，只因染上了大烟瘾，败了家，只好靠婆姨当娼妓养着。"野菊花"模样俊俏，一来就力压群芳赛过头牌"满山香"，好于此道的人纷纷投奔到她的裙下。郭正英捷足先登和她鬼混到一起。沾不上边的人就说郭正英染了梅毒，正在打六零六，"野菊花"也得倒霉。

学德当然不会向"野菊花"打听消息，他给过去的同学罗业伟写了一封信。他万万没想到，罗业伟回信告诉他，榆林省立中学正在招生。若被录取，不但不收学费，而且如果家庭贫寒，一个月发给四元钱贫寒学生津贴，那就足够维持生活了。这可是改变命运的好机会！学德兴奋的全身颤抖，坐不住睡不着，立即决定辞工回家，准备报考。

按规矩，当学徒的猴小，进商号得有铺保，年底才准回家，过年的正月十六必须上工，中间不得离去。学德没立下契约，也没找过铺堡，辞工应该不受限制。可是，像他这样能干活，会记账，不付工钱的猴小，怎么可能想走就走？果然，当学德对郭正英说要请几天假，他马上翻脸了："什么？什么话？！"

"昨天我村里人捎来话，我爹病了，叫我赶紧回去看看，三五天就回来。"学德找了个借口。

"不行！"郭正英气狠狠地说："我还顾不上回趟家哩，你到这里才几天？休想！我这里又不是开店的，想来就来想走就走。休想！"

他说着要走，学德拦住："人生天地间，谁没父母？给我三天假。"

"要走？去找铺保来再说。"

"我来这里没要铺保，没写契约，请三天假都不行吗？"

正在这时,"野菊花"的男人过来。他拖着一双塌后跟的鞋,居然认出学德来:"哎!你不是三叔家的小放吗?什么事?"

"你看看。"郭正英愤愤地说:"他要走,我叫他去找保人。要不然干啥坏事,还要找我麻烦哩!"

"我爹病了,请几天假回去看看嘛。"学德说。

"哎哟哟,郭大掌柜,放他走吧,这点事儿不值得。这样,我担保,有啥事由我担吧。"他边说边拽:"大名鼎鼎的郭掌柜哟,别,快别那个啦,那边等着呢。"

"看,看在你的面子上。"郭正英想起等着他的"野菊花",一挥手说,"到时候得回来呀!"

学德没想到这个他本来还看不起的远房亲戚,在关键时刻毫不犹豫地帮了他,他感激地向好心人鞠了一躬。

现在他自由了,踏上回家的路。他沿着无定河来到响水寨的东北角。这里是一个险要的关口,堡墙下的断壁峻峭,刀劈斧砍般的直上直下,城头上炮楼俯瞰东西大路,直视响水寨大石桥,这是无定河上唯一的桥,也是唯一通向榆林的大道。一卡控三关,三条路都在机关枪射程之内。

传说,有位老汉在此处种了一片香瓜。其中有一株葫芦苗,只开一朵花,只结一只葫芦果。到了六月,瓜田飘瓜香,那株葫芦枝蔓繁茂绿汪汪,葫芦已成形,翠绿油光地发亮。等到香瓜过季,别的瓜蔓都已枯黄。那株葫芦仍然生气洋洋不变色。七月过去了,瓜田收了秧,只有这株葫芦仍旧绿油油的生机蓬勃,仿佛忘了秋天已经来到。这时一个远方来了一个客商,要将这只葫芦买下,先给四两银子的定钱,待到寒露他来摘了葫芦,再给四两。这片地的瓜一共才卖二两多银子,八两银子一只葫芦,老汉没想到这东西竟然这等值钱。他收下银两,精心看守。葫芦渐渐泛出黄色,快到寒露,已经变得金光灿灿。这时,那个商人来到。他叫老汉离开,将瓜棚让给他,并且嘱咐老汉绝对不要回来打扰。

老汉甚为诧异,不知道他搞什么名堂。到了寒露那天,他不放心,悄悄儿隐藏在附近看个究竟。

那夜,明月当空,万籁俱寂,四顾无人。商人抱着葫芦来到岩头上，冲着瀑布将葫芦掷下。只听一声巨响，瀑布两厢分开，岩壁下露出一孔石窟。石窟洞开，跃起一匹金马驹，金光四射，还露出一面金鼓。老汉一看不好，这必是本地神灵，岂能被外人掠去？于是他跳出来大喝一声。眨眼间，金马驹隐回，瀑布合住了口，葫芦在水面上打了几个漩儿，沉入水中。

金马驹为了感谢救护之恩，每逢洪水到来之前，便奋起双蹄擂动金鼓报警，下游四十余里之外，都能听到隆隆之声，经久验证，从不落空，响水寨因此而得名。此处的石桥，桥面平整宽大，能够并行两套马车。河水经过桥下被挤在狭窄的石槽里，流速加快冲出桥洞，直落崖底再腾空冲起，宛如金色骏马抖动万千长鬃，呼吼着向前驰骋，洋洋荡荡日夜奔流。桥面桥体桥墩浑然一体，桥洞壁岩参差，看不出人工开凿的痕迹，所以此桥得名"天生桥"。

学德离开这个充满传说的地方，转身向宕岔走去。

29　他在苏区

那天，栓柱他们几个跟着那两个红军，来到八十里外的苏区。一进苏区，周围都是"同志"，别人也称呼他们"同志"，这让栓柱他们觉得又新鲜又亲切。同志之间互相尊重，亲如弟兄，没有穷富之分，没有城乡之分，也没有财主军爷，全都是同志。原来听不懂的名词"翻身""解放"现在都有了切实的意义，他们真的觉得翻身得解放了。

苏区这一带山头重重，沟岔交错，梢林蔽野，人少地多。多少朝代了，这里一直是闭塞落后的山乡。现在变了，甚至比一般的大城镇还前进了一个时代。红军横扫庄主，寨主，山大王。安寨不安，保安不保，赤色火焰遍地燃烧。白军调动人马围攻扫荡，恰似拨火棍，越捅越旺，战火染红了云天。

革命改变了一切。从来没听说过，没经见过，曾经想也不敢想的事情，如今却成了现实。种地人做梦也想能有属于自己的土地，张子招操劳一辈子也没能实现的梦，栓柱实现了。栓柱和石柱他们到苏区后，很快便分到几块肥地，几孔窑洞，同苏区的乡亲们融为一体。当兵的同老百姓住在一个院子里，给老乡挑水扫院子，有说有笑地帮着干活，大娘大爷地叫着。当官的没官架子，老张老李，这同志那同志的叫。挎个小包的人叫工作员，和和气气做宣传，随便问啥都可以。老年人把当兵的或当官的都叫娃。女人抛头露面，放了脚剪掉发髻，散开了裤腿角。开会唱歌，上识字班，站岗放哨，做草鞋，当工作员，当干部，自由对象，女人也同男人平起平坐了。

栓柱被一连串陌生的名词搞得晕头转向。革命，阶级，阶级斗争，共产党，共产主义，甚至就连为什么叫苏区还弄不明白。但是苏区的一切深深地触动着他，让他觉得穷人有希望了。他想到多灾多难的家，受尽磨难的父母，两个死于非命的妹妹，他凄然长叹，他们没赶上好时候啊！

栓柱被分配到苏区边沿游击区的武装部，石柱做了游击队的副队长。他们进到游击区不久，便开始了"反清剿"。栓柱领来几颗手榴弹，背上他的长马刀，拿杆红缨枪，心里暗自发笑。红军比红枪会只不过多了几个炸弹嘛。他带领老百姓坚壁清野，挖路埋地雷，将白军的行动通过鸡毛信沿村传送。区游击队也不过二三十人，都是刚拿起马刀红缨枪的庄稼汉，队长有支独角牛（苏区自制的单发手枪），地雷没几颗，炸弹也不多。有一次，栓柱发现大队白军过后，有三个懒洋洋的大兵押着老乡和牲口走来，连他们的大枪都叫老乡背上。在一个急转弯处，栓柱大喝一声"缴枪不杀！"带领几个人跳出来。他挥起马刀砍倒一个，另两个扔下枪没命地跑，狂叫"红军！红军！"等到大队白军回过头来排枪射击，他们已经背上三支步枪一袋子弹跑远了。

　　栓柱看着自己见过血的马刀，苦笑笑："阿弥陀佛，我发过誓不杀生害命，可没说过不杀人呀。"引得旁边的人都放声大笑。栓柱就这样开了杀戒，也开了斋，不再是佛门弟子。当然也不再相信红枪会的法术能"刀枪不入"了。

　　反清剿过去，白军从山区撤出。栓柱受到表扬，当上区武装部的特派员，给他配了支独角牛，用那三支步枪，几枚手榴弹组织起一支游击队。

　　四五月间的一天，栓柱外出回到区委所在地，听见石柱在屋里哭诉宕岔的事，他撞进来，抓住石柱的肩膀，急地问："出了什么事？再从头说！"听完后两人抱头恸哭。他急不可耐地闯进区委书记办公的窑洞。区委书记一身庄户人的打扮，腰里别把手枪，盘坐在炕桌前，聚精会神地看什么文件，抬头望望急匆匆闯进来的彪形大汉，不动声色地问："你回来啦，有事吗？坐下说。"他指指炕桌一旁。柱栓嘴唇哆嗦着，强忍着泪水："喜应被杀了，还杀了咱们两个同志，我爹陪桩抄了家啊！"他蹲下，抱住头呜呜哭。

　　"同志，冷静点嘛。"区委书记跳下炕，依着栓柱蹲下，一双粗大而有力的手搭在他的肩头上，"我们同样难受啊。没提前一步叫喜应转移，我们都痛悔呀，他的仇，被害同志的仇，我们一定要报。"

　　"那，就打宕岔！乘这会儿没驻下兵，我引路，说干就干！"

"同志。"区委书记拉起他,"宕岔要打,榆林要打,你的仇也要报,每个革命同志都有血泪仇啊!但是革命不是……不能……而是……必须……才能……"区委书记讲了一大套,可是那一串串名词把栓柱搞糊涂了。

区委书记看他一脸困惑,摆摆手:"三言五语开不了你的窍,你去受训吧。"

"受训,啥叫受训?"栓柱不明白,"怎训法,进去还放出来不?"

"哈哈哈。"区委书记大笑,"不是坐班房,不是练仙法,就是像念书那样,不过十天八天就回来。"

"那,那成,要去打宕岔别忘了我呀!"

几天后,栓柱和石柱七八个人受训去了。

张子招自从栓柱他们走了,整天心神不定,直到栓柱托人将话转回来,说他们同娃都平安,叫家里人放心,以后再没听到消息。有一天,张子招正在家里做事儿,听到有人在北头短墙外小声地叫:"三叔,在家吧?"

张子招迎出去一看,是北庄的刘世广,手里拿了一份香纸,像是来拜佛的。张子招甚为诧异。刘世广不信神鬼,家里富余,不靠财主也不欺穷人,不介入村中是非,今天怎么来敬香拜佛呢?

刘世广一声不响地进了家门,扑通一下跪倒在地,向张子招夫妇不停地磕头。

"不敢,不敢哩!"张子招忙不迭地扶他起来。

原来,一个月以前刘世广去后山看望女儿,半路上碰到游击队,将他带进苏区。说他是白军的探子,五花大绑起来,轮番拷问。他如实地说他是宕岔的刘世广,在家务农受苦,本本分分,只是说漏嘴,提到家里有一群羊,雇了个放羊的。这一下惹祸了,区委认定他是富农分子,白军的探子,该杀,带上脚镣打进土牢等着处决。

正好栓柱"受训"结束回到区上,听说抓住一个从宕岔来的探子叫刘世广,便揭开土牢去看。刘世广左腮被打肿,鼓得像扣了个小碗,眼睛挤成一条缝,已经脱了相。听见唤他的名字,以为时辰到了,跪下磕头哀求:"老总啊,饶我一命吧,我没做亏心事啊,行行好,饶我一命吧……"

"世广哥，是我，栓柱呀，你仔细看看！"

"啊呀！栓柱老弟！快救救我吧！"他喜出望外，又要磕头，栓柱赶紧扶起，"这种时候你出啥门嘛，不看看谁敢在这一带出来进去的？你且等着，我去想办法。"栓柱急急转回来，向区委书记说明："他雇的那个放羊人是他家的亲戚，父母双亡投靠他家，也没受亏待，照样给工钱。我们不能冤枉好人，要不然那一片人谁还会向着咱们啊？我担保，以后查明他是坏人，就拿我问罪。"

"那就听你的，去放了他吧。"区委书记听他担保，爽快地答应。

栓柱回到土牢，给刘世广松绑，让他赶紧回家。他死里逃生从后山回来，怕惹出事，不敢声张，在家躺了几天，稍好了点便来见张子招。他千恩万谢，说今晚要让家里人背二斗米送来。张子招夫妇坚决谢绝："行善积德，保佑娃们平安，收了你的东西就坏了德行呀。"刘世广不敢坚持，于是跪在佛堂前发誓从此吃斋向善，月月来给佛爷敬供灯油。

这件事很快被添油加醋地悄悄流传出去。都说栓柱在苏区当官了，说话顶用，能定人生死。张子招走在路上，人们都笑脸相迎，心里又多了一份敬畏。

30　榆林报考

学德离开响水寨，如同出笼的鸟儿欢快地飞跑。离开村子才几个月，除小井泉依然涓涓溢流外，好像什么都变了。榆树的叶子枯黄，毛毛虫像珠帘似的，垂下密密麻麻的长丝。家院的土坡上，麻雀和家鸡的踪迹纵横交织，看情形长久没人走动了。破窑院静悄悄，小榆树肚子上的那孔虫眼儿流出棕色汁液。曾经做新房的那个草房，泥巴脱落，龇牙咧嘴，屋顶上蒿草摇晃。满院零落杂乱，遍地羊粪，鸡粪，烂柴草。屋门敞开一扇，母亲独自坐在炕上，怀前放一堆乱麻，歪着头理麻捻。她几年前便哭瞎了左眼，看东西很费劲，耳朵倒还好使。听见熟悉的脚步，抬起头，惊喜地问："小放？"

"娘！"学德叫了一声，扑到她怀里。

"哎呀，怎回来的？叫娘仔细看看。"她搂住学德的脖颈，脸贴着他脑门，满是裂纹的手摸抚他的头发，捻他的耳朵，"走几个月啦，没捎回句话。头发这么长，自己不会抽空洗洗嘛，叫人剪剪头发，这个样的怎能在人前走哟！"

这时候，张子招回来了。他拄根棍子，吃力地踱上院口，将背上的柴火放在院口的石台上。一抬头，猛地瞧见小儿子，黯淡的老眼豁然一亮，嘴唇嚅唏，胡子哆嗦，欣喜地抱住学德，长胡子在他的脸上狂乱擦蹭，老泪忍不住流下来。

这几个月，栓柱一家走了，学德走了，家里就两个老人，冷冷清清，死气沉沉，张子招觉得活着也没啥意思了。学德回来，家里又有了生气。几天来，母亲跪在小井泉旁的石板上，用清冽的泉水把学德的衣裳洗干净，又一针一线缝补好，修整旧鞋袜。吃斋的老人竟然割来二斤羊肉，在院子里墙角下，支起炉火，给学德炖羊肉。两位老人搂着学德看不够，亲昵地捻耳朵抚头发。他们将炕角苇席下的洞口掀开，以备学德随时隐遁。

对学德考中学，他们满心欢喜，能考上，有地方住，吃穿不愁，还求什么？只要以后回来看看就行。学德在家尽力替父亲做些重活，背炭，掏大粪，垫羊圈。晚睡早起清理家院，把破窑院换了面貌。剖开小榆树的皮层，刨出蛀虫重新包扎起来。掀掉压在牵牛花上的石块，扶上墙，几天的时间枝蔓探出了头。

学德要走了。母亲从怀里掏出积攒下来的三块钱，又将一副银皮手镯递给他："这是娘最后的家当了，拿去卖了做盘缠，以后是好是歹就看你的命了。"张子招拿布口袋装好二升米，打整起小行李卷："家里不是留你的地方，碰你的命去吧。"

学德告别了疾苦无告的父母，离开多事的宕岔。他偕同罗业伟，渡过无定河，踏入陕北的中心，榆林。

进了城之后，他们俩分手各自去投亲友。学德虽然第一次进县城，但好像并不陌生。从他记事起，就老是听人念叨榆林城，凌霄塔，榆溪桥，城门楼，钟楼，鼓楼，万佛楼，东城坡，二道街，八狮巷，县官巷，榆中，衙门，监狱，兵工厂……听得多了，好像来过一样。学德照栓柱说过多少遍的街巷路线，来到表姐夫住的地方。可是，这个地方残墙败壁，大门框朝一边歪斜着，不像有人住的样子。这时候，几个娃正在那段凸起的墙基上跳上跳下，瞧见他这个外来人，嬉笑着围上来："找谁家？"学德想，小孩准知道小孩的名儿，就说："你们知道秀女吗？"

"秀女？她家搬走啦。"

"啊！搬到哪儿去啦？"

"我知道，跟我来。"一个男孩瞅瞅这个半土半洋的城外人，自告奋勇领路，说话间来到一处有门楼的朱红大门前，男孩扭过头来"这就是。"说着，指指门角垂下来的一根有短柄的长绳，"拽那个，里边听见铃响，就来开门的。"

学德有点怀疑，这一看就是大户人家住的地方，表姐夫发财了？他鼓起勇气拉了门铃，出来开门的是一个十二三岁的小女孩，穿得干净利落，垂条小辫，拦住门，上下打量："找谁家？"

学德一眼就认出她："找你家，你不是秀女嘛。"

"娘,来人啦!"秀女回身紧跑几步,掀开竹门帘叫,"还知道我的名儿呢!"

表姐出来一看:"呀,洋学生,快,快,快进来。"她接过学德肩上的口袋和行李卷,对秀女说,"死丫头你不记得啦,你姑舅舅家的小叔叔呀。"

舅舅家有三个女孩,没男孩,这个表姐是老大。学德小时到舅舅家,总是喜欢缠着大表姐,大表姐也喜欢他这个机灵鬼。大表姐忙着生火,舀水,锅碗瓢盆欢快地响,打发秀女去割肉,打酱油。问罢姑姑,姑父,压低声儿问:"你哥有信儿吗?"

表姐不赞成他再求学,"没完没了地念那些书有啥用嘛?我姑父,姑姑都老了,你们都走了,撇下老人谁侍候?穷人家图啥功名嘛,找点活,挣点钱,守家在地多好嘛,瞎跑啥?"

"好姐姐哩!我哥红了,到了这个地步家里没法待了呀!"

"也是哩。我开了一间故衣店,没个记账的,全凭心里死记,要不你就来帮忙,一月能挣三块五块的。"

"我如果能考上学校,一月四块钱,也挺好的。我抽空回来帮忙吧,教会秀女记流水账。"

"且就这么着,往后再看吧。"表姐没放弃她的主张。晚上,表姐夫回来了。肩上搭的胳膊下挟的都是形形色色的旧衣裳,还雇一个挑夫,挑来两筐杂七杂八的东西。姐夫看到学德,高兴地说:"稀罕,稀罕,多会来的?"他打发走挑夫,拍打身上的尘土,立在衣柜前擦汗瞧着学德,"几年不见,长高啦,一个人敢出门啦。咳,拿二升米干啥?就在咱家吃饭嘛,我这会儿还能管得起,家里也挤得下,不是外人。"又对秀女说:"听你叔叔的,认字啦,算算术啦,问他。"

放下饭碗,表姐夫妇俩开始整理白天收购回来的旧衣裳。姐夫拿起一件,抖弄几下,说这件是多少钱收的,指点着说要把哪处弄干净,再缝几针能卖多少钱。表姐和秀女看在眼里,记在心里,一件一件接过来分类叠放,完了表姐总合起来说一共多少件,花了多少钱,能卖多少钱,表姐夫满意地点点头。然后,表姐夫清点那两筐杂货,提了半筐走了。

"我姐夫这是提上去哪呀？"学德问。

"孟主任家。这些都是给公家买的，拣出来一些送给孟主任家。"表姐同时将几包不知里头是什么东西，放进自家的大柜里说，"你姐夫不挑水啦，孟主任信得过，在总务处当采买，天天街上跑，替孟主任跑腿。兵工厂的牌子大，哪家字号不巴结？你姐夫胆小，交给公家八九成，都沾点光哦。他不识字，先生们都喜欢他。"

"不识字的倒喜欢？"

"是呀，识字的会捣鬼，笔头子上弄点儿玄虚。会说的会写的胆子也大，抓住东西连骨头都往肚子里吞，出了事都受瓜连，靠不住。"表姐咄咄鼻子嘲笑着说，"会水的常常被水淹死，有几个做得太狠，露了。跑的跑，撤的撤。"

"咳！不识字容易被人捉弄，我姐夫也得小心呀。"

"他也不傻，都吃公家的肉，谁也吃不了亏，万一有个三长两短的，不识字的大老粗，跟他们打烂账呗。"

"哈，不识字倒会做文章。"

"咱凭啥？没门子，没面子。只能腿勤点，眼尖点，心灵点，嘴甜点，憨厚点，人家才能看中你。"

"大姐，你生下来就是把家立业的。乡下人守住那几垧地，几辈子变不了样。城里人说穷，穷得快，说富，也富的得快，才一两年工夫，大姐就抖起来啦，这四合头砖瓦院，油漆炕围子，箱柜锃亮，比二舅家阔多啦。"

"屁，驴粪蛋面上光。"表姐指着一进两开的东下房说，"这都是总务处曹主任的家产。"表姐朝正上房努努嘴，"叫我们租进来住，是为了使唤方便。柴炭呀，挑水呀，倒炉灰啦，倒弄东西啦，都是你姐夫同我干，两利哦。"

表姐夫办完了孟主任的事，这才回来歇息，表姐说："天天这样，大早起来先侍候孟主任家，才办公家的。晚间办完孟主任家的，才回来。"表姐夫憨笑笑："没有他的，就没有咱的哦。"

学德问起兵工厂当初送鞋给栓柱的李文正。表姐夫唉口气说："别提啦，遭大难啦，说他是共产党，搞煽动，抓起来压杠子，灌辣椒水,钉竹签子,他就是不招。现在押在大狱里,能不能活着出来难说了,好人遭磨难哟!"表姐夫唏嘘之间忽然说:"我给你剪剪头吧,长得不男不女的。"于是拿出推剪。不一会便剪出个中分头,端详了一下说,"这才像个念书的。"

学德在表姐家落了脚。他只有三块多钱,榆中和职中两个学校的报名费花掉两元,还有照相加洗相片,买纸张笔墨生活小用品之类的东西,只剩下几角钱了。他对表姐只说,母亲的一副银皮手镯放着没用,托姐夫卖来一元五角。表姐又从旧衣堆里挑出一条像样的裤子,一块褥子和被子,将他的调换过来。

榆林中学,职业中学,女子师范,三校同期招生。女子师范因为报名者极少,来者不拒,榆中和职中则名额有限。榆林中学久负盛名,前身为榆阳书院,明清两代培养出进士和举人无数。榆中是陕北的骄傲,是陕北青年学生向往的最高学府。这些天,莘莘学子从各地赶来赴考,昼行夜宿长途跋涉。三边一带的考生大都随着骆驼帮,披星戴月跨越几个县,穿过土匪横行的草原。南边来的多是骑马乘骡子绕道走,因为那一带闹红军。河东边过来的都坐着驾窝子。有钱的考生骑着驴,雇人挑行李。没钱的自己背上行李卷在沙土路上奔波。

职中傍着东城山坡,沿着山坡分层建起一排排大窑洞,一层比一层高。为了接待考生,校方腾出最高一层宿舍,铺满了炕席,窑洞高大敞亮,曙光满窗,窑壁雪白。即使这样,来自上流社会的考生也不住,通盘大炕上只有学德和罗业伟。其实罗业伟带来八元钱,只是不想多花钱。

榆中和职中各招一个班,总共一百多名,谁也没料到报考的却有三四百人。这一大批青年男女的到来,让这座古老的县城忙活起来。东山城头的制高点上架起了重机枪,对榆中构成交叉火力。大兵日夜巡逻,夜间手电闪光,喝问口令。便衣警察,日夜几趟到各处店铺盘查。娼妓涂脂抹粉换新装,大街小巷招引顾客。饭馆炒勺叫,商号算珠响。当局为了安置落榜的考生,筹办起殖边训练班和教师训练班。

榆中同职中的考试,先后错开一天。同许多人一样,学德同罗业伟先报名考完榆中,紧接着又进入职中的考场。连续几天的考试,让考生累得筋骨松散疲累难支。

　　那些高门子弟不论考多少分，是非录取不可的。他们带着入学的箱笼铺盖来投考，来了就先选定宿舍和床位，把行装安顿好，就等着开学了。其他考生要等待发榜，期待命运的判决。

　　学德每场考试后便不去寻思考题答案。罗业伟则不然，出了考场后硬缠住学德核对答案，还一定说他答得对。例如，十二公里路，每隔一公里栽树一棵，共栽多少？学德答十三，罗业伟答十一。再如，蝙蝠是卵生还是胎生？学德答胎生，因为他在乡间亲眼所见。罗业伟说飞禽哪有胎生？他得意扬扬地说："你错啦，回家戳牛屁股去吧。"学德不和他计较，谁对谁错发榜就知道了。

　　那天。他们起了床，用食盐水漱过口。来到职中的院畔上，遥望太阳初起，黄沙漫漫，沙丘起伏，如同波涛翻滚的海洋。

　　"榆中放榜啦！"有人呼喊，大家都向榆中奔跑。

　　榆中门前的大照壁上，高榜题名，每个被录取的，在姓氏额头上点一个大红点儿。有人突然大喊"我中了！"兴奋得当场跳跃，扭头从人群中撞出来。有人沮丧地垂下了头，从人缝里退出来，掩面而去。

　　"我，第十五名！"学德看见自己名字上有一个大红点！

　　"我呢？啊，我在哪？"罗业伟急着反复寻找，终于失望地躲开人。学德为他反复找了几遍，在几名候补生中也没他。学德赶上他，刚想安慰，他却发作起来："算你走运，我倒霉。榆中有啥了不起？少爷羔子的学校！"

　　学德安慰他："唉唉唉，先别着急嘛，职中还没发榜，要是那里能考上，我不上榆中，陪你上职中。"

　　"说话算话，不翻卦？"

　　"一言为定，我陪你。"

　　接着，职业中学也放了榜。粉白墙上横榜题名，在第七名上找到了学德。罗业伟这回不敢从前头往后看，而是从后往前找，名次过了一半，心头凉了大半。在第七名上顿了一下，咬紧嘴唇，一眼望到头，没有他。职中的后补生比榆中的还多，搜寻了几遍也没他。罗业伟只觉得天旋地转，跟跟跄跄回到宿舍，寻思了一阵子，收拾起随身携带的东西。

"你打算怎办？明年……"学德小心翼翼地问。

"去他奶奶的，我们不上这些龟孙学校啦。"他愤愤地说，"回家，我守我的店房，你种你的田。"

学德无可奈何地说，"我家怎样你知道，没法再种田了，没路可退，同你不能比呀。"

"有福同享，有难同当，你丧良心啦？我不写信你能来投考吗？你现在走运，不管我啦，嗯？不成！走，马上跟我回。"

"不。"学德断然地说，"家，我不能回了。投红军，当土匪由你挑，我陪你。"

罗业伟变了脸，他一急口吃，大舌头绕不过弯："你吓，吓，吓唬谁？不跟我回，回家，咱俩的交情，从今，今日此时起，一刀两断，勾，勾，勾。"他伸出小指头要将友情勾销掉。

"何苦呢，我永远不忘你写信关照的情谊，可我没法回家啊。别，别这样。"

"闪开！假仁假义地灌稀米汤，闪开，各走各的路！"他推开学德悻悻而去。

学德选择了榆中。坐在秋二七级教室的第十五号座位上，出操时按高矮排列也正是十五号。新生正式录取五十名，后头加了一排座位属于候补生。教室挤得满盈盈的。

政府办教育，也有和共产党争夺年轻人的意思，所以特别优待"匪区"来的学生。政府将包括宕岔在内的无定河西一律划为匪区，来自匪区的学生，不论贫寒与否，都发放津贴。学德填报了《匪区贫寒学生津贴登记表》，拿到了津贴。他托进城粜粮的陈大哥给家里捎回去两块钱，以贫寒学生身份，上了一月三元钱的学生灶，一日按时吃上了三餐饭。他每个星期天一定要来表姐家帮忙，教秀女记账。过去她们在心里死记硬背，客人问，张口就要说出来，不容易记住，而且客人以为衣服随意出价，往往要讨价还价。现在把货架上的每件旧衣服编上号，每个号头下记上价码，明码标价，卖出一件勾一笔。客人放心，自己省心，小秀女很快独当一面了。

31　榆林中学

　　榆林古城如旧，城区上空悬浮着不散的烟云。钟楼上的大钟按时报点，送出沙哑而沉重的钟声。白天午炮三声响，晚上二更炮两声，二更锣穿街过巷，全城便进入宵禁。天天如此，年年如此，不变的节奏标示着边城重镇的清平。

　　榆林中学高踞在东城山坡上，校院当中的百尺高竿上悬挂着一只铜钟，钟声高昂而嘹亮，敲响出学校的日程。这座陕北的最高学府，教职员来自全国各地，带来不同的政治观点。学生则来着不同社会阶层。有达官贵人的公子，有贫寒清苦的青年。这里是政治形势的风雨表，是各方注意的中心。这里出过像刘志丹那样的共产党，有人便认为榆中是"赤化"中心，是共产党洗脑的地方。

　　团长姜梅生的儿子考进了秋二七级，座位排在前排第一号。可是不到一个月便退学了。原来，少爷喜爱读书，乘姜团长驻防外地忙于剿共，要来上学。母亲扭不过他，让他报考入了学。姜梅生换防回来，发现儿子上了榆中，勃然大怒，勒令儿子立即退学："龟儿子，要读娘卖屁的洋书变成共产党，革老子的命不成？从今后，就给老子乖乖儿在家抽大烟。"

　　渔河堡富户张都来的独生子，背着父亲考入榆中。他父母亲追进城来，弄不清儿子藏在学校什么地方，就分别守在宿舍通往教室的路上。上课铃响了，发现儿子夹着书本从宿舍出来。老两口扑上去抱住他的腿大哭大闹："这怎了得哟，我的小祖宗，你跟上共产党走了，我俩怎活哟？"校长和教育主任都是国民党死硬派，也说服不了他们。老两口不容分辩，硬将儿子拽回去。

　　定边县富户的儿子张明势，录取榜上的第一名。当初父母见别人的儿子报考，糊里糊涂也送他来。忽然红军的活动范围迅速扩大来势甚猛。两口子着急了，生怕儿子在学校中了邪，跟共产党跑，于是硬

178

将儿子拉回去。

就这样。你拉他拽,不到一个月的工夫,候补生都转正了。

奇怪的是,金岳的少爷留下来了。他总是全年级品学兼优的第一名,经常受到特别褒奖的优秀生。他的体质羸弱,脸色无光,平时只跟一个马弁,风声紧时再加一个。马弁佩带驳壳枪,替少爷夹着书包。少爷进入教室后,马弁留在门房等候,呆得无聊时,在传达室门口玩弄皮带,像驴推磨似的转小圈儿。

其实,金岳的少爷进榆中也并不奇怪。金岳支持榆林兴办中学,因为国民党是把中学当作"后备军"来培养,学校半军事化管理,灌输国民党的思想,学生办军半民,加入童子军,进行军事训练。只不过苏俄思潮在青年学生中很有市场,出了几个共产党而已。

罗业伟并未摈弃令他深恶痛绝的"龟孙"学校。榆中春季招生,他又来了,补上一个旁听生。旁听生不发学校制服,他到街上做了一套。他挤进鱼家铺子那几个少爷的宿舍,跟着他们去中上等的学生灶。旁听生上课不点名也不出操。人家出操,他在宿舍里整理铺盖打扫内务,讨得少爷们的欢心。他不和张学德说话,就当作不认识。

学德每天踏着钟声的节拍,上课,下课,自习,作业。从早晨四时半起床,离开宿舍,直到夜间自习室熄灯后才回宿舍就寝。正在他全神贯注地投入学习的时候,他却遇到了麻烦。

学德住的学生宿舍,一室三人。其中一个叫李世雄,是国军团副的弟弟,已经二十三四岁了,上中学只不过混张文凭,然后到军界去当官。他长得小头小脸,三天两头更换发型,可总是一副刁钻下流的模样。他烟瘾极重,一节课都坚持不了,跑到茅厕里吸纸烟,指头熏得焦黄。他喜欢穿便装,看不上学校的学生灶,在街上的鸿宾楼包饭,一月十二元,是每天不重样的随心餐。晚上还去嫖妓女勾暗娼。没事干就和几个军方子弟厮混在一起,比弄驳壳枪,看谁的最新,谁拆装得最快。他挥霍无度,编造各种借口向家里要钱。

大约是八月十五后的一天,李世雄说,他压在被褥底下的三十块钱丢了。

"秋二七级出了贼啦!"这个消息很快就传得沸沸扬扬。学校竟

179

然出了小偷，这可是大事，当然要查清楚。

这个屋里另外一个人是刘震山，是破落地主的儿子。他说，元宝白洋见得多啦，他不缺钱花。同一个宿舍，一个是丢钱的，一个是不缺钱的，另外一个就是缺钱的张学德。于是众口铄金，很多人已经认定是他了，但都只在背后说，这让学德有口难辩不知如何是好。

就在这当口，刘震山悄悄对罗业伟说："贼娃子就是你们渔河堡的。"罗业伟一直想对张学德当初没退学耿耿于怀，一听这话，立即跳出来指名道姓地煽风点火："贼娃子是姓张的，张学德给渔河堡丢尽人啦！"

"你听谁说的？"渔河堡来的鱼继祖听了不高兴。

"刘震山，他们一个屋里的，肯定没错。"罗业伟说。

"放狗屁！"也是渔河堡来的鱼继润骂，"我们一块同学谁不知道谁？为啥自己要往渔河堡脸上抹黑？"

罗业伟没想到这并不是张学德一个人的问题，而是整个渔河堡的问题，顿时讷讷不知所措。

"走，叫上张学德。"鱼继润说，"三头对证，说是渔河堡人偷的，就叫他拿出证据来。"

几个人来到自习室，找到张学德，哄哄嚷嚷来到宿舍，后面跟着一大群看热闹的，挤满了宿舍内外。李世雄正躺在床上吸纸烟，刘震山也在。

"李世雄，请你讲清楚。"鱼继润朝着惊愕的李世雄，"你是真丢了钱呢，还是花过了头，报不了账？"

"唉！算了吧，丢那点钱没啥了不起的。"李世雄自己也说不清楚，只好打马虎眼。

"是真是假你必须讲清楚，到底丢了多少？"

"我记得好像是二三十块，也可能没那么多。"李世雄说得含糊起来。

屋里屋外哗然失笑，"啥玩意嘛！喝兵血喝糊涂啦。"

"这小子大概把钱送给李香香(妓女)，交不了账啦！"

"我，我。"李世雄胀得脖颈粗，鼻尖上挂汗珠，"我说丢，可没说被偷了，又没向学校报告，谁说偷去找谁呀！"

罗业伟一看风头不对，指着立在墙角的刘震山："就是他，说是我们渔河堡的人偷了。"

张学德气急了，上去抓住他的脖领子："你拿出证据来！"

"我没说，罗业伟你胡说！"刘震山打了个趔趄急着否认。

"造你奶奶的！"罗业伟急眼了，顺手给了他一个大耳刮，"是你特意告诉我，这会儿又耍赖？"

张学德抓住刘震山的领口将他揪出院子来。鱼继润大叫："揍这坏东西！"

"住手！"这时候，训育主任来了。他人矮但粗壮，黑面皮，黑眼镜，深色长衫，黑皮鞋，腋下挟个记事纸夹子。据说他曾做过共产党，受不了苦，退出来了。现在哪个党都不要他，他也哪个党都不怕，只要抓住理，谁都敢训斥。他高声喝问，"吵啥，嗯，要干啥？"

鱼继润上前说："他说是渔河堡的人偷钱，我们要他拿出证据来，随便诬蔑人，不答应！"

"你们的要求是什么？"

"查清真相，公布于众。"张学德上前说，"严惩败坏校风的贼。不能谁穷就说谁是贼。"

训育主任说，"这件事学校正在调查，过几天就会处理，不要乱猜，大家回去吧。"

一个星期后，刘震山悄悄退了学。李世雄被训育主任狠狠训了一顿。训育主任在出操点名时宣布："李世雄丢钱事件已经查清，第一，李世雄夸大了丢钱的数量！第二，偷钱的人已经把钱退回，为了给他留条自新之路，不公布名字，已令其自行退学。"

"啊！原来如此！"

罗业伟被迫做了一次对质，甚为尴尬。他打了刘震山一个耳刮子，仿佛自己也挨了一巴掌。对张学德的态度也转变了一些。

32　大人物

　　在宕岔，刘福清和刘汉玉算是高不可攀的"大人物"，可是在榆林，他们连"人物"都算不上。榆林每星期一上午举办一次"纪念周"，很多大人物都会出场。陕北的最高长官金岳，带着两个姨太太，屁股后头跟一大群马弁。县党部书记，肃反委员，专员兼县长等头面人物紧随其后。会场以三个中学的学生和挂武装带的军官为主体，各界人士参加。少爷和闺秀们一个个挺起胸膛摆出高昂飒爽的姿态。女子师范最引人注目。站在她们一边的是混上了武装带的军官，大胆地瞟斜着女学生，而女学生并不青睐他们，总是把眼睛偏向榆林中学这边。

　　那天，钟楼敲响七下，大块头的副师长阔步登台。他的声音如同一门大炮，从胸膛深处爆发出吭长的口令，"立--正！"

　　"嚓"的一声，全场千百双脚同时碰到一起，肃立不动。升青天白日旗，齐唱党歌：三民主义，吾党所宗，以建民国，以进大同……。然后是一阵皮鞋响，金岳全副戎装，威风凛凛地登上讲台，以标准动作行过军人礼，面对孙中山肖像，率领全体朗读《总理遗嘱》：……革命尚未成功，同志仍须努力……是所至嘱。然后一个标准制式的后转身，后脚靠上来时特意碰响鞋后跟。他语气生硬地训完话，便领上他那一群人离开会场。他一走，会场的气氛便轻松起来，咳嗽的，低声说话的，朝女生队伍扭过头来的，人们开始东张西望。

　　在一片嗡嗡声中，肃反委员会主任上台宣讲为什么不抵抗日本侵略而要"先安内，后攘外"。接着，省里的一个特派员讲"敌情"，他说，共匪徐海东突围后，进入陕北匪区，将刘志丹等全部扣押起来了。国军调集部队四面包围，等待共匪内讧火并，相机一网歼灭，肃清陕北共匪的胜利指日可待了。陕北幸甚！国家幸甚！

　　散会时，榆中的学生哄地冲乱了女生队伍。女生们不惊不慌，唧唧咯咯嬉笑着互相推挤。女师的李校长气急败坏地高叫："野蛮！野蛮！"唧唧唧吹哨子，极力拯救他的队伍。

从那以后，每个星期一学德都能这样见到金岳和那些国民党官员。不久，他还平生第一次亲眼看到一个共产党员，这就是从他们榆中毕业的白进凯。他家是当地的大财主，可是白进凯却反叛家庭，在榆林中学经高岗介绍加入共产党，成了陕北共产党的主要领导人之一。他的反叛在富人圈子里轰动一时，这也是很多财主不让自己的儿子上榆中的原因。白进凯被叛徒出卖被捕，宁死不屈，所以国民党通告处决。

那天，张学德同王郭斌几个同学走出校门，想看看共产党究竟是什么样？榆中有不少人在校门外站成了一道墙，说犯人就从这里经过。人们都朝左上方县党部所在的坡道上张望。这时街上已戒了严，除军人，学生和公务人员外，其他人不许走动。从县党部，榆中，女师，县官巷到西门外刑场的这一条线禁止通行。

不一会，从县党部出来一队端着冲锋枪的军人，拉开距离，杀气腾腾地大步开路，接着是四个提着驳壳枪的军官，前后押解着一个二十八九岁的后生，五花大绑，背上插个白牌子，上书"罪犯共匪分子白进凯"，名字上红笔勾过。两旁身穿便衣的人紧紧抓住绳索，身后两个大兵端着上了刺刀的步枪，再后又是一队手持驳壳枪的兵丁。随后紧跟着一群军政要员。

平常被宣布执行死刑的，差不多都吓得软瘫了，要几个人搀着，拖着或抬着走。这个白进凯却不同，他挺着胸，昂首阔步，看到母校门前聚集起不少人，他放慢脚步慷慨激昂地讲演，痛骂国民党腐败，出卖民族利益，背叛三民主义，痛骂金岳，高喊共产党万岁！红军万岁！军警叱喝，推打，县党部书记破开嗓门叫，不要听共产党煽动，不时打断他的演说。他却无所畏惧，高昂起头唱起了国际歌。被吸引来的人越来越多，胡同口，屋顶上，墙头上站满了人。直到押出西门，人群才被挡住。

过去听国民党宣传，共产党都是青面獠牙的魔鬼。现在学德看到这个共产党人，眉清目秀，那种大义凛然视死如归的气概，让他非常激动振奋。想到哥哥就是和这样的人在一起，心里暗暗自豪。

1935年10月，两个消息让榆中的学生激动起来。第一，张学良要来视察，榆林是一个闭塞落后的古城，人们见过最大官就是金岳，现在来一个比还他大的官，稀罕！第二，他开波音飞机来。这里的人连汽车火车还没见过，骤然间从天上落下来一架飞机，更稀罕！

全榆林都行动起来。修机场，整市容，整校容，整仪容，操练队形。金岳的特务连全部换上新装，女子师范将理发师请进去修剪发型，街面上的香水脂粉都脱销了。欢迎大会就定在榆中的操场上。

这两天，学校已经整队去机场"欢迎"了两次，但是张少帅没来，这更加显得他与众不同。第三天，又是全城戒严，摊贩通通被赶进小胡同，商号都关了门，连窗户都得关住不准窥视，这回是真要来了。

残秋已尽，榆叶落光了，西风吹动浮沙轻波似的扫过机场。上午十时左右，东南方向的天空传来隐隐约约的马达声。

这时，金岳带着一队骑兵疾驰而来进入机场。他全副戎装，身披黄呢斗篷，脚后跟上的马刺金光闪闪。随着他翻身下马，"咔嚓"一声，整个骑兵队像一个人似的一齐下马。他发出命令，几个军官跃上马背挥动军刀，指挥大队骑兵分做几股策马布阵。一时战马奔腾，沙土飞扬，号令声此起彼落。布阵完毕，肃静无声，阵容甚为壮观。

不知什么时候，东边一侧欢迎队伍的后面，聚起一大批市民，挤挤攘攘想靠近看热闹。军号一声响，北侧一大队步兵"咔啦"推上了刺刀，端起枪，摇动刺刀"呀！呀！"吼叫着两路纵队冲过来，随着口令向左转，士兵放开正步直对人群向前走，人群惊恐地后退，让出一箭之地，同欢迎的队伍隔开。又一声口令，士兵刺刀向外，立定不动，形成一堵刀光逼人的墙。

天空中的马达声越来越响，一架银灰色的飞机，从无定河转向榆溪河，沿河线而来。忽儿，又沿长城向西飞去。过了老大一会又出现在长城要塞镇北台上空，折转头在市区上空绕了一圈，降低高度向东南大转弯，呼啸着从机场东端擦着地面逆风降落，带起一股冲天风沙跟着飞机跑。飞机停住，风沙翻卷笼罩了飞机。等着风沙过去，七八个大兵扛来笨重的木梯，搭在舱口上。金岳立在梯前恭候，其他头面人物站成一小排紧随其后。

舱门打开，军号响起，全场肃立。所有带枪的士兵都向后转，背向飞机面对外。几个军官跑上去扶持木梯，机上的人鱼贯而出，只见金岳一伙人一次一次举手行军礼，还没看清谁是谁，眨眼间一齐跃上马背，大队骑兵护卫着疾驰而去，马蹄踏动沙土又是一阵尘土飞扬。

人们兴奋地往飞机前面挤，都想近距离看看。但只有职中高校长上去了，在舱门口瞅了一眼便让退下来，木梯被推开。参加欢迎的各界人士只允许从警戒边上经过，不得停步。屋顶上，铺檐前，胡同门都有持枪的士兵，一个个背朝大街，面朝外，像施了魔法似的僵立不动，直到全部欢迎队伍走完。

等当兵的那堵灰色墙撤走，周围的市民哄地涌上来。守护飞机的大兵抽出探条解下皮带，不顾一切地在人头上抽打。人们仰起头，踮起脚，只顾往前挤。人群中突然尖厉地惨叫。眼见一个十来岁的男孩，娘娘老子地疾叫，双手捂住眼，血从指间往外流，左眼的眼球蹦出吊在眼角上。一个四十上下的男子抱住男孩，想将眼珠按回眼窝，娃撕抓嚎叫，大兵的探条又抽打过来。那厢一个挂武装带的小官儿发现苗头不妙，大喝一声："娘卖屄，执行命令！"一群大兵"咔啦啦"推上刺刀逼过来。人群小声地骂着"霉王八人的"，纷纷散去。

榆中的操场上搭起了讲台。学校院墙被标语装饰得犹如万花筒，"欢迎不辞劳苦的张少帅""亲临督导剿匪的副统帅"……

张学良稍稍休息，便在金岳的陪同下来到榆林中学视察。他身材颀长而清瘦，架副透明的水晶石养目镜，手插在敞开的军大衣里，大步走过。礼堂，教室，自习室，宿舍，食堂到操场巡视一周，向同学们点头挥手甚为亲切。没有官场常见的那种虚张声势的做派，给人以英俊而平易可近的印象。

第二天上午，整个东城区的山上山下布满了岗哨。三个中学联合举行欢迎大会，张少帅准时莅临。学生按校分班列成纵队。职中的高校长致欢迎词。他肉麻的各种吹捧，说张少帅一定能够力挽狂澜大功垂成，我们有张少帅，西北幸甚！国家幸甚！民族幸甚！说完，点头哈腰退去一旁。

张学良将大衣交给侍从，穿着长筒军靴，黄呢军服，白手套，大步走到台前。他站在讲桌的右侧，潇洒地行了个标准的军人礼。他面带笑意望着下面的学生们，首先感谢同学们的欢迎，接着让人意想不到地说："我张学良不要别人奉承，我怎样，我能做什么，我自己知道。"这让同学们对他的印象大好。他的讲话不长，说的是内忧外患，满目疮痍……在最高统帅的指挥下克期完成戡乱大业。望同学们立志成材，报效党国……既没讲先安内后攘外，也不讲国共两党如何。

对张学良的这次视察，榆林市民议论纷纷。争论是不是少帅自己开飞机从天上飞下来，有人对飞机的翅膀、螺旋桨、舷窗、声响，以及降落时带起的冲天风沙津津乐道，也有人对金岳策马布阵的雄壮场面啧啧称赞。而学生们更关心张学良这个西北剿匪副总司令来访的背景和对时局的影响。

榆林偏处西北地区的西北角，秦时列为上郡，是蒙汉、回汉相交的战略要地，历代王朝均有重兵镇守。以长城为屏障，城北十里处的镇北台扼守在长城的关口上。民国以后，五族共和了，榆林失去了边防重镇的地位。现在中央红军到来，各地红军也正在向这里转移，偏僻贫瘠的陕北骤然间成了"剿匪"的前线，榆林的战略地位迅速上升，成为西北的焦点。虽然报纸上登出来的消息都经过筛查并且有利于国民党，但还是会透漏出事态的线索。学德在《上郡日报》极不引人注意的一角，发现一则小消息："从甘肃到安塞的路上，看见周恩来、成仿吾等骑马随军，面容憔悴，长须垂胸，真乃老而不死者贼也。"无头无尾这么几句，证明江西的红军到陕北了。不久刘志丹又在报纸上出现。再从国民党军队"追剿""进剿""围歼"的动态及蒋介石等的行动来看，陕北已成为内战的中心。张学良的部队与红军几次交锋都大败而归，他现在却不讲"剿共"，这是什么动向？

这时候，北平学生"一二九"抗日救亡运动正激荡着榆中校园。学生们纷纷举行时事座谈会，上课时要求教员介绍学生运动的情况，自习时间会激烈地争论。学校怕学生"赤化"在榆林也搞运动，于是宣布提前考试，将学生的注意力引向复习考试。考试一结束便匆匆宣布提前放寒假。

校方怕"匪区"的学生回家被"赤化"，宣布"匪区"学生不放假，继续发放津贴，吃住在学校。何处是"匪区"并无明确界线，除过榆林城内，都能套上。于是张学德报领"匪区津贴"登记留校，同时给家里捎话，春节不回去了。一是让父母放心，二是止住岳父张老爹送女儿回宕岔家。

　　张学德本来做好准备留校过寒假，借机会多读一些书。可是没想到，"匪区津贴"名义上是为了同共产党争夺青年，学校当局却只是登记上报寒假留校人数，从中领取一笔费用，然后就不管了。于是，领到津贴的同学纷纷回家。人走得差不多了，图书馆便关门了，校役离开，报纸停送，包饭的也打了退堂鼓。没办法，张学德也只能回家了。

33　土红军

　　以前的宕岔在学德眼里是很大的村庄，财主家的窑院高大气派。这次回来乍一看，宕岔变小了，村道坎坷不平，人们居住得零零散散，连财主的窑院也矮得不起眼。只有群山依然高大，沟峦仍旧深邃。冬季闲逸，河面闪烁着坚冰的寒光，惨惨淡淡不见人走动，仿佛都进入了冬眠。

　　学德家的窑院静悄悄，只有小榆树被寒风吹得呜呜响。坡道上，院子里，一脚下去，浮土没上脚面。门虚掩着，张子招夫妇坐在炕头上打盹。听到响声，一抬头，看见学德进来。他俩恍如从冥冥幻境回到了阳界，皱纹纵横的脸上顿时焕发出惊喜，同时伸出手来拉住他，生怕一把不拉住，他又走了。

　　"快，快去，把你媳妇接回来。"听学德说过了春节后才走，母亲迫不及待地说，"张老爹要送来，听说你不回来人家不送了，今格晚了，明格就去，接回来多住几天。"

　　"不。"学德跳下炕说，"叫她回来我就走。"

　　两位老人愣住，愤然作色。"啊？你说啥，你变心啦？"

　　"当初我不要，你们硬逼，为了让你们歇心，我支应了差事，以后的该由我们做主呀。"

　　"由你？我们还没合住眼哩！"张子招喘口气坚决地说，"人家哪打配不上你？你不能叫我们多活几天吗？！"他气得说不出话来。

　　"由你，你要怎？无凭无故的。"母亲追问。

　　"我连守家奉养老人都办不到，哪顾得了她呢？不如趁早让人家另寻改嫁。"

　　"唉哟哟，我的小祖宗！"母亲气得嘴唇哆嗦，"人家端端正正的好娃娃，通情达理，人样，针线，家务，吃苦受罪不嫌，咱倒嫌弃人家啦？"

188

"人家就一个女儿,找一个守家过日子的,何苦硬要人家跟着我受罪嘛!"

"嗯,你说啥?"张子招胡子愤愤抖动,"念几天洋书,不知你是谁啦?!"

"他爹,慢慢说嘛,他刚进家。"母亲拽住恼怒的张子招。

学德尽量地缓和口气:"咱家一会红一会黑,你们年纪大了,把自己招呼好够难了,多一个人你们又多操一份心。若她家愿意,她在娘家躲避几年,等我中学毕了业,看世事如何再说,这该行了吧?"

"唉,多会儿合住眼哟!"张子招长叹一声,如果再硬逼,恐怕小儿子离开他们,暂时放下不提了。

学德脱去草绿色童子军服,解开绑腿,换上家里干活时的破棉袄,开始清理院落。背炭劈柴火,尽最大可能承担父亲身上的重活。几天之后破窑院又恢复了生机。他怀着童年的情感去寻找当年的同学,一块干活的同伴和一同玩大的朋友。但他们差不多都做了父亲,承担着生活的重担。本来还是少年,可都已经老气横秋,额头上条条皱纹,膝盖突出伸不直腿,弯腰弓背,腰间插根旱烟袋,头上扎块污垢的毛巾。见面苦笑笑,没话,不说什么,也不问什么。小媳妇们警惕地盯着她们的男人,怕中了"洋学生"的邪,还没说啥便被呼唤回去了。

学德到刘汉玉的杂货铺去买东西。过去根本不屑瞧他一眼的刘汉玉,笑容满面地叫他进账房坐下来,问:"你怎能上了榆中?"言外之意是你一个穷小子怎么上得了榆中?

"碰上的。"学德轻描淡写地说。

"见过金大人吗?"刘汉玉小心翼翼地问。

"一星期最少见一次,他儿子是我同班同学,我还见了张学良呢。"学德知道他崇尚权势,故意镇他一下。刘汉玉果然羡慕,啧啧啧地赞叹,还要拉学德下象棋,这是抬举学德和他平起平坐的意思。

在纷纷扬扬中,春节又到了。不管天下怎么乱,世事怎么变,这个年节还是要过的。虽然民国政府要"废除旧历,禁过旧年",蒋介石亲自下令"不许过春节",村里几次敲锣传话,过年不许贴对联,不许放鞭炮,更不许闹秧歌。但是到了除夕这一天,家家依然贴对联,三十晚上又都拢起火塔，挂出灯笼，噼噼啪啪放鞭炮。现在红军的气势震撼大西北，东北军西北军同红军交火屡战屡败，草地一带的土匪头子杨小猴也拉起大杆子。宕岔几户财主的气势也弱了，对村民不敢太嚣张，这不许那不许，事到临头也都许了，在老传统面前屈服了。

学德看着此消彼长的形势，对父母说："我估摸着，我哥过年这几天可能回来。咱们多准备点吃食，地窨子打扫开。"

"不会吧？你嫂子和娃都去了。"张子招不太相信。

"他能回来，我梦见啦！"母亲算卦般地切着指节，"等他回来，多嘱咐他几句。老佛爷保佑，别叫人看见。阿弥陀佛，我想哦！"

除夕之夜，三炷香过后，火塔照红了宕岔，四野显得更加漆黑。狗入窝，鸡上架，各家都守在家里熬新年。张子招家窑后的坡道上传来脚步响。脚步虽轻，却震动了窑院，惊醒了困盹中的家人。院里的火塔刚加了几块炭，冒起一股黑烟，伏在墙根下的两个人，猫着腰，乘黑烟起时，跃过矮墙，闪进家，几家狗儿平淡地猗猗几声，山庄又沉浸在平静中。

栓柱带着一个红军回来了。学德第一次看到红军，不敢说话，悄悄地观察。他俩盘坐在炕当中，油灯下映出两张紫棠色的脸。都戴着蓬大的狗皮帽，蓝布棉袄，外穿老羊皮小皮袄，敞开怀，都束根蓝布腰带。栓柱腰间别支独角牛，长马刀搁在一旁。两人的岁数不差上下，那人虎招招的，腰里别了四五颗手榴弹，腿上横搁一把鬼头刀。都穿双鼻梁山岗子鞋，还缀上白布带将鞋脚束紧，将一颗炸弹拿在手里玩弄。

"咿呀！怪吓人的，小心弄响了。"三婶向后移移身子，"这东西可不是闹着玩的。"

"嗨嗨，没事儿。"那愣后生满不介意，"哨啷"将手榴弹丢在炕上，又抓起鬼头刀摆弄，看样子是个啥都不怕的。

母亲一边捅火做饭，一边不停地问儿媳妇和小孙子咋样，用慈祥的目光端详着儿子的眼窝，鼻沟，唇角，皱纹，手指甲以及一切细微处。张子招偶然问几句无关紧要的话："红军里最要紧的规矩是些啥？""到底有多少人马？""怎叫赤化？""红军信奉哪路神仙？""能成正果吗？""能得江山吗？"栓柱敷衍着答应着，看样子不想让家里知道太多。他叉开话打听村里的情形,从怀里掏出几张油印小报给学德看。

此刻坐在炕上那个土红军摸着马刀得意地说:"我这刀上有四道血影。"又指栓柱的马刀,"他的刀口上也有。头一刀是白军的,还有龙崖两个红枪会的。"他称赞栓柱,"他的刀法可利落呢!嚓!嚓!一刀一个。"他举起刀比画了两下子。

"哎哟,栓柱!"母亲吃惊地望着儿子,"阿弥陀佛,这种事可不是咱干的哟!活灵灵的人怎能下得手哟!"

"嗨嗨,革命还讲那个?"土红军满不在乎,"狗肉烧酒,碰上啥吃啥,杀几个坏东西算个啥?"

"真的?"张子招疑惑地问栓柱,"龙崖的红枪会,你不是都认得吗?穷人家不是都红了嘛!"

"变啦。"栓柱说,"替地主守塞子,死不投降。赶到仗口上,刀对刀,不下手那就叫他们杀啦。咳,不说这个了。吃斋念佛,哼,好人没法活,不能讲迷信啦。听,听……"

突然,从坡下传来脚步声,栓柱屏住气仔细谛听。

"我去,给他一颗炸弹。"土红军操起鬼头刀,握住手榴弹要跳出去。

"等等。"栓柱制止住。三婶的手颤抖着央求:"使不得哟,使不得哟,进地窨子躲躲吧。"

从坡下的声音推断出是有人到井上挑水,新年开始的第一担水叫"福如东海长流水",有人家会抢早来。

栓柱同土红军狼吞虎咽地吃饭,看来是饿了也馋了。土红军大口吃着饭,不时瞥一眼穿着学生服装的学德。母亲心慌起来,叫学德去睡觉。栓柱将土红军送进地窨子安置好,再出来敞开怀给父母诉说他进入苏区后的情形。

除夕夜,"一夜连双岁,五更分两年"。两个老人既担心又高兴。担心的是生怕突然扑来搜捕的人。坡下走过的,庙岭上下的仿佛都斜眉斜眼地窥视他家,快走几步的,喊几声什么的,都惊得心跳。还怕那个冒冒失失的土红军,按不住跳出来闯祸。高兴的是又见到栓柱,而且儿媳妇过上了有吃有穿的日子,小孙子也呀呀学话了。母亲高兴地说:"阿弥陀佛,保佑娃娃们平安无事就好。"

191

第二天，正月初一后半夜，母亲给儿媳和小孙儿包好一些过年的吃食。栓柱扎裹好行装，趴下给二位老人磕头，那个鲁莽而耿直的土红军也跟着磕头。临走时，栓柱叫土红军到院外听听动静。乘这空儿，他告诉父母，这几天夜里听到什么动静，千万不要出门。叫学德尽快离开家，破五就走。他望望父母和熟睡中的弟弟，长吁口气，眷恋不舍地离开，没入沉沉夜色中。

学德仔细看过栓柱给他的那两张油印小报："白军挑着我们同志的两颗人头从石窝湾经过，为什么不出兵消灭，右倾到了什么程度？""为什么不打蕲山，不打武镇，不打榆林？""肃反太右倾……""除奸太保守……""要清除混进革命队伍的敌人，清除托派分子，AB团分子，地主富农分子，异己分子，特务分子，动摇分子，戴着假面具的知识分子。""反对逃跑主义""调和主义""个人主义""游击主义""武装保卫苏维埃"……一连串的名词让他迷惑不解。本来学德对红军，对共产主义，对于哥哥投身的那个世界充满了幻想。但是他发现，哥哥当了红军，好像比红枪会厉害不了多少，也没有什么平乱治世的秘诀。那个土红军不过是个十足的愣小子，更没什么神奇。张子招夫妇也是满怀狐疑，坐在炕头上揣测儿子参加的那个红军。

"那后生就是个二杆子。"张子招轻蔑地说，"太野啦，领上这号人要吃亏的，冒冒失失地，还要把小放硬拉上走哩。"

"什么？"学德十分惊讶，"他能拉走我？"

"说得怪吓人的。"母亲说，"要把炸弹绑在你身上，拽出拉火线，不走就拉响，你哥哥没给他好脸，他再没敢提。"

"蠢人出损招，这家伙！他是保护我哥还是监视的？"学德有点担心。

"都不像，你哥也没说。不过……"张子招思量片刻，"你哥在那人面前不愿说红军里的事，你绕着弯说的话，那后生呆头呆脑的没听出啥来。"

"柱儿瘦啦。"母亲怜惜地说，"眉头上多了两道皱纹，说话中间吁短气。什么世道，硬把娃逼上这条路啊！"

"穷人只有这条路了。"张子招宽解地说，"在那边不受气，好歹吃得上，穿得上，有个好名声。要说难，哪里没有难处？"

"我怕他走远了，这个家总得回呀，担惊受怕地，多会儿是个头哟。"三婶又撩起衣襟拭眼睛。

"好马不备二鞍。"张子招坚毅地说，"既然走上了那条路，只有一心一意的走到底。"

"唉哟，你的心肠硬哟！"

"不硬不行了，拉拉扯扯是害他哩！"

"对，我爹说的对。"学德插上说，"要把世道变过来，不豁出去不行。"

"恐怕这些天有什么行动。"张子招回味栓柱临走时的嘱咐，"你哥话里有话，放儿早点走吧，城里有吃处有住处就别管我们了。"

"走吧，娘的眼皮跳，再有个三长两短的，娘可受不住啦。"母亲摸抚着学德的头发，呢喃着，"老佛爷保佑，就指望你了。"

这个新年政府不让闹秧歌，初一早晨一阵鞭炮后，再没多少动静了。宕岔那几个头面人物，初一早上，天还不亮列庙上磕头烧香绕了一趟，再不露面。人们捱过初六，便干起了营生。学德换上学生服又变成洋学生，带着二位老人的千叮咛万嘱咐，带着"就指望你了"的企盼，离开了宕岔。

193

34　私下退婚

　　学德一出门就违背了父母的期望，决定去渔河堡岳父张老爹家说清楚。乡下人怕娃上洋学堂"中邪"，其中一邪就是"休妻""逃婚"。这是因为反抗包办婚姻在青年学生中非常时髦，只要是父母包办，就不服从，就要斗争，这是接受"新思想"的起码标志。别说学德这样结婚几天的夫妻，就是儿女满堂的老婆也说不要就不要的。学德想，既然决定抗婚，越早说越好，让人家姑娘早找出路。他先落脚在二叔张子荣家。学德喜欢这个二叔。虽然他手段残忍，有时候也很无赖，但他胆略过人，机变超群，智谋奇妙，口才流利，只是没机会出人头地，争小利而为害群小，留下了恶迹恶名。

　　正月初八，他来到岳父家的小院坊。知道她家的小白狗厉害，手里抓块石头防备着，在院前的柴门口上问："老爹在家吗？"这既是向院里的人打招呼，也是把小白狗引出来，防它突然袭击。

　　"谁呀？"家门半掀开，一个女孩探出头。她乌黑的头发，梳理得利整，大眼睛，脸儿俊俏，面色红润，小鼻子，小嘴唇，定神打量一眼穿着草绿色军服的不速之客。只仅一瞬间，她脸一红，急忙缩头跑回屋。

　　显然小白狗不在院子里，学德壮大了胆，推开荆条栅栏门。

　　"谁呀？"老奶奶随着开门的"吱呦"声迎出来。"你，你是，哎呀，快，快进来！"麻子脸老奶奶打了个愣怔，恍然认出来了，满脸笑开了花。老奶奶手忙脚乱将他让进家门。自去年这个时候新婚回拜，他们家只知道学德去了响水寨，进了城，一直没见过他的面。

　　张老爹在炕头上让出一片接待上客的地方："坐，坐，快上来坐。打哪来？快生火做饭呀！"

　　学德合掌作揖给二老拜晚年，他按乡俗做出下跪磕头的姿势。

　　"免，免啦。"老奶奶将他拦起。

他在炕边上略略坐定。两位老人满心喜悦又满腹狐疑。一年前他说"如果前世有缘，将来终会成为真正夫妻的"，当时老爹没在意。可是一年多了，学德不上门，老爹就有了猜疑，开始回味这句话的隐意。问女儿是好还是歹，啥都说不出来。现在他不是从前的乡下娃娃，而是县城里的洋学生啦，是不是有什么变化？

　　"我家的事，二位老人是知道的。"学德语气尽量缓和，"说不定什么时候出事。我也不是守家在地的人，连自己还顾不过来呢，二老就一个女儿，怎忍心叫她受罪？"

　　"嫁鸡随鸡，嫁狗随狗，我们不嫌弃。"老爹毫不迟疑地说，"谁家都是这样的，那，那你说还能怎？"

　　"早点另外找个婆家，安安稳稳地过日子。"学德大胆地说出来。

　　"你这后生！"张老爹磕掉烟，气呼呼地睁大眼睛，"念了几天洋书就野啦？我家闺女哪打配不上你？"

　　"不是配不上我。"学德抹把头上的汗，"你老想想我家的处境，一会抄家，一会陪桩，一会红，一会黑，危险哪！我能在家待住吗？以后我说不定漂泊到什么地方，你们女儿叫她靠谁啊？"

　　小房那厢，隔着窗纸听到女孩的啜泣声。老奶奶急忙过去，女孩反而更剧烈地抽泣起来，听见老奶奶压低声音严厉训斥，啜泣变成了抽咽。老奶奶心疼难忍，撩起衣襟擦泪转出来。

　　"唉，我说小放呀，我家哪打对不住你哟！大年时节的找上门来，叫我们怎过哟！"

　　"老爹爹，老奶奶。"学德连连作揖，"老人家别多心，我是一片好意，求求你老人家们替我们年轻人想想啊！"

　　"你就不能替我们想想吗？"张老爹嘴唇哆嗦，双手颤抖握着烟袋，"你娃娃不解老人的心意啊，这兵荒马乱的，你们不和睦，娃放在我家，我们怎能合住眼，要是出个三长两短的，我怎交代？我们还能活几天嘛！"

　　后屋里女孩的哭泣一直没停，此刻又禁不住呜咽起来，老奶奶又转进小屋。学德趴下给老爹磕了几个头，跳下炕就走，老爹腰腿不灵便，探出手来没抓住。

"等一等，等一等，还有话……"老奶奶追到柴门口，学德已经远去了。

学德鼓起勇气对岳父说出想说的话，却发现心里并不痛快。对方是一个活生生的小姑娘，她又有什么错？虽然和封建传统决裂是"正义"之举，废除包办婚姻也是大势所趋，但是在这个破旧迎新的过程中，被时代抛弃的人却是无辜的。

学德在渔河堡还有一家姑舅亲的兄嫂。这家人会织口袋，擀毛毡，烧砖瓦，也种田，家境小康，宽厚通达，待人热情，同张老爹家交往甚密。他们对待学德像亲弟弟。学德想请他们代为解释一下。

兄嫂看到他甚为稀罕："这时候来做啥？"

学德说了在张老爹家的事，想请他们和张家再说一下。嫂子撇下手中的针线活，生气地说："瞎胡闹！人家哪打配不上？人家不嫌你家就够好啦，你还挑拣啥？叫人家怎过嘛！"

"我绝不是嫌弃人家，他们一家善良，没有配不上对不住我的。只是我的家的情况。"学德不提包办婚姻，只是设身处地为对方考虑，"我没办法待在家里。中学毕业后我肯定要出去闯荡，我连爹娘都顾不上，怎么顾得上她呢？"

老嫂想了想，问："你不会带上她？"

"我怎带？她能走？我自身难保，万一把她丢在外头，那不毁了她？"

"把人家女孩夹在中间怎受得了！"嫂子不知道说什么好，不论学德要她还是不要她，女孩的处境都难。

"守住婆姨过日子你不愿，也不能。另找婆家。两家老人决不肯。"兄长左右为难，"休了人家，咱乡里还没这么做的呢。城里人讲自由对象，同乡下的老章法对不上，这样吧，我替你疏通疏通，先不叫老人着急上火，看看再说吧。"

正在说话的时候，忽然听到街外人声鼎沸，满街都在议论。兄长出去一打听，原来昨夜红军进了宕岔，抢走了客店骆驼帮的布匹，打死一个商人，牵走刘汉玉家两头骡子，砸开门面驮走了几捆布，看样子是专来抢布匹的，还说宕岔那几个当红军的都在里头。

"那，那几个红军家还不发了财？""那还用说嘛。""听说是张子招的大小子领着来的。""有人看见栓柱领着几个人，往家里扛进去几个大包袱。"渔河堡很多人都认识张子招，知道栓柱当了红军，一说就给联系上了。

兄长赶紧回来，紧张地对学德说："不好，红军昨夜到了宕岔，又把你家连上啦。兄弟，你快走吧，看样子你这个家确实守不住。我和张老爹说说，他能明白。"

这时，城堡北头有军号响起来。人们纷纷散走。不一会，一连士兵肩上扛着大枪，踏着步穿街而过，刺刀闪光，器械碰击，背上斜插着鬼头刀，刀柄上的红布挽手来回摆动。接着又一连队伍接踵而过。队伍喊着号子，跨出南关时又吹了一次军号。这时从北关那头，出现了几个骑马的军官。武装带，帽徽，铜镫闪耀寒光。他们扬鞭策马疾驰而来，马蹄踏得石子飞蹦尘土翻扬，带着一股风向无定河西杀去。

昨夜，云遮住了斜月。入定时分，突然一犬起吠，全村的狗儿紧跟着狂叫成一片。接着，从后沟涌上来数不清的红军，从后山上，从进村的各条小道上，压沟压坡价拥进宕岔。看不清有多少人马，像山洪似的淹没了南北庄。这时，所有的狗儿都哑然消声，在惊慌中各家窗户上都有窥视的眼睛。

山坡上，村道上人影飞动，脚步声震沟岔。那厢火把缭绕，不知在喊什么，但没有说话的，听见破裂的砸门声，不一会东岔口外，党家滩那厢响了一枪。这些人头上都围块白手巾，忽而走了，忽儿又返回来，不知要做什么。

张子招夫妇想起栓柱临走时说的话，一声不响地守在门后。突然，从门缝传来一个熟悉的压低的声音："大，娘，我们来啦。不要怕，别开门就没事。"

"哎呀！快走，快走！"母亲隔着门万分焦急，"家家都在窗户上瞅着，千万别伤害村里的人。"

门外的身影一闪，熟悉的脚步跨出院子，加入飞动的人影中。不过一顿饭的工夫，沟岔里成群结队的人，夹杂着骡驮子，踏得石子暴响，折进后沟。又过了一会儿，龙王庙岭，关帝庙畔上哨子响，各处要紧路口响起了回应，一队一队拿刀矛或拿枪的人，从几条通向后山的路上撤走。这时，狗儿又此起彼伏地壮着胆吠了起来，山村平息下来。人们躲在家里不敢出去，直到天大亮，才走出门来打听昨夜发生的事。

南庄同盛昌的铺子被砸开，拉走刘汉玉家的两头骡子，驮走四捆布，一口袋食盐，别的没动。党家滩骡马店大门口打死一个商人，店家说这人是山西过来贩大烟的，带着一头骡子驮两包羊绒，其实里边藏着大烟，店里还歇着一大帮运送布匹的驼队，大概红军就是为这些布匹来的。而贩大烟的以为是冲他来的，一出大门便碰上，被一枪放倒了。布匹，大烟，骡子全卷走了。红军来时还带着牲口，都驮得满登登地走了。

正在宕岔人们在院畔上议论纷纷。关帝庙畔上发出警号，有人喊："兵来啦！兵来啦！"眼看着无定河冻厚了的坚冰上，黑压压的一片大兵们往河这边开来。人们又都躲回了家。

35　收编土匪

　　1936年，红军东渡黄河北上抗日，让金岳缓了口气。可是，草原地区的土匪杨小猴越闹越大，卷起三千多人的大杆子。几次派人去招降，杨小猴狮子大开口，一要成立独立旅，不放枪杆子，二要将那一片草原划给他。68师粮饷的一半来自那片肥沃的草原，哪能让呢？双方谈不成，杨小猴索性自封司令了。

　　这股土匪像一群蝗虫，所过之处洗劫一空。杨小猴名声远扬，绥远和宁夏都有土匪跑来入伙。有一个叫师老鹞的惯匪，常年在甘宁绥一带活动。官兵为了追堵红军调动军队，使他活动不开，于是也带着他的一伙人来投奔杨小猴。他这股惯匪，一人两匹马，三杆枪：马枪，盒子枪，大烟枪。别看这伙人烟瘾入骨，却都是不怕死的亡命徒，百发百中的射杀手。打枪不用瞄准，夜间凭借对方枪口的火光，将子弹打过去一枪毙命。师老鹞的两把驳壳枪更是了得，在疾驰的马背上，左右开弓，弹不虚发。师老鹞领着他的生死弟兄来投杨司令。杨小猴喜出望外，封师老鹞为副司令，更不把金岳放在眼里。

　　金岳对土匪历来都是"宽大为怀"，因为他的很多骁勇善战的官兵就是从土匪收编过来的。他派出一个步兵营去围困杨小猴，想迫使他归顺。初冬之际，这个营越过长城，在沙漠上走了几天，队伍拉开十多里长，沙路松软，走一步倒回半步，走到日已西下才望见了防地。营长骑马走在队伍的中间，突然发现从一侧沙窝里冒出大队土匪骑兵。营长大叫"卧倒！射击！"一时队伍乱了营，还没来得及解下步枪，骑兵群就横扫过来，卷起冲天沙尘，这群土匪，不成队形，也不开枪，如同狂风，飞沙走石，马嘶人叫，一扫而过。所幸的是土匪没开枪，只有几个来不及脱身的士兵被土匪马蹄踩成碎片，沙场上留下散乱的残肢断臂，团团血肉。

　　土匪马不停蹄，呼号着向榆林城冲去。金大人接到紧急飞报，说杨小猴带着大群骑兵奔袭榆林城，他赶紧命令紧闭城门准备应战，命令各处驻军固守防线，不得轻举妄动。

群匪并没有攻打榆林城，而是从城西掠过，冲进渔河堡。老百姓一窝蜂地各自逃生，跑到东沙湾里避难。匪兵漫山遍野追来，女人们裹住头，蒙住脸，在马蹄下翻滚。战马张开嘴喷吐着热气，从人头上跃过。匪兵斜跨马背，探出手掠包袱，抓女人。这一夜渔河堡狼烟突起，火光冲天，陷入恐怖之中。

匪兵在渔河堡劈开门板，烧火做饭，将整只猪羊扔进火里烧烤。马不解鞍，人不脱衣，躺在各家的炕上抽大烟，奸淫，抢掠，纵情践踏。第二天，天刚麻麻亮，土匪一齐上马冲向榆林城。军队伏在工事里开枪，子弹在空中呼啸飞过。匪兵不理不睬，直到逼近射程以内，举起马枪，一排子弹打得射击孔迸溅火星，工事里的枪声哑巴了，把官兵吓得目瞪口呆。这是师老鹞带着他的那股人实施远距离突击，携掠过冬的布匹，衣被，也给金岳一点颜色看。

"娘卖屁！"金岳发怒了，命令左团长，"带上你的全团人马，再拨给一个机枪连，限你两个月内消灭杨小猴！"

左团长黄埔军校毕业，有勇有谋，知道这帮土匪以短枪为主，是亡命之徒也是乌合之众。他带领大队人马首先占领草原的中心村镇，将土匪驱赶到没有依托的旷野里。然后分割围堵，轻重机枪咯咯响，像炒豆子似的将匪群赶过去，又迎头堵回来。这个冬天，天气格外寒冷，大雪封地，朔风凛冽。几个回合下来，打得土匪饥寒交迫，三千多人的大杆子，死的死，散的散，只剩下八九百人。眼看着草地立不住了，杨小猴决计乘黄河封冻冲出去，到绥远一带避风头。他将各部头领召集起来计议，还没等他把话说完，师老鹞一枪将他击毙。师老鹞的兄弟们从四下高喊：不许动！听副司令的！师老鹞枪口指着呆若木鸡的土匪头们："弟兄们，天寒地冻往哪里走哇？到处是左团长的部队，四处都布下了咯咯枪(机关枪)，再跟着杨小猴闹下去，弟兄们没好下场。金师长答应将我们编为独立团，开进榆林城里，稳稳当当地吃粮领饷。"

说话间，一队装配精良的官兵策马而至。一个挂武装带的少校军官立马拱手："我奉金师长命令向诸位宣布，从今天起你们就是68师的官兵，原地待命，休整几天后，全部开进榆林城去正式换装。"

"诸位，这位是郭团副。"师老鹞向众匪介绍，众头领一看木已成舟，也乐得过安稳日子。这时候，有老乡送过来粮草，牛羊和烧酒。

"这点东西权解急需，都是弟兄们嘛！"他拱拱手，调转马头，脚后踢几下马肚子，一阵风朝附近的兵营中去了。

春节刚过，榆林城里城外各个要紧部位都布置了兵力。人们知道杨小猴的人马被收编要进城了。各商号慌慌乱乱收藏起值钱的货物，门面紧闭不营业了。而街上摆小摊的却遍地开花增加了不少。

正月十二，一股一股不成队形土匪从南门奔来，有的骑一匹马，有的骑一匹带一匹，都没鞍镫，马背上驮驮挂挂的东西拿布带子捆绑住。土匪穿什么的都有，落尘满面，眼冒贼光。瞧见卖熟食的小摊，猛地勒住马，掏出一把票子，一条腿跨在马背上，扔下纸币，抓起吃食，放马奔驰。有的扔下票子没抓走东西。有的抓走了东西没扔下票子。满街尘土飞扬。用了大半天时间，土匪才过完。

正月十四，早饭过后，城门紧闭。轻重机枪架上制高点，小炮抬上城门楼。部队荷枪实弹穿插调动，叱喝着制止人们走动。学德听说，土匪要在西城内的校场里接受训话，就抢先跑近校场观看。他随着七八个人，立在校场最近的一段残墙下，露出大半截身子，一览无余地望着校场。校场西边直达城墙下，南边是棱畔相间的菜园子。只见身后东侧小巷，城楼上，屋脊后，处处都有大兵的身影，不时地有人喊口令。突然一阵骚动，大兵过来驱散看热闹的人。张学德穿着草绿色童子军服，不军不民，大兵没有管他，把其他人赶走，只剩下他一个人。学德瞅见身后十来步远的那段土棱下伸出一排上了刺刀的枪口，帽檐下的眼睛正好瞄准他站着的正前方。几处屋脊上伸出机枪筒，屋脊下潜伏着士兵，时而探出头朝校场望望。他看出来气氛紧张，想走也来不及了，只好蹲下来，心想：训话为啥还摆下这阵势？

校场东北角，一幢砖瓦房，院墙几处打开射击孔，伸出几挺轻机枪。墙角高土丘上的散兵坑，出现了十几个端着冲锋枪的大兵。一个尉官军衔的军官，手提二十响快慢机，身旁有一个号兵，忽然在土丘上插起一面黄绿两色令旗，旗角触到地面。军号响了。昂长而尖利的号声一停，仿佛全城都停止了呼吸。这时一队接一队的土匪从东北角两条胡同出来，一进入校场便按照命令朝指定的方向跑步就位。骑惯了马的匪兵，跑步摆头晃尾，步伐错乱。马枪，步枪长短不一，有的挂在左肩，有的在右肩，东倒西歪地排好队，头领们挂着短枪跟在各队的一旁。匪兵全部进入校场后，又吹了几声军号，方才那两条胡同立即被封闭起来。

师老鹞费了好大劲才将他的人马排成几个横列方队，方队之间隔开十来步间距，前后排两三步距离。八百多人的队伍占据了大半个广场。喊过稍息后，头领们，匪兵们四下观望，看到四处的瞄准他们的枪炮，仿佛霜打的谷子，蔫了。

突然号声响起，全场立正，肃静无声。随着一阵脚步声，从东侧小胡同出来几十个端冲锋枪，持驳壳枪的士兵，护卫着左团长大步流星来到铺了大红布的大方桌前。

"请你们的长官前来说话。"左团长的声音不高，但在屏息的死静中却听得清晰。师老鹞招一下手，各部首领来到方桌前。左团长不容置疑地说："请弟兄们就地放下武器，听候改编，立即执行。"说毕转身，带着士兵快步离开。

丢下枪就等于交出了命，匪首们面面相觑，都瞅着师老鹞。师老鹞看了看周围的枪口，长吁口气，将两把盒子枪搁在方桌上。头领们回到各自的队首，将命令传下去。师老鹞抓起盒子枪，狠狠摔在地上，各队首领跟着将手枪扔在地上，于是匪兵统统将大枪和子弹摔在脚下，枪支弹药相互碰撞一阵暴响。

有军官在高处发出口令，"各队注意，转身向北，向前十步走。"

匪兵向前跨过去，枪支子弹留在身后。脚步刚停，一队队士兵冲上来。刺刀尖指住每个匪兵的腰背，喝令"举起手，不许动！"他们对匪兵逐个搜身，把暗藏的武器都搜出来。然后一队一队解除了武装的匪兵，被押出校场。

又响起军号。四处响起互相呼应的联络号，部队从埋伏处站起来，重机枪，大炮从城楼上抬下来，各处部队踏着胜利的步伐，喊着号子，唱着军歌返回营地。

　　那些匪兵回到住处一看，马匹和个人细软都被一扫而空。师老鹧给挂了个副官虚衔，其他匪兵被分散地花插到各个部队里，由此，土匪摇身一变成了官兵。

36　走马换将

　　战局缓和，土匪收编，榆林的生活恢复了正常。寒假结束，榆林中学又开学了。返校的教师和学生以及报纸杂志，将各样新闻，趣事，新思潮，流行语言汇集到学校来。开学后的第一个纪念周，金岳踌躇满志地登上讲台。他现在已晋升为中将师长，戴上水晶石眼镜，黄呢军装上军衔金章闪闪发光，腰上的武装带配上"军人魂"短剑。寒假前尚在女学生队伍里的金小姐，这会儿却站在金大人太太的行列里，屁股后头跟着两个马弁。她学生装还没改换，长发遮住半面脸，避开过去同学们的目光。金岳行礼如仪朗读总理遗嘱，然后大讲蒋委员长的新生活运动，要求"所有的国民个个人都过整洁朴素一切能合乎礼义廉耻的新生活"。

　　不知道金岳自己的生活是不是"合乎礼义廉耻"。据说他有九个姨太太。相者言，他是天狼星下凡，应有九女星相伴。他不信邪，曾经几次打破了这个命运的限定。说也奇怪，只要超出九个，必定有病死的，不称心贬出去的，同马弁私通拉出枪毙的，没多久又降到九个。所以只要超过九个，姨太太们就人人自危，不知小鬼又要牵走谁？折腾几次以后，他终于屈服，自认天命如此，只在九个的定数内做调整。肥的，瘦的，高的，矮的，小脚的，大脚的，封闭型的，开放型的，村姑式的……但一直还没有一个女学生式的，现在娶了金小姐，算是完满了。可是谁都没想到，姨太太这边完美了，他的阳寿却到头了。

　　那天，星期一。同学们正在等着吹集合号，去参加纪念周，

　　"当，当……"上课的钟声响起来。同学们觉得奇怪，今天怎么改成敲钟了？就听训育主任大声喊："上课啦，纪念周不开啦了！"

　　同学们猜测肯定是出了大事情。大家很快发现，金岳的儿子没来，师部的那几个子弟都没来，一定是军队里出事了。

　　官方后来公布，那天晚上，金岳的枪走火，把自己打死了。这无

疑是对死因最好的解释，即符合他戎马一生的身份，也不会祸及他人。但是在传说中却有包括谋杀在内的各种版本。老百姓中比较流行的说法是，他那夜抽着大烟，正在和几个姨太太亲热时手枪意外走火。人们说，他这一生摆弄三杆枪：手枪，烟枪，驴儿枪。这一夜正是这三枪连发要了他的命。

他在陕北独霸一方，现在猝然撒了手，一切都乱了套。还好，那个纪念周上喊口令的副师长是个稳当人，把他的后事安排得井井有条，严令各部队加强戒备严守防地不得出动。很快稳定了局势。没几天，新任命的师长高成山带着一连骑兵走马上任，接替了金岳的位置。

榆林城又恢复了秩序。午炮照样三响，钟鼓楼按时撞钟。二更炮过后，依然铜锣穿街，开始宵禁。只是纪念周中断了两个月，有一种朝政衰落的景象。

学校高中班的军训却更加严酷。早晨四点半吹响起床号，学生急忙穿衣戴帽，五分钟到达操场集合。德国式教规，两手中指紧贴裤线，正步走，长时间走慢步。哪个学生不认真，教官的长筒皮鞋就猛不防一脚踩到小腿上，把人踩得跪倒。再不老实，拳头在胸膛上捶得砰砰响。一场操练下来，一个个腰酸腿疼头晕目眩。每顿饭前，必按口令立正，喊开动才能开始，必须十分钟内吃完，时间一到便吹哨子集合。军训的要旨就是服从。叫你开步走，走到河边不喊立定，就必须走过去。遇到深沟也不得犹豫，美其名曰精神训练。

学生中多有公子少爷，哪里吃得这个苦？一个个怨气冲天。高中生李廷富，是富豪的独生子，他家拥有私家民团，自然不必舞刀弄枪，在军训中精神不太集中。教官训话时提到蒋委员长，按规矩必须立正，他却走神忘记了。教官叫他出列，上前就给了几拳头，命令立正一旁。下操后押进防空洞，锁住铁栅栏门，说是关他禁闭。这下惹怒学生，围住洞口不散。教官大喝一声"立正！"学生们下意识全部立正，一时鸦雀无声。教官又大喊一声"向后转！"这一声却没有作用，同学们哄喊骚动起来，要求立刻放人，把教官团团围住。"目无军纪，严惩不贷！"教官破嗓儿吼叫，学生们不散，而且越聚越多。

"未开言，不由我，把牙根咬恨，骂一声，狗教官，你卖国的杂种……"李廷富在防空洞里唱起了秦腔段子。

校长赶来和几个教员把教官救出重围,打开防空洞让李廷富出来。他却不出,宣布绝食抗议,要求教官赔礼道歉,废除禁闭,今后不准打骂学生。他的要求获得高中同学的支持,宣布罢课,在防空洞前静坐,绝食抗议。消息传出去,职中和女校的学生一致响应,派代表前来支援慰问。

这下事情闹大了。校方、县党部,师部政训处紧急出动协商。不到半天时间,宣布教官辞职,答应了学生的全部要求。李廷富这才走出禁闭室,在一片沸腾的欢呼声,被男女同学们当成英雄,簇拥着回宿舍去了。

新师长高成山虽是行伍出身,但兴趣广泛。他喜欢秦腔,组织了一个戏班子,他的马弁里就有几个面貌姣好能登台唱旦的。他还爱看足球,组成个足球队放在特务连。也许是看他的面子,足球队踢遍全师没对手,就来和榆中足球队比赛。学生们争强好胜球技也好,他的足球队场场输。有一次他亲临赛场观阵,眼看着球队败得惨不忍睹,便命令队员跪在炎日下,头顶水碗,不给饭吃。他手执皮鞭边抽打边骂:"驴日的!踢不过学生娃娃,算啥当兵的?!"

他的球队发了狠,一上场连球带人一起踢。学生队妙用技巧,东闪西挪,大兵一个一个地扑空摔倒。最后没奈何了,他们来找榆中的足球队长张玉彬,央求学生行行好,给让点球。以后榆中和他们比赛,点到为止。只要高成山观战,就让他们赢上一两分。师长高兴了,给球员们加薪,改善伙食,由此两个球队成了朋友。

不久,纪念周恢复了。高成山第一次在各界人士聚集的场合露面。他不识字,向总理遗像行过军礼后,俯首躬立,由参谋长替他朗诵总理遗嘱。他面对这么多的党政军人和男女学生,看上去有些紧张地说:"刘匪志丹,在三交镇被击毙,陕北匪首谢子长,刘志丹先后毙命,是陕北的大幸。蒋委员长!"听他提到委员长,全场"啪!"的一个立正,"已将共匪围困在狭小地区,全歼指日可待!"说完,行了个军礼,转身带上马弁走了。

张学德的哥哥就是一个"共匪",听到"全歼指日可待",心里发慌。

他想和"左倾"的同学王郭斌找共产党求证这些消息的真伪。可是不知道谁是共产党。他俩推测清华大学来的数学老师唐一风可能是,可是唐老师并没有给他们明确的答复。教员中,同学中,究竟谁是共产党呢?有些人公开主张抗日救国,称赞共产党,大骂国民党。好像是共产党,但一接触发现并不是。虽然感觉上共产党无处不在,但是真的要找,却是一个也没有。张学德虽然在学校里找不到共产党,但是他家里的"共产党"倒是有消息了。

37　飞来横祸

那天傍晚，操场上只有寥寥几个人。学德正在随心漫步，不知不觉中有人走来，原来是高中班的谢水鹏。他悄悄地打招呼："张学德，我见过你哥。"

"你见过？"学德非常意外。

"走，双杠那儿说。"

谢水鹏的老家在"匪区"。放寒假时，他回了家，想见识一下共产党到底怎么样？本村人路熟，抄小道进了家。家中老小见他回来又喜又惊。这里虽然是苏区，但是本村十来户都是一个老祖宗，只要苏区的工作人员不来，小山庄还是谢家一窝。他的婆姨安然无恙，根本没有"共妻"这一说。"共产"倒是有一些，家里的那头骡子归了苏维埃，被分掉几垧耕地。春节过后，他离家返校，运气不好，在路上迎面碰上游击队。看他不像庄稼人，被叫住盘查。发现他来自白区，还识文断字，更像是奸细。五花大绑带到区上，轮番审问，他什么也说不出来，关在土牢里听候处理。土牢就是储放土豆的地窖，上头盖块石板，只从小缝透点光。后来，区上的特派员前来提审。人挺温和，不打不骂，听他说在榆中念书，问他认识不认识张学德，谢水鹏这下觉得有希望了，起码可以证明他是学生。特派员又仔细问了榆中的情况。他斗胆问特派员咋认识张学德，原来他就是栓柱。很快，便将谢水鹏放了。

学德很高兴哥哥在苏区平安无事。哥哥本性善良，不为难谢水鹏也是意料之中。只是他不知道，栓柱对乡亲如此宽大是要冒很大的风险。因为当时陕北共产党的领导人奉行的是王明的"左倾教条主义"，他们说陕北特委"犯了右倾机会主义和富农路线的错误"，陕北游击队是在"富农路线"指导下"招兵买马组成的土匪"。栓柱对刘世广和谢水鹏这样的"富农"网开一面，很可能被扣上"右倾"的帽子。

当时陕甘苏区正在第三次反"围剿"。面对强敌，陕北共产党不保存实力，反倒要"全线出击"，要红军去打延安、清涧和瓦窑堡中心等城市。刘志丹和高岗知道瓦窑堡和清涧的国民党军队防守严密，强攻硬打不行，便接受了陕北游击队的建议，突然长途奔袭蕺山县城，这样既不违反"全线出击"的命令，又可以避开强敌。可是没想到，蕺山城是连接三边与榆林的要地，建在孤立的石崖上，只南关一处町通，易守难攻。红军一击未成，突袭变成了围困强攻。蕺山城周围各处都驻有国民党部队，显然对红军不利。

　　榆林的纪念周会又中断了，天天传来蕺山城打仗的消息。说漫山遍野都是红军，但是几次攻城都被打退。城里的那班射手，特别是收编的那几个土匪，不出操，不站岗，躺在炕上抽大烟，轮流上城头，瞄准对山的红军射击，一枪一个，弹不虚发。眼看着红军一个领队的，两个卫兵牵着骡子，他刚跃上骡背，便被一枪打下来。只要红军攻城，响水寨的军队便从侧后袭击。面对坚固的城堡，红军一筹莫展。榆林城的气氛轻松下来，可以随便进出城门。

　　那天，学德上完上午的最后一节课，刚出教室，听见一个熟悉又亲切的声音在教室和宿舍之间呼唤："小放，小放！"

　　他怀疑耳朵听错了，再仔细听，果然是父亲的声音，他赶紧跑过去，看见父亲茫然无措地站在那里东张西望。

　　原来，张子招本来在宕岔平平淡淡地过日子。可是栓柱媳妇突然回家了。她说，娃又殁了，苏区面对"围剿"开始收缩，将游击队和能打仗的工作员都编入部队，栓柱也去了，这会儿正在打蕺山城，所以她回家住一段时间再说。张子招听了消息心慌意乱，在家待着不安生，就跑来榆林看小儿子。他知道学德在榆林中学，可是到了学校一打听，没有人认识小放，问他小放的官名是什么？可是张子招早就把张学德这个名字忘到脑后，怎么也想不起来。没办法，只好高声叫他的乳名儿，碰个运气。

　　学德扑上去抱住父亲的胳膊，喜出望外地问："大！多会来的呀？等我放下书，到我表姐家去。"

　　"你在哪儿住？我看看。"张子招看到学德，放心了。跟着学德

209

去看"洋学生"的宿舍、学生灶,讲咋操练军训,一切都让他觉得新奇。晚上,学德同父亲睡在表姐家,父亲搂住他,胡子在他的头上脸上蹭了一遍又一遍,他又一次闻到父亲带着汗水的气息,又回到破窑院的梦怀中。

第二天,学德想让父亲领略一下现代文明,领他到照相馆,给他拍了一张半身黑白照片。这是张子招有生以来第一次照相,也是他唯一留下的影照。张子招这次来是大开眼界,看到学德生活和学习都好,冲淡了对栓柱的担心,高高兴兴地回宕岔了。

父亲走后,学德心情开始沉重起来。因为哥哥在攻打蕲山的红军里头,城头上射出的每一粒子弹似乎都打在他的心上,生怕哥哥有什么闪失。还好红军意识到强攻蕲山城得不偿失,没等高成山完成调兵遣将,自行撤走了。

蕲山城的仗打胜了,榆林一片欢腾。上边拨来的武器弹药充足,高成山也不造枪了,兵工厂大幅裁员,缩小为名副其实的修械所。学德的表姐夫失去工作,好在他早已经安排好后路,在家乡添置了耕地,修建了石砌窑院,表姐夫妇喜气洋洋打点还乡了。

红军方面就不那么乐观了。攻打蕲山城失败,伤亡巨大,怨言不少。蕲山该打还是不该打?是指挥不当还是攻打无力?红军内部争论不休。

栓柱在攻打蕲山的战斗中出生入死,有惊无险。部队从西线退回来休整。可是谁都没想到,他在敌人的枪林弹雨中全身而退,却没有防住背后的一刀。

那天,连长叫栓柱带上几个弟兄,在村外挖出一个大土坑。第二天,部队集合起来,连长点名,将栓柱和石柱等八个人叫出队列。连长拔出手枪子弹上膛,突然脸色一变,喝令他们跪下。

"为什么?"栓柱他们一下子全蒙了。

"执行命令,跪下!"连长大喝一声。

八个人无奈,只好跪下,指导员宣布:"以张栓柱为首这八个家伙,阴谋叛变,执行死刑!"

"啊?冤枉!冤枉呐!"八个人齐声喊冤。可是早就在后边准备的人,不容分说,刀起头落。八个人应声倒下,死在"同志"的刀下。

他们随即被扔进昨夜挖好的土坑里，葬身于苏区的黄土里。

红军杀了这几个人，当天就开走了。当村的乡亲们，万万没想到红军会一下子处决这么多弟兄，而且都是本乡本土的后生。这里的乡亲与周围十里八乡都沾亲带故。有人认识栓柱他们，想不到他们会遭此横祸。不管怎说，人死了，总得给他们家捎个话去，叫家里把尸首起走啊。

张子招夫妇听到这个消息，真的是晴天霹雳，半天不敢相信。栓柱冒着杀头的危险投了红军，咋被红军给杀了？他一下子万念俱灰，拄根棍子，叫上石柱的弟弟二娃。什么红军白军，他都不怕了，一路打听走去。老乡们叹息着，帮助将尸体翻出来，装进毛口袋里，张子招背着栓柱的尸体，哪里累了就在哪里休息一会儿。回到宕岔，没进家门，直接背到古城坡。老两口同儿媳卷了一片苇席，裹住栓柱，埋在地角里。几个人早就哭得流不出眼泪了，只是痛楚地叹息，"天啊，天啊！""命啊，命啊！"

宕岔的那几家财主知道了这个消息，高兴得很。这些人投红军，是他们的心头大患，没想到，反倒是红军替他们除掉了。他们在同盛昌摆了一桌酒席，祝贺这意外之喜。

穷人想红军，盼红军，盼着红军来收拾土豪劣绅，分田分地，为穷人出头。栓柱他们投了红军，多少人羡慕，多少人心动呀。但是，谁想到会是这个结果？从此以后，宕岔没人再敢投红军了。

这八个本地投红军的后生，至死也不明白为什么被当成敌人砍了头？其实他们只是陕北苏区"肃反"运动中被冤杀红军的一小部分。在这场残酷捕杀自己人的运动中，原红二十六军营以上的军官，陕甘边根据地县委书记和县苏维埃主席以上的干部几乎全部被捕，200多名红军指战员惨遭杀害。很多人和栓柱他们一样，根本没有机会辩解，直接被挥刀杀掉。幸好中央红军此时来到陕北，才"刀下留人，停止捕人"，停止了红军的自相残杀。

栓柱如果死在战场，他是革命烈士。如果他能活到解放，他是革命功臣。可是死在自己人手里，他什么都不是。

冤枉！真冤枉呐！

211

38　三校罢课

　　栓柱遇难，张子招唯一的指望就是学德了。他希望学德埋头念书，将来只要能养家糊口就好，千万不要再出什么事情。可是栓柱的死，反倒让学德更多地思考个人的选择和国家的前途，他对政治越来越感兴趣，他发现，农民没有土地，靠辛勤劳动永远不能翻身，只有革命才能改变穷人的命运，才能让国家富强，虽然他对栓柱被杀耿耿于怀，但他还是倾向共产党。

　　九月上旬，张学良和杨虎城乘飞机来榆林，三校举行欢迎大会。这次会场改在女师，讲台被女学生们装饰得万花缭乱，操场四周，校门内外，彩旗飘飘。张学良和杨虎城轻车简从前来出席。还是职中高校长致欢迎词，然后是一位女生代表致辞。她衣着素洁，容仪丰润，看上去是一个温文尔雅的小姐。没料想她竟抛开校方的讲稿，讲得情绪激愤催人泪下：东北已沦陷五年，三千万同胞在日本的统治下痛苦呻吟，日寇的侵略势力甚为嚣张，其野心要灭亡全中国，可是我们仍然内战不止……中华民族处于危急存亡的紧要关头。国家兴亡，匹夫有责，恳请二位将军以国家民族的命运为重，力挽狂澜救国救民，我们青年学生愿随二位将军，赴汤蹈火……国家幸甚！民族幸甚！她的发言激起同学们的共鸣，全场发出粗壮的呼声。张学良也有点激动，满怀激情地说："我张学良身为军人，对国家对民族负有不可推卸的责任……义不容辞……"

　　张学良的一番讲话在榆林各界引起了许多揣测和推论。因为他没讲歼灭红军，也没攻击共产党，明显和蒋介石的调子不同。为三个月后的"西安事变"打下伏笔。

　　"西安事变"后，学校的政治空气甚为活跃。教师和同学自行组织专题座谈会，各班都办墙报。张学德和王郭斌已成左派学生中一对形影不离的"搭档"。张学德坚韧内向善于思考，承揽了班级的墙报，组织稿件编辑上墙，为学生活动出谋划策。王郭斌锋芒毕露，堪称活动家和宣传鼓动家。他俩相辅相成，成为学生活动的带头人。

　　这时候，有很多同学向学生会报告，校长克扣津贴不发，中饱私囊。津贴是贫寒学生维持学业的主要经济来源，这可不是小事。学生会明察暗访，查实是校长挪用津贴修建校长眷属院。这个徐校长，一年四季西装革履，爱穿硬底皮鞋，走路挺胸抬头，脚后跟先着地，蹬得砖石院嗒嗒响。他结婚多，离婚也多，常做新郎，常打光棍。言必子曰，训估治今。他觉得，匪区贫寒学生津贴对大多数学生来说，只是多了几元零花钱。少数赖此求学的，既然贫寒，便都没啥靠山，克扣下来问题不大。若有几个闹事的，单发给他们也就罢了。岂料石头虽小也能绊倒人。

　　一月中旬的一个上午，徐校长巡视过后，回到校长室。校役按老规矩，递来毛巾，奉上茶，恭候一旁等候吩咐。忽听室外脚步杂乱，闯进来六七个学生。

　　"嗯？"虚荣心极强的徐校长，觉得受到了侵犯，双手按在办公桌上，严厉地说："上课时间来干啥？胡闹！"

　　"我们受同学们的委托，为贫寒学生津贴的事情来向校长交涉。"学生会主席，一个高中毕业班的同学直截了当地说。

　　"有什么可交涉的，嗯？"徐校长故作镇静，"国家有困难，剿匪缺粮饷嘛！交涉什么？现在是上课时间，统统回去上课！不成体统！"他声色俱厉地说，想把学生的气势压住。

　　"校长大人。"学生们七嘴八舌地问，"你说上边停发了津贴，请拿出证据来。""你把一大笔贫寒学生津贴干什么用了？""你的公馆是用哪项公款修建的？""你做生意的股金是怎来的？"

　　"胡闹！"徐校长"啪啪啪"地拍桌子，"想闹事吗？捣乱秩序，国法，校规不容，统统给我滚出去！"他挥动手臂叱喝，要将学生们轰出去。可是没想到，门一开，外面学生拥进来，把他挤在当中，连拉带扯，让他动弹不得。还好，教务主任带着四五个教员闻风赶到。

　　"同学们，有话好好说嘛，不得无礼！"教务主任分开众人，教员先生们劝解同学们息怒，"有什么要求提出来嘛。"

学生尊敬他们的先生，松开了手。徐校长跌回太师椅子里，大汗淋漓，喘着粗气："野蛮，野蛮！"

学生代表提出，必须澄清扣发学生津贴的事实，否则徐校长不得离开校长室。教务主任提出校长需要时间解决问题，说定下午四时前做回答。于是同学们退出校长室，呼喊着口号回到宿舍区。

"气杀我也！成何体统，写布告！"徐校长狠狠地对教务主任说，"将这几个带头闹事的统统开除，这还了得？野蛮！"

教务主任劝解："校长，众怒不可激啊。还是拖一拖，大事化小，小事化了吧。"

下午四时，学生代表准时来到。教务主任迎出来：已经发出电报请示省教育厅，待复电回来再答复。要求学生们遵守校规，安心学习等候回电，对于少数确有困难的同学提出申请，可酌情给以补助。

这是学生会早已料到的，代表们只说要向同学们如实转达，说完扭头便走。教务主任发现校长室周围的几个出入口，有学生拿着童子军棍在监视校长室，学生已经是有组织的行动了。他倒吸口冷气，看来大事化不小，小事要变大事了。

晚间，自习室的汽灯哧哧响，应该是自习的时候，这时，突然响起急促的钟声。这不寻常的钟声激荡了全校，震动了边城。徐校长心惊肉跳，听见众多的脚步急匆匆地朝大礼堂奔去，又隐约听见，大礼堂人声激昂。他揣测自己凶多吉少，乘人们都注意大礼堂的空隙，撒腿朝西廊那厢疾奔。"徐校长跑啦！"有学生发现，吆喊起来。大批学生高喊"追呀！""打呀！""抓住他！"徐校长还算路熟，知道西墙是一落到街的斜坡。他跨过短墙，顺坡滑下去，跌跌撞撞地跑进驻军的巷口，逃进了师部。

学生们望见徐校长消失在街巷里，返回大礼堂继续开会。宣布从翌日起全校罢课，提出联络职中和女师响应。因为这两个学校的津贴也被扣留挪用了。他们将张学德增补为学生会交际委员，同王郭斌负责两个学校的联络。估计师部会进行干预，指定足球队长张玉彬同几个军官的子弟，应付军队。为了防止别有用心者的捣乱，组织起纠察队，张学德同时也是纠察队的负责人之一。刚布置完毕，忽然听到特务连包围了学校。几处架起机枪,校门外设下军事哨。连长带领全副武装的一个排冲进校院,疾步朝礼堂扑来。

"荷,连长驾到。"张玉彬迎上去,行了个军礼,笑呵呵地同经常对阵的球友握手。连长脸上的杀气顿时退去,将驳壳枪插进木匣里,摆一下手势,士兵们戛然止步。

"哥,你来啦?"连长的弟弟跑来,"同学们在里边开大会,徐校长克扣津贴营私舞弊,同学们要求他回答,给吓跑啦。"

"说你们暴动,殴打校长,还听见学校里枪响。"连长直通通地说,"高师长命令前来察看。"

"哪有这等事啊!"张玉彬说,"没等我们去请,他做贼心虚跳墙跑了,枪响?造谣,我们怕有人捣乱还组织起纠察队维持秩序哩,请兄弟们到里边看看,同大家见见面。"

连长说:"不进去了,都是带枪的,不方便。我们不参与你们的事,只要你们不动武就没事,有什么要我帮忙的?"

"我们怕有人捣乱。"学生会主席说,"县党部的人最好不要给进来。"

"放心吧,你们开你们的会,这一带戒了严。"连长爽快地说,"今晚学校的安全我负责,我的队伍在这里,谁也别想进来。"连长以军人的姿势向后转,挥一下手,带着他的人退到校门外,派出两个通信兵向师部报告。

第二天,学校的上课钟照常打响,榆中、职中的教室空荡荡没人去上课。教员们有的干脆不去教室,有的到教室转一趟便走了。只有教务主任和几个拥护校长的教员,挟上点名册,拿着粉笔盒,走进空无一人的教室,展开名册,在每个学生名下划个旷课的记号。坐十五分钟退出来。

女子师范防范严密,学生没有得到消息,还在照常上课。女师就在榆中大门前的黄土断崖下,沿地形构筑的一个"女儿国",常年严密封闭,被戏称为"修女院"。平时探望女儿的家人也只允许在门房会客,而且不准单独会见,要有门房值班的在场。门房同院内用一架屏风隔开。外出必须登记,在规定的时间内必须返校。榆中学生从女师门前经过时，总是放慢脚步，只听见里边的铃声与女音，却无从窥见身影。被高墙分割的异性，想冲破这层魔障，恨无双翅。有几个胆大的男生，乒乓球上写上姓名年龄，班级之类的，隔墙打过去，有几个竟然撞开了恋爱的闸门。于是效法者纷至沓来。不久被警觉的训导主任发现，派出校役轮班监视，将打过来的乒乓球收回来。提了一袋子来找榆中，要求点名追究。榆中的训育主任一看，都是些富贵子弟，又没有什么实质行动，怕麻烦，就拖着不管。女师只好严加看管，不准女生与外界接触。今天更是严上加严，生怕外面的消息传进女中。

张学德同王郭斌带着《告同学书》，来到女师。看大门紧闭，就推开旁边的小门进去。里边一堵屏风将学校里面遮住，只可进入会客室。他们一脚刚踏进去，一个驼背老汉张开双臂拦住："唉唉唉，想干啥？看不见吗？"他指指门旁黑牌子上的粉笔字："禁止会客"

"我们不是客，是公干，公干。"王郭斌敷衍着往里走。

"唉呀呀，不准会客的！"老汉嘴唇哆嗦着，上来往门房拽。

"禁止会客，可没禁止出入呀"王郭斌胡搅蛮缠地往里面挤。

"吆，什么事？"里面出来一个穿棉旗袍的女人，一双脚是"改组派"（指放开小脚的女性），时髦的短发，显然是位新旧时代交替之间的女性。她走过来打量一眼他们的学生装，客气地说："两位同学有什么事？请到里边坐下来说。"王郭斌说："我们是榆中学生会的代表，敝人王郭斌，他叫张学德，有要事同女师学生会接洽，是请您传达在此会晤，还是我们直接进去？"

"啊？这个。"她作难地拢一下头发，"这恐怕都不方便，现在是上课时间。"

学德说："我们等到下课铃响，可以吧？。"

"那也不行。"她连连摇头，"女师的校规是学生不能会客。要不我去请示校长，你们星期天会客时间再来吧。"

"不行，今天此刻一定要会见。"学德强硬地说，"请你通知校长，就说今天我们一定要见。"

"请注意，这里是女师，不得扰乱！"她态度强硬起来。

"那就请你转达校长，同时告知学生会主席，说我们在此请他们相见。"王郭斌态度更加强硬,"请你立即转达,否则我们榆中学生整队前来,就在女师召开三校学生大会。"

学德说:"你的责任是传达,请你立即传达,否则后果由你承担。"

她脸色变得苍白,也知道事情的严重性,朝后甩一下短发,冷冷地说:"好吧,等着!"转身走进屏风。

"她是谁?"张学德问传达室老汉。

"谁?"老汉加重语气,好像要说出能吓一跳的大人物,"她是训导主任,高主任呀!你们不知天高地厚,等着瞧吧。"

张学德同老汉说话时,从屏风的一侧飘然转来两个女学生,大胆地招手将王郭斌叫过去:"你们说的我俩都听见啦,可以托我们转告吗?"

"禁止,禁止!"驼背老汉发现了,要过来制止,学德挡在他面前,让他动弹不得。他气喘吁吁地用榆林城话骂,"唉唉唉,霉王八日的!"

那边王郭斌将《告同学书》交给那两个学生:"希望你们响应,立即整队到榆中开会。"

正在这时,屏壁另一侧响起脚步响,女生悄然离去。

训导主任出来,显然得到校长的肯定答复,说:"学生会主席正听课,校长在会客,都不能见。"

"不是禁止会客吗,校长怎么不遵守校规?"王郭斌抓住把柄。

高主任想不出恰当的话,生硬地说:"女师的事用不着外界干涉。"

"我们既不是外界,也不是干涉。"王郭斌毫不退让,"是学生会之间的正常联系,你凭什么干涉?"

"你放肆!"高主任刚要大发雷霆,忽听校院里钟声,哨音,手摇铃急促地一齐发作。女生们唧唧咯咯地说着话,皮鞋踏得砖石院乱响,都朝大礼堂方向跑去。训导主任脸色大变,扔下这一头转身去顾那一头。她刚走,原先那两位女生出来说:"我们坚决响应,现在要整队去榆中会合。"

"着!"王郭斌高兴得跳起来,急忙问:"两位贵姓?"

"贺红荃"

"艾素箐"

她俩说完就跑回去了。

女师学生大都来自高门闺秀，家里规矩严，学校的管教方式自然也得严。但是学校传播的是女性解放的呼声，规矩越严，要求自由的激情越强烈。今天飞来榆中的一把火，使压缩的热焰升腾起来。当职中的队伍喊着雄壮的号子踏着整齐的步伐来的女师校门时，女师学生冲破阻挡，呐喊着跟上来，一起向榆中前进。女师队伍的出现，使榆中和职中的男生精神大振，原先抱着观望态度的官家子弟，纷纷加入罢课行列，而且表现得更大胆，更狂热。

三校学生齐集在榆中操场上，学生代表依次发表激烈的讲演，提出互相支援，统一行动，共同遵守的约定。而军队在校墙几处架起机枪。士兵伏在墙后，东城头上，重机枪指向榆中。校门外，大照壁后集结着待命的士兵。三个学校都罢了课，声势浩大，全城震动，军方也不敢动手。肃反会和师部不得不改变高压政策，催促校方同学生谈判，早日平息，决不可扩大风波。

按照约定的时间，谈判在校长缺席的情况下在榆中教务室进行。教务主任，训导主任和几位教员代表校方。几个学生代表英气勃勃地坐在谈判桌的对面。外边学生纠察队拿着童子军棍维持秩序。张学德在教务室门口，随时了解谈判进展。王郭斌负责将谈判情况向同学们报告，三校学生集中在大礼堂和几个教室作为后盾。

"嗯，为什么外面有学生纠察队？这不是软禁吗？"校方代表首先发难。

学生代表说："设立纠察队是为了诸位的安全，如果你们觉得没有必要，可以马上撤掉。但是如果有同学自由行动起来，你们负责。"

"有，有必要，不要撤。"校方代表急忙说。

这开头的插曲引起的嬉笑很快从屋里传到外面。

"有什么要求请提出来。"校方代表说，"我们能办到的尽可能办嘛。"

"立即发放津贴。"学生首席代表直截了当地说，"必须查清扣发津贴的真相，学生派代表参加，调查结果向全体师生公布。"

"好好好，好好好。兄弟力求将应发的补上，不让同学们耽误学业嘛。"校方模棱两可地说。

"保证学生代表的安全，不得开除……"

"这当然，这当然。按规矩办嘛。"

"当然什么？请明确回答。"

谈判时而激烈，时而缓和。校方似乎什么都答应了，却又留下出尔反尔的空隙。学生代表步步紧逼，让校方无路可退。当学生代表提出成立三校学生联合会时，校方断然拒绝："一个学校，一个学生会。成立学联，绝不答应。"双方发生了激烈的争执，校方代表说："成立学联不是学校说了算，要请示县党部，我们可以转达，听候裁决。明天先复课。"

"复课不是我们说了算，要请示同学们，我们可以转达，听候裁决。"学生会主席模仿他们的话。

第二天，各校都发放了津贴，但是没有批准成立学生联合会。学生们对谈判的结果和事态发展做了分析，决定适可而止，以免县党部介入。于是学生宣布复课。

这是张学德第一次参与组织学生运动，旗开得胜，让他看到了集体的力量。

39　小学教员

　　西安事变后，陕北从连年不断的战事中脱出身，开始休养生息了。1937年初，榆林有了第一条砂石路面的公路，可以买票乘坐敞篷汽车去绥德。陕北人第一次见到汽车，看它面目狰狞，轰鸣狂叫，本来还在远处，转眼之间就来到面前，车后带起了一派冲天沙浪。人们把汽车视为怪物，望而生畏远远躲开。到了晚上，汽车张开炫目的大眼睛，吼叫着飞奔，连大人都有被吓哭的。

　　榆林职业中学的师生利用五龙口泉流的落差，装了一台小型直流发电机，早晚定时送电，榆林的三所中学和军政机关用上了电灯。虽然灯光昏暗，但比起汽灯，油灯来，已算是大放光明了。

　　国共关系缓和，让当局放松了对学生的思想控制。榆中的西南角，有一处二层楼房的图书馆，是老校长杜斌丞创建。一楼为阅报室，二楼为阅书室。大公报上连载著名记者范长江写的《动荡的西北角》，对红军从长征到陕北的活动，做了客观的采访报道。一扫多年来对红军的歪曲宣传。他敢这样写，大公报敢这样登，这说明国共两党的关系的转变。在图书馆，还可以阅读到《唯物论辩证法》，《空想学社会主义》，《政治经济学论坛》这些马列主义的理论书籍，甚至还有《共产党宣言》，这是未列入目录中的夹带。

　　学校购来一台直流收音机，大如厨柜，九个真空管。教员唐一风主动包揽调试，彻夜不眠。学德同高中班的几个同学围着唐教员转。调试成功后，学德负责抄收记录国共双方的新闻，另几位负责刻印，散发。

　　那些"左倾"的教员开始无所讳忌地讲共产党，讲共产主义。有的教员讲政治经济学的原理，讲帝国主义的五大特征。还有的公开骂国民党腐败。赞扬共产党。张学德和王郭斌如饥似渴地学习这些革命理论，接受各种新思想。他们决心投身革命，寻找共产党的组织，却苦无门路。

不过，学德万万没想到，国共合作这个国家大事居然会直接影响到他这个小人物的生计。现在共产党不是"奸党"了，红军也不是"赤匪"了，那么"匪区"也就不是匪区了。于是，1937年第一学期的最后一个月，学校停止发放"匪区贫寒学生津贴"。

津贴是学德唯一的经济来源，津贴一停，他便无法继续上学。正在山穷水尽之际，忽然看到"县官巷"街头的布告栏上，贴出招收小学教员的广告：膳食公费，集训一个月，通过考试合格，即可录用。考取第一名月薪九元，第二名的七元，以下均为六元。报名手续简单，交一张相片，面试合格即可参加。学德喜出望外，如果能考上，就能半教半读完成初中最后这一年的学业。于是他登记报名。这一个月正是暑假。报名者甚多。托门子，找路子，提着礼物拜访的。上岁数的刮胡子，瞒年龄，外乡来的脱去农民衣裳，换上别扭的学生装束。县教育局的门市一时热闹起来。

学德如期参加考试，岂料非常顺利，面试后便当场录取，叫他按时参加集训。榆中的考试一过，他便进入师资训练班。训练班只收了三十名，居然有他的几个熟人。他的五叔，当年鱼河高小校长张子馥。还有宕岔刘汉玉的儿子刘瑶。训练班的主持人就是当年对渔河堡高小进行突然考试的金督学。一个军事教官统管学生的训练和生活，一个伙食管理员兼炊事员。城里有一所高小放了暑假，就在这里办训练班。没闲杂人员，连文印都由主持人一身兼办。女师的老师张明讲教育心理学，榆中的王老师讲语文，主持人金督学讲党义，教育局一位督学讲学校设置的教学规范。都是兼课教员，但教学水平不低。

训练班按期结业。学德取得第一名，留在榆林任教，月薪九元。刘瑶被录用为宕岔的小学教员，他以赞叹和羡慕的心情将学德的成绩带回宕岔。张子招难得听到这样的好消息，高兴得皱纹间泛出了喜悦。他家的风头都盖住了刘汉玉，能不高兴吗？他赶紧准备了一元钱，等着送喜报的人来。"更！更！更！"张家窑院门口又放了三炮。这次喜报代表着学德"赚大钱"了，再也没人笑话，反倒赞叹起来。

学德被指定在榆林城外的金刚寺，创办"公民小学"。出榆林南门向东拐,沿榆溪小河北上二三里,金刚寺就屹立在陡峭的黄土崖头上,隔着榆溪小河,同东南侧的城垣壁立相峙。这是一匝完整而秀丽的小寺院。琉璃瓦屋,屋脊上鸟兽斗角,屋檐彩画勾连,条石台阶,方砖铺院,正殿前一棵柏树高过屋顶,迎风习习,颇有生气。两侧三孔砖旋窑洞,窑顶上方特为寺庙主持和尚修建了一间幽静的卧室。这卧室背后危临断崖,正面则尽揽整个寺院。寺院有一个年约四十左右的主持和尚,一个还未得到和尚称号年约二十五六的徒弟。常有善男信女前来敬贡焚香。和尚夸奖他这个徒弟,曾因接触女人而引起流言,此徒愤然动手将睾丸撕掉,以明其心志。血流不止几乎丧生。其志至诚,而其心也够狠。

　　正殿一侧,有一个专供讲经布道的屋子,里面有现成的桌椅和黑板。此处长期封闭不用,正好可做小学教室。庙院虽然离开村庄独处,但距离不远,是一个理想的办学处所。这座小寺院是由姜团长出资兴建。主持和尚也是他挑选的。每逢庙会,姜团长必定前来焚香。他头戴瓜皮帽,假辫子长垂背后,长袍马褂,虔诚地低着头,慢步登上陡坡,前后左右一群全副武装的马弁护卫,前头一个双手捧着香纸盘,放满银元宝和响洋一类的布施供品,和尚搀扶他长跪佛前,顶礼膜拜。

　　当地的一个保长出面筹办学校,不知采取了什么手法,和尚竟然同意在这里开办小学。保长说话是算数的,指定谁家的小孩来上学,没人敢违抗,招来适龄儿童登记在册约四十余名。开学了,学德上午在榆中上学,中午赶来金刚寺教小学。规定是全日制,他将小学的休息日改在星期一,榆中除数理化外,其余的课程他可以请假。于是小学有时是全日制,有时上半天学。榆中开秋季运动会,小学便成了全日制。

　　从筹办时起,张学德便按月领取薪水。一个月另有六元钱的杂费,实际上他用三元钱就够了,省下的三元钱他却不知道怎么办?有一次,他到商店买纸张粉笔,商店掌柜问他发票开多少钱?他迷惑不解:"不是花多少钱就开多少吗?"掌柜说:"教员买文具都要求多开的。"他恍然大悟,原来都是走少买多开的套路呀,怪不得没听说谁把多余的钱上交的。就这样,他实际上每个月能有十二元的收入,这是相当可观的收入，让很多人羡慕。张子馥劝他一心教书保住这个职务，再念书图什么呢？但学德志不在此，不以十几元的眼前利益而改变他的志向。只求能维持几个月，积蓄起来够一年的学费就行了。

小学生进了寺庙，叽叽喳喳到处乱跑，打破寺庙的神秘和庄严，影响了佛神位的香火，减少了和尚的进项。一个多月后，和尚后悔变卦，房子不给学校了。他把小学教室上了锁，用长木条将窗户交叉钉住。这个和尚平日高居顶楼，独成天下，吃饭用水全由徒弟奉上，喜欢手里捏弄数珠，高昂着头在窑顶上漫步。学德找保长与他交涉，他不准上去，只在窑顶上告诉保长，没姜团长的命令谁来都无用。保长害怕姜团长，不敢再管，叫学德去找县教育局。学德先去找和尚，和尚置之不理，学德摔开徒弟的拦阻，登上窑顶。这和尚甚为傲慢，躺在床上不张眼皮，不吭一声。张学德指着他的鼻子说："佛门以行善为本，以教化众生为宗旨，兴办学校实属善事，教育儿童更是佛家的分内之事。你身为和尚却阻碍，破坏小学教育，是佛门的不肖之徒！"

和尚坐不住了，一跃起来，手指颤抖，嘴唇哆嗦："你，你，你大胆！方杖净地不允许凡大俗子玷污。姜团长办的寺院，岂容你等糟蹋？"

"姜团长办寺院是为了行善，你却在作恶！你违背姜团长的善意而倒行逆施，佛法不容，国法不容，劝你改恶从善开放办学，否则后果由你承担。"

"你告，告我去！"和尚扑上来用力关门，把张学德打了个趔趄，这时小和尚跑上来一揖又揖央求他离开。

学德向督学报告。督学叫他递个呈文去县公署。张学德平生第一次打上了官司。他用状纸按照诉讼的规格写好状纸呈送上去。不几天，和尚被传到县衙，拘留在班房里。和尚不服，在里边大骂张学德。县役干脆给他上了手铐，说再胡闹就上脚镣，这下和尚老实了。关了十九天，姜团长没出面。和尚服了，什么都答应，他在保证书上画了押放出来，这真是人心似铁不是铁，王法如炉真如炉了！

小学又开了学，经过这次风波，保长对他学德有了敬意，还请他到家里吃饭。和尚则同他彻底对立，称病躲走。可是这时候，抗日救亡活动空前高涨，学德却因为既读书又教书难以分身参加，于是他通过张子馥找了个代课老师，说定一月给他四元钱。这样维持了半个多月。可能是和尚告发，教育局不容忍了，在县官巷布告栏里贴出布告说张学德"仍在上学，不符合教员条件，予以革职……"

学德知道革职是理之当然。从筹办到革职，历时三个半月，他得到近四十元收入，可以维持到初中毕业，他的目的已经达到了。

40 到延安去

张学德的小学教员被革职,便全身心投入到火热的抗日救国活动中。他在学校的各种座谈会上发表意见,在街头墙报,学校墙报上,挥洒笔墨。他的见解有一定的说服力和吸引力,得到了很多同学的赞同和信赖。王郭斌也很受欢迎。他兴趣广泛,精力充沛,到处都有他的踪影。得了个绰号叫"王疯子"。

延安发行的《解放》力主抗日,力主抗日统一战线。西安发行的《抗战与文化》散发亡国论,鼓吹"曲线救国论"。这两种观点在榆林中学也引起了针锋相对的争论。这时候虽然共产党仍旧是地下活动,但是共产党的主张却可以公开宣传了。女师的教员张明具有不凡的活动能力,利用各种机会发表讲演,批驳亡国论,宣传抗日统一战线,他语言清晰,论据准确很有说服力。他的夫人赵得,东北人,也是一位有宣传才能的女士,她以东北沦亡的切身之痛,呼吁抗日救亡。在他们的推动下,榆林成立起"抗敌后援会",创办起抗日救国刊物《前哨》。

榆林中学有一位从北平转来的学生季野黎,他才华出众,能文善辩,政治思想敏锐,来学校不久便成了张学德他们的知交。季野黎按照张明几位老师的意向,组成编委会写稿,约稿,编排,拣字,校对,装订,发行。假日或庙会集市,组织同学们去宣传,演出抗日救亡街头剧《放下你的鞭子》,《小放牛》,《凤阳花鼓》,发表讲演,张贴街头墙报。

张学德和王郭斌猜测季野黎是共产党。果然,有一天季野黎对他们说,"一二九"北平学生运动中,有一个共产党外围组织"民族解放先锋队(民先)"发挥领导作用,问他们是否愿意参加?张学德和王郭斌一直在寻找共产党的组织,既然"民先"受共产党领导,当即表态参加。他们随即填写登记表,季野黎做介绍人加入"民先"。随后组成支部,季野黎做书记,张学德化名张植民,做宣传工作,王郭斌化名王横,做外联工作。不久,季野黎就向他们公开了共产党员身份,

225

从此他们便以学生的身份，根据党组织的要求进行活动，使得"民先"组织在学校中很快发展起来。现在张学德背后有"组织"，身边有良师和战友，感觉自己强大了。

几个月后，张学德和王郭斌由严方卓老师和季野黎做介绍人，填写了党员登记表，加入中国共产党。张学德是贫农成分，直接成为正式党员。王郭斌出身富裕，候补期一个月，也成为正式党员。年终考试完毕，还未放寒假的时候，季野黎通知，组织上安排他们去延安学习，这让他俩又激动又紧张。他们按照通知到唐一凤在街上的住处，拿到一封写给绥德八路军警备司令部的信，要求他们在规定的时间到绥德和其他人集合。

学德放假回到宕岔，张子招夫妇欢天喜地，忙着准备饭菜，可是学德说待一两天就要走，又一盆冷水浇下来。虽然国共已经合作，但是国民党并未改变对共产党的敌视态度，所以他们去延安是保密的。而且延安被国民党宣传得恍如魔王盘踞的地方，如果学德透露一点风声，既怕父母担心，也怕他们阻拦，只是说要出去找些事情做。张子招知道学德现在有学问，是做大事的人，也不多问。

几天后，学德和父母告别离开了家，东去三十里到了王郭斌家。王郭斌换上当三掌柜时穿的呢子大衣，给张学德穿一件棉袍，两个人打扮成商人模样，对家里说去做生意。他们跨过已经冰封的无定河，绕过可能碰上熟人的大路，夜幕降临时来到米脂城门前。绥德米脂这一带是八路军防守的警备区，而地方政权和保安团队仍然是国民党的。

他们到来时，城门刚刚关闭，他们急忙敲打大门。城头上有个南方口音的八路喝问："拉（哪）一哥（个）！"城门掀开一道缝，两个身着灰色军服的八路，隔着门盘问。他们的灰军装在暮色中轮廓模糊，眼睛炯炯有神，白牙齿及冲锋枪格外醒目。张学德说明身份，拿出介绍信，大概城头上的值班军官也在听，连说两声"要得，要得。"将他们放进去。"哐当"一声，城门在他们身后关闭了。他们这是第一次面对八路军，觉得他们平易近人，不像国民党兵那样，动不动就蛮横叱喝"娘卖屁"。

他们按照约定来到季野黎的家。可是家人说他去了西安，已经离开三四天了。学德知道季野黎机敏过人，推测可能在家遇到了什么麻烦，遁辞去西安，而实际上一定是去了绥德。他们在一位同学家住了一夜，第二天一早就去绥德集合。

绥德警备司令部的政治机关设在城内东山的最高处，城墙依山势构筑，山顶早已削平，分层建造了一排排石碹窑院。光线充足，冬暖夏凉，只是饮用水要从山下提取上来。张学德和王郭斌按照地址，来到一处单独的窑院，大门口和窑门口都有岗哨。没挂牌子，进出的人也不多，僻静神秘。

出来接待他们的是一位精干洒脱的陕北小青年，自我介绍叫王朗超。年纪不比他们大多少，可谓少年早成。王朗超带他们到一处窑洞，说是招待所，让他们住下，并说去延安的事已经安排好了，待到人聚齐后一起走。叫他们不要外出暴露，这样对未来的工作有利。张学德向他打听季野黎，他并没有来到这里，想必是直接去延安了？

王朗超随即拿来一大套登记表，要求详细真实地填写。登记表栏目繁多，内容甚为详尽。其中一项问：已婚或未婚？他们理解这是要表明是否反对包办婚姻并与之决裂。张学德毫不犹豫地填写了未婚。王郭斌可难住了，因为他的婚姻是门当户对的富翁千金，而且已有了一个襁褓中的女孩。他若填已婚，即等于承认了这桩包办婚姻。他寻思了一阵子，用力摆一下头："奶奶的，要革命就彻底决裂，决裂！"也填写未婚。

住进招待所，填了履历表，就进入了八路军的生活节奏。每人发给一双碗筷，王朗超按时打来饭，作息时间都是听号音。他们不可以和外人接触，但可以去外面看看。他们去了扶苏墓，在城墙顶上俯瞰无定河从城下蜿蜒流过，感叹着历史沉浮。扶苏是秦始皇的太子，因反对"焚书坑儒"被贬，秦始皇驾崩，要不是诏书被篡改，扶苏就是皇帝。他们从假如扶苏当了皇帝，中国历史会如何改变，到谈论共产党正在书写中国历史。想到未来，他们意气风发，对延安更多了一些憧憬。

王郭斌发现旁边有一个窑院看上去很神秘，经常有军人进进出出。于是好奇地问王朗超，这里面住的什么人？王朗超说，这是负责人住

227

的地方。张学德好奇地问我们能不能见见？本来只是随口一说，没想到王朗超很快就给安排好了。

　　王朗超将他们领进这套一进两开的大窑洞，中间是客厅。窑洞宽敞明亮，高大安静，满窗阳光暖洋洋。油漆炕裙将窑洞照映得光彩斑斓。本来是睡觉的热炕，却放了一张大方桌，有几把太师椅子。一位瘦弱的中年人坐在太师圈椅里，脚下的炕烧得热烘烘的，他们都是陕北人，还是第一次知道炕可以这样用。虽然房间很暖和，但是这位文雅又平易近人的老八路还戴着帽子，久病之态一目了然。见他们进来，移动了一下身子，一只手搁在桌沿上，朝他们笑笑。

　　张学德和王郭斌向他行了十五度的鞠躬礼。王朗超向他介绍，这是张学德同志，这是王郭斌同志，再向他们介绍，这是王观澜同志。一个"同志"的称呼拉近了他们的距离。王观澜点点头含着笑："欢迎你们去延安学习。"他喘口气加重语气，"年轻人应该多学点东西。"

　　"王观澜同志，你的身体？"张学德第一次用同志称呼别人。

　　"胃病，老毛病。"

　　"王观澜同志，你休息吧。见一面就是对我们莫大的鼓励。"王郭斌也使用了同志这个称呼。

　　王观澜向他们扬手告别。他们出来以后，王朗超说，王观澜是长征过来的高级领导干部，年纪不算大，叫胃病闹得苍老了。

　　张学德记得王观澜叫他们多学点东西，接上问："这里有书吗？"

　　"有，有。"王朗超说，"我去拿，你们在招待所等着。"

　　不一会，他拿几本列宁著作的单行本《左派幼稚病》《论青年的任务》，《列宁主义概论》等。

　　两天之后，他们换了介绍信，到绥德城南，通往清涧的路口上会合。这次去延安的人不少，都是平时出头露面比较活跃的人。张明先生同他的夫人赵得，雇了两头骡子，还有他收留的一位东北流浪来的小青年。绥德师范的教师曹国章，他满脸胡子，大度豁达，雇了一匹白马。榆林中学，女师，职中及绥德师范的学生，一行十五六人。他们开始互称同志，敞开胸怀高谈阔论。张曹二位先生要将坐骑让给女士骑。而这几位女士却不示弱，坚持要同男生一起走。他们没有贵贱尊卑，只有平等友爱自由。那位东北小青年远离家乡，流浪关内，不知父母存亡。快二十岁了，中等个头，红扑扑的脸儿，戴顶护耳毡帽。白天身上的棉衣，夜间抱住头和衣而睡。只带一个小布袋，里边装牙具，毛巾，小碗，一块防备吃不上饭才肯动用的干粮。

这条路上行人不多，几次遇上八路军的干部相向经过。这些干部都穿褪了色的灰军装，打裹腿，白布袜子，老乡做的纳布鞋，腰间带支小手枪。胳膊上的臂章很显眼，蓝边白底托出两个黑体大字"八路"，身后有警卫员跟着。他们都不骑马，而是骑骡子。大概因为骡子好喂养，跋山过岭有耐力。路上相遇时侧身让路，友好地微笑，非常亲切。张学德他们这些从国民党地区来的人，看到什么都要同国民党比，两者的风格真的是天壤之别，感觉新奇和兴奋。

从八路军警备区走进共产党特区，即没有界牌也没有岗哨，只是特区有很多持红缨枪的民兵。进入特区后，"赤化"的气氛越来越浓。中青年妇女们解开了发髻，长发垂肩，散开裤脚，露出改变不了的小裹脚。她们老张小李地叫着，大声说笑，大胆地抛头露面，飘荡出解放了的豪爽。

张明和曹国章两位老师晚间邀请村干部座谈，提出一连串问题。例如：村长是怎样产生的？如何划分土地？地主，富农，贫农，中农是怎样划定，怎么对待的？税收，民兵，妇女，学校，公粮，参军，差役，房屋，树木，牲畜，婚姻等等都是怎么处理的。这些问题他们都对答如流。但是一涉及共产党如何领导便避而不答，说到什么主义之类更是一问三不知。两位教师的结论是，特区老百姓觉悟高，组织的好，但是文化程度低，负担还是不轻的。

第三天上午，他们到达延安。

延安这座古老的府城虽然不大，却扼居要冲。二郎山，宝塔山，清凉山自为群山之首。延河在北城根下蜿蜒流过。正值冬季，两岸已成冰床，细流在冰缝间湍流。延安的城体完好，东西一条街，没有楼房。瓦屋老旧，有几处杂货小店，有几处客店。满街的人都穿着灰色军装，男女老少都在灰色人流中节奏轻快地大步行走。有的三三两两结队，边走边唱快活地打着拍子，有的边走边辩论着什么问题。身着军装的女同志，军帽下露出长发，俊秀健美，扬眉吐气。男女官兵，干部群众，颇难分辨，就连年龄老少也难判断，似乎到了这里连年龄也一律平等了。人们的脸上都是快活的，看不到忧愁烦恼。古老的延安朝气蓬勃，充满了活力。

每天都有大批人，从各条道路来到这里。刚来延安时，摩登女士们烫发旗袍高跟鞋，体面男士们西装革履走路看影儿。这风格在外地叫风流倩影道貌岸然。一进入延安便显得陈腐落后，顿然觉得羞涩难容，急急改变，很快便溶入灰色军装的浪潮中。

榆林和绥德这一带距延安最近。也没日寇和国民党那么多的封锁线。还有八路军的警备区，但是来到延安来的人却屈指可数。他们这一批来的人数最多，教育水平最高，而且有张明这样几位有影响的老师。他们到达延安后，被分别接待。西北青年会接待学德他们七八个学生，又填写了一套履历表，办理了由"民先"转为"西北青年团"的登记表，由西北青年会介绍去"陕北公学"学习。

几天后，学德知道季野黎没来延安，而是去西安上了大学。本来是一位资深共产党员，事到临头却放弃延安选择了西安，他这一念之差，让他以后追悔莫及，吃尽苦头。

最奇特的是，地下共产党员严方卓老师也以特殊的身份来到延安。那是在学德他们离开榆林后不几天，严方卓同一些同学们座谈，说国民党人提高奖赏价格强拉硬拽发展党员，结果被何一民这些国民党学生围攻，说他是共产党，推推搡搡扭送到68师师部。恰逢68师正同延安协商互设办事处，需要找一个"共产党"，正发愁到哪里找呢？没想到被扭送上门来了一个。于是便授以严方卓校官军衔，换军装，挂上武装带，派了一个副官几个警卫兵。让他到延安挂出68师延安办事处的牌子，以主任身份到延安赴任。同时在榆林城内的东山坡上，在国民党肃反会的眼皮下，设立起八路军驻榆林办事处。

41　陕北公学

　　陕北公学（陕公）在清凉山下。说是学校，却既没教室，也无礼堂，只有几排干打垒的泥草屋。校部也只是几间旧瓦房。但在延安，除抗日军政大学（抗大）以外，这是第二大的学府。陕公讲课的主要形式是全校上大课。清凉山的底部是岩石层，其间有天成一片向阳避风的场地，西北一边搭起讲台，这就是课堂，也是会场和演出文艺节目的地方。没有椅凳，石块上搭木板或木杠，或者找块石头来坐。场面却宽大，一两万人或再多一些也能坐得下。只要无大风，不下雨，不下雪就能上课。

　　陕公是三个月的学习班。第一期有十个队，前五个队已毕业离校，八队为女生队，张学德他们所在的第十队是第一期最后的一队。陕公的学校领导和教员都是国内或红军里颇有名望的人士。教员有从德，英，法，日回来的，有从国民党中央政治学院及沦陷区的学校机关团体出来的。来陕公学习的人来自五湖四海，都在改变自己的服装和语言，来适应和融入这里的集体生活。学员具有不同的政治背景和政治观点，不同的目的，不同的动机，都混杂在其中。共产党也知道。因此，陕公是外界人士观察延安的看台，也是共产党对外观察的一个窗口。

　　张学德看见过最大的国民党官是张学良，已经算是见过大世面的了。可是在陕公，中共的高级领导人都能见到，而且可以递条子，提问题，有问必答。拿日记本请签字，有求必应，气氛甚为活跃。每个礼拜，中央领导人必有一次或两次来作报告。

　　边区政府主席毛泽东每次做报告前，学校在四下贴出标语，从标语上可知道报告的主题。毛泽东不讲马列主义理论，那是何干之这些教授的事，他主要讲抗战形势，讲持久战，驳亡国论速胜论，讲抗日统一战线。有一次在抗大同陕公合并的报告中，他说革命青年必须确立起三条：一，要坚持正确的政治方向。像唐僧那样，遇到任何艰险磨难,百折不挠坚定不移。二,要有灵活的战略战术,像孙悟空那样,七十二变,千方百计地战胜妖魔,达到取经的目的。三,要有艰苦奋斗的精神,像猪八戒那样,不怕苦不怕累。猪八戒的动摇性可要不得。

毛泽东身材高大,大背头,穿身旧军装,膝盖上补块大补丁,不停地抽烟,时而伴随着短促的咳嗽。他平易近人,同学们的日记本只要伸到面前,都给签字。讲话富有幽默感,不时引起全场欢笑和掌声。讲到振奋人心处,同学中自发地起来呼口号。

中央书记处书记王明,中等个头,面色白净,衣着整洁,口齿伶俐,风度倜傥,警卫员的数目同毛泽东的相同。他来做报告也四处贴出标语:一切服从统一战线!一切为了统一战线!一切经过统一战线!他讲话颇有鼓动性,讲到沦陷区人民遭受到日寇残酷的杀害时,一位身着铁路员工制服的人,失声痛哭,全场激奋起怒潮般的口号声。

有一位同学递上纸条提问:如果国民党军队包围了我们的抗日游击队,要叫交枪,交呢?还是不交?王明回答:为了统一战线应先交枪,后交涉。又问:统一战线是战略还是策略?王明回答:是战略。并套用列宁的《著作》来论证。同时他的《为中共更加布尔什维克化而斗争》的小册子正在流传。他的政论,也很适合一些人的思想倾向,产生了不小的影响,大家对他印象颇佳。

毛泽东又一次来报告,下面递上纸条,提出同样两个问题。主席的回答是:缴抗日游击队的枪,岂非汉奸乎!全场一笑而解。对第二个问题,答:抗日高于一切,统一战线的方针是团结抗日,不是谁服从谁,谁统掉谁……显然同王明有原则分歧,引起拥戴两方学生的激烈争论。

边区政府副主席张国焘也来做报告。他头戴银灰色德国盔,身披大斗篷,手提文明杖,带了不少警卫员,一副不可一世的官僚气派,一开头先说:"同志们!要讲了。"这时候,中共关于反对国焘路线的决定已在传阅,学生们不想听他讲,高喊:"欢迎张副主席唱个歌吆!"全场响应。

张国焘说:"我不会唱歌吆。"同学们坚持要他唱,喊声,掌声不停。校长出面制止,喊声更加狂潮般势不可止。张国焘只好怏怏而退。

在陕公，人们追求真理的热忱极为高涨。自由辩论的气氛甚为热烈。每当新书出来，来不及裁剪便销售一空。对马克思的剩余价值论，来自被剥削阶层的人很容易接受，能理解。而那些听课用外文做笔记的人，怎都弄不通。认为资本家的利润来自流通过程。同学之间的辩论很激烈，但甚为友好。

陕公的生活很艰苦。一间小小泥草房，一盆木炭火，屋棚上挂着霜。一个小组八九个人，夜间睡觉不脱衣，炕上地上挤得转不动，出去一趟回来便插不进去。整个冬天没暖过来。一个小组八九人，一顿饭一桶小米干饭，一小盒菜。各人带一只搪瓷碗，一碗过后便没饭了。腿快的去伙房抓几块锅巴回来，给锅巴起了个革命的名儿，叫作列宁饼干。这年冬季下了几场大雪，同学们排成几行长队，传递脸盆运积雪，随着脸盆的飞动，队伍里不时暴起欢快的笑声。

生活是艰苦的，而精神却非常愉快。礼拜六的晚间，各个单位都在举行娱乐晚会，晚间登上宝塔山，尽揽延安全景，各条山沟，层层窑洞灯光点点，处处送出歌声，掌声和互相叫号的欢笑声。热火朝天的联欢晚会送走了旧年，迎来了新春，冲淡了对家乡和亲人的思念。

让张学德意外的是，在陕公，不，在整个延安，共产党员的身份是不公开的，党组织活动也是秘密的。进入陕公时，张学德和王郭斌在登记表上堂而皇之地写上参加了中国共产党。年月日介绍人一点不含糊。半个月后，校领导找他俩去，在他俩面前展开登记表刚要说话，有人进来，急忙将登记表掩住，来人退出后他又展开，向他们要组织关系介绍信。

张学德十分诧异："登记表上都写清楚了，还要介绍信？"

领导严肃地说："党员转移必须要有组织关系介绍信。否则不承认。"

"在绥德，在延安青年团的登记表上都填了，都没要介绍信呀？"

"青年团的关系有效，党的关系不能承认。你们去找证明人，开来组织关系介绍信才算数。"

张学德和王郭斌入党的主要介绍人季野黎，但是他去了西安，不能证明了。张明和唐一风，只能证明知道他们加入了共产党，但是也不能提供党籍证明。两个月后，校领导又找他们，说经过调查知道他们参加了共产党，但是没有组织关系介绍信，不能承认。现在征求他们的意见，是等待找到证据恢复组织关系，还是重新加入？他们立即表示重新加入。于是，张学德和王郭斌再次加入了中国共产党。

42　重返榆林

"这是时候了,同学们!该我们走上前线!我们没什么挂牵,纵或有点儿留恋!……别了,别了,同学们,我们再见在前线!"

在激情荡漾的《毕业上前线》歌声中,张学德结束了在陕公的三个月学习。同学们含着惜别的泪水互相告别,在各自的小日记本上都留下中央领导人的签字题名。留下同志,朋友,同学,战友的临别赠言。使劲地握握手,抹把泪,迈开大步奔赴前线,踏上各自的战斗岗位。促促相遇,匆匆而别。每个人究竟去了何方,互相都不知道。学员在陕公都使用化名,再见面,也将都是另一个样儿的人了。

张学德和王郭斌拿到一封组织关系介绍信。密封的介绍信是麻纸糊成的,大不过两指,叫他们到边区党委组织部去报到。再三嘱咐把介绍信拿好,今后工作调动,一定要带上党的组织关系介绍信。他们到了边区党委,在组织部换了一只比较大了一点的介绍信,叫他们回绥德特委去报到。

陕公同学离校时都将带来的礼帽,呢子大衣,长袍扔下。张学德抓了一件呢子大衣,他俩仍打扮成小商人的模样回到绥德。绥德特委接待他们的仍然是王朗超,一见面便无拘无束地敞开说笑。王朗超带他俩去见现在的特委刘书记。还是那个窑洞,布局未变,只是主人换了。陕北有句话"米脂的婆姨绥德的汉",米脂出美女(貂蝉),绥德出好汉(吕布)。特委书记是米脂人,果然长得眉清目秀,身材清瘦,气度不凡,只是肤色过于苍白,大概是长期坐牢缺少阳光造成的。他开门见山地说:"榆林的党组织几经破坏尚未恢复起来,几次派人去都先后被捕,现在还有两位关押在狱中。你们的任务是以学生身份宣传党的主张,扩大党的影响,争取青年组织的公开合法化,争取更多的青年到革命阵营中来。你们没有发展党员的任务,也不要同八路办事处联系,你们党的关系就留在特委,由特委直接领导,没有十分必要也少联系为好。"干脆利落没有多余的话。

张学德和王郭斌,从共产党的延安又回到了国民党的榆林,回到榆林中学。虽然山河依旧,但已物是人非。过去是进步学生,现在他们是共产党领导下的革命者了。他们从整顿青年组织着手,在三个学校建立了青年团支部,利用星期日举办秘密集会,报告延安见闻和陕公学习的体会。

今年天暖的晚,三月份快过去了,初春才来到。南门外飞机场南边一片密集的新柳,浮动起淡绿色的柳烟,芳草悄悄儿探出地面。柳林紧临榆林河堤,河水冲没了残冰,欢快地在堤前流过。同学们用郊游的方式,三三两两说说笑笑,互相打闹着走出南门,从几条小径绕来,互相点头致意会心地笑笑。在约定的时间来到柳树林,男女同学很自然地分出一条界线。轻风拂细柳,春光照心扉,同学们伸开双臂舒畅心怀。

将三校男女同学召集在一块开会,打破了过去互相保密的状态,这是在组织内部的公开化。王郭斌交际能力强,他同每个人握手打招呼,介绍大家互相认识,将女生让到最显眼的位置上,逗得人们笑声不止。末了,他站在堤坡上,打一个篮球场上停止的信号,施了个半古老半文明地抱拳鞠躬礼:"我俩刚从延安回来。"他指指在高处嘹哨的张学德。在大家的心目中,延安是一个充满魔力的地方,从延安回来,就好像从外星探险回来,大家都兴奋地望着他们。

王郭斌重点讲在延安的所见所闻,他说的活灵活现,让长期生活在国民党统治地区的同学耳目一新。张学德主要讲抗日战争能否胜利,统一战线中国共两党的关系,马列主义是否适合于中国。他们讲的正是当前学生极其关心的问题,引起大家的共鸣和讨论。

王郭斌带领同学们一时都互称同志,大家激动地互相握手,把这片柳树林变成了革命的小天地。接连几个星期日,柳树林成了他们的乐园。报告,提问,自由交谈,热烈争论,男女同学之间无拘无束地交谈,凝聚着纯洁的友谊,闪烁着青春的光芒。

抗日救亡活动又在三个中学掀起浪潮。学生们冲出校门,在街头,集市,庙会上进行抗日救亡宣传。组织下乡宣传队,到蕨山,青云山,三岔湾去宣传。三个学校的各种座谈会，时事报告会又活跃起来。《前哨》原为不定期刊物，现在改为半月刊，受到关心国事者的欢迎，同时也引起国民党当局的不安。

张学德和王郭斌已经是公开的"左倾激烈分子"，走到哪里都引人注意，很难同特委联系。他们经过特委同意，发展了一位来自绥德的同学作为党员，让他隐蔽下来，做联络工作。

正在这个时候，轰地爆出张国焘叛投国民党的新闻。报纸上头版以特号大字标题发表张国焘的《告中共党员书》，印成号外大量散发，大街小巷贴满了墙壁。

"共产党完了！"一些国民党的学生拿着号外在各处散发，喊叫"共产党大人物反正过来啦，揭露了共产党内幕的黑暗……"

张国焘叛变，对进步青年们是一个重大打击。张学德忖度着，怎么办？

"我们要揭露叛徒的真面目，组织座谈会，出墙报，发传单。"王郭斌提议。

"不能冲动。"《前哨》的编辑王溯深说："你们同上级联系以后再说吧。"

"同上级联系？"他的话提醒了张学德，他说："想办法让榆林八路军办事处主任出面，在这里他有公开发言权。"

大家一拍即合，想出了一个主意。

两天后，十几名男女学生闯进八路军办事处，要求办事处主任回答问题。这位办事处主任约三四十岁，大背头，一身崭新的灰军装，左臂上的臂章蓝边白底醒目的两个大字"八路"，他客气地问："对各位的到来甚为欢迎，不知有何见教？"

"我们是学生代表。"榆中半公开的国民党员学生何一民立起来，"恕我冒昧，贵党高级领导人张国焘公开揭露了你们的内幕，你们说的革命和抗日，是扩充势力，进行割据，阳一套阴一套，内部钩心斗角……这是你们的领袖人物讲的，请问做何解释？"

"是的，我们就是为此而来的。"王郭斌貌似观点一致地说，"如果真像张国焘说的那样，共产党早就该解散，谈不上什么合作抗日，革什么命呀？"

"好。"办事处主任欠欠身子，请大家用茶，然后有问必答地说明了事件的来龙去脉，最后他说："大敌当前抗日高于一切，出一个叛徒或者哪一方再出几个汉奸算不得什么。国家兴亡匹夫有责，愿诸位在团结抗日的大局上共同奋斗吧。"他用送客的姿势说，"欢迎下次再来。"工作人员将中共中央关于张国焘叛党决定和有关声明向同学们分发。

张学德他们将访问八路军办事处一事，采用问答的方式在《前哨》刊登出来，把中共中央的文件广为宣传。这一期出得快，发出量也大，争着看的人也多，针锋相对地抵消了张国焘叛变造成的不利影响。

学生访问八路军办事处，让共产党有机会公开发布对张国焘事件的看法，这让榆林国民党气急败坏。那天，肃反会党部烟雾缭绕，肃反会主任坐在正面案头的太师椅子里，沿着长方形桌案坐着七八个委员，书记长，特派员。他们都叼着哈德门吞云吐雾，沉默地望着那几个国民党学生。

"呋—"肃反主任长长喷出一口烟雾，问："谁提出去八路军办事处的？"

何一民气恼地说："是王郭斌，他提出去揪住张国焘这根辫子叫共产党下不了台。"

"结果领教了一次共产党的宣传。"杨委员气狠狠地撇下烟盒，"还带出来传单替人家散发，真是的。"

"传单我当场拒绝了，谁知那小子，"他指缩回脖颈的罗业伟，"猫手猫脚抓来一大把。"

肃反主任若有所思地说："王郭斌，是共党分子呢？还是被利用呢？"

"这家伙爱出风头，同我们的交情不错。不像是有背景的，你说呢？"何一民说着，扭头问王郭斌的同乡刘科生。

"他家里有钱，他二哥比他还能吹乎呢，生意越做越大，就是这种人呗，能有啥背景。"

"我看张学德倒值得注意。"杨委员说："这人不出头，但是主意多，躲在后面的才是最危险的。"

"不够格。"罗业伟蔑视地说，"他是借王郭斌的光出头的，穷酸小子。"

刘科生却说，"也不能以贫富论才能。他家穷，但是人不窝囊，文笔好，编写墙报，给《前哨》审稿，也不是跟在别人屁股后头跑的。"

"嗯，是这样吗？"肃反主任严肃地说，"《前哨》是有政治背景的，抗日调子越唱越高，这不是替共产党宣传吗？现在影响力越来越大，不能再容忍了，诸位以为如何？"

"查封，抓起几个来。"杨委员攥紧拳头，"这不很简单嘛！"

"没那么简单。《前哨》是经过注册登记的。再看看那些募捐的，写稿的都不是普通市民，我们一动手，万一学生闹起来，各界再支持，这，这可就……"刘委员担心地说。

"以老弟之见呢？"

"必须干涉，但谁出面，什么理由，做好准备，有所防范再动手。"

"这件事我们改日再议，现在散会，刘科生留下。"肃反主任说。

刘科生，蕨山城关人，家庭不算大富，也是独子单传，高中一年级学生。他上高小时参加了共产主义青年团。不幸当地共产党的负责人被捕叛变，连青年团也出卖了。刘科生被国民党逮捕，当时他才十五岁。还是王郭斌的二哥出面搭救，让他写了一个悔过书说"年幼无知，误入歧途，悔过自新"，这才放了出来。在他榆中初中二那年，肃反会发现他曾经被捕过，便又抓起来，叫他重写了一份自首书，要他监视进步学生的活动。他厌恶极了，跑去投红军。苏区审查他时，他如实地讲了，又被认定是叛徒，他几经波折才死里逃生。他憎恨国民党，又害怕共产党，他只希望混过这一学期，回家守住县城里的那座杂货铺，生男育女就是了。可是肃反会偏又不肯放过他，要他监视进步学生。他不想为国民党做事情，又不敢反抗，他苦恼极了，怎样才能既应付肃反会又不伤害别人呢？他整夜呻吟辗转。第二天仍觉得头晕脑涨，不知上课讲了些啥。午后来到操场西厢的墙阴下，加入"苦恼者"行列，沿着四百多米长的墙阴闷悠悠地往复踱步。

"苦恼者"是同学们给那些精神苦恼的同学起的绰号。他们每到下午课余后,都会来到这堵墙阴下散步,其中有几个榆中的"名人"。

马祥林,今年就要毕业了。他家贫,学习极好。他从初中第一名毕业,又以第一名考入高中,学校便将"第一名"的帽子压到他的头上,对他每月增加两元津贴,额外增加作业,增加参考书,还有课外辅导,试前测试等。允许他不参加体育活动可以免试得分,连军训也对他特赦。讲演,作文选报,学习成绩展览,外界来校参观访问,上级下来考核学校成绩,这些出头露面的事情都落在他身上。他逐渐被这"第一名"摧残得吃不下饭,睡不着觉。开始时头晕眼热,渐渐头疼不止,耳鸣心慌,眼前有个黑影儿晃游。现在他面色苍白,额头上戴副"健脑器"。羸弱的骨架,穿身褪了色的黄军服,耷拉下眼皮,鞋面上残留着尘土,没精打采地在墙阴下漫步。

"健脑器"是德国发明的新鲜玩意,合金制造轻巧柔软,戴在头上相当时髦。商家大做广告说"主治头脑不清,神志昏乱,文思不畅,记忆衰退,神经衰弱,眼力朦胧,失眠多梦,头痛头晕,血压过高,患脑充血及中风等症"。很受知识分子欢迎。

丁一谋,定边富户的独生子。父母为了让他早点传宗接代,给他定下一个比他大三四岁的媳妇。他拒绝,抗争,都无济于事。不到十六岁便成了婚。婚事办得特别隆重,送亲的队伍拉出几里长,宾客如潮,喜帐如云,炮火震天,鼓乐动地,整个庄园被喜字所淹没。亲朋赞羡,都说天仙配成一对鸳鸯,父母喜得合不住口。他却在洞房里愁眉苦脸。为躲避婚姻,他发奋考进榆林中学,再也不回家了。他父亲便在榆林城里租了一套院落,将媳妇送来,跟来一个老妈子,又在当地雇了一个,硬要儿子搬出来住。他白天应付过去,夜间又跑出来。他在女师看中了一个意中人,但是那头不脱开,这头就难如意。他苦恼极了,失眠头疼,也在额头上戴了副"健脑器",闷悠悠来到墙阴下漫步。

任向凯,国军团长的独生子。他未婚妻是绥德名门闺秀,就在女师上学,长得特别漂亮,号称荷花小姐。这位小姐好强任性,思想进步,不甘心只作笼中鸟,满腔热情投入到抗日救亡活动中。演剧,唱歌,街头讲演,外出宣传非常活跃。任志凯怕她被赤化,怕被别人拉走，怕她不爱公子爱革命志士，怕这怕那，他急于结婚把她牢牢抓住，两天定要给女方写一封信。可这荷花小姐偏偏不即不离，说既定了婚，就不需情书连篇。有时却出乎意外，她主动来信诉说情怀，让他兴奋得不能自控，把信叫大家看。他对荷花小姐沉醉，兴奋，惆怅，忧郁，紧张，怨恨。她愈活跃，他愈心神不安。他孤独，失眠，苦恼，开始有点头晕，手里拿副健脑器，也来墙阴下散步。或走几步停下呆呆地望着天。

"苦恼者"们都远离政治，置身于各种政治活动之外，貌似脱尘离世，但其实与那些热情高涨地参与抗日救国运动的学生相比，烦恼更多一些。

43　《前哨》被查封

这一天，新一期《前哨》已经送去印刷，突然王溯深急匆匆地跑回来，一进门便喊："完啦，完啦，印刷厂被查封了！"

"《前哨》呢？"

"连底版被都没收啦，是专员公署派人查封的。"

原来，他们几位同学在印刷机旁帮忙，等候装订。突然闯来七八个警察，宣布奉命查封印刷厂，查封《前哨》。勒令《前哨》从此停刊，立即停止发行，同时动手捣毁底版，掳走清样。同学们想要阻拦，警察不容分辩，说他们是奉命行事，有话找专员说去，临走将印刷厂用盖有官印的封条交叉封住。

印刷厂老板叫苦埋怨："你们宣传抗日，叫我跟着受害，停一天要耽误多少生意呀？"

"抗日不犯法，国家兴亡……"学生们说。

"得得得，我不管那些，只管我的生意！你们想办法，给我启封，启封！"

"请愿！"王郭斌从外边回来，气冲冲地说，"捣毁抗日刊物岂非汉奸乎！"

"由专员公署直接出面，这不是简单的行动，没有肃反会和68师的支持，不会这样干的。"张学德说，"我们也得发动各方面的力量来对付。"

大家一致赞成，立即约定几位同学分头去活动。

在学生们紧锣密鼓联合各方面力量准备抗争的时候，专员公署通知《前哨》编辑部和学生代表，定于翌日下午二时，在女师礼堂，说明《前哨》停刊的问题。

"我们要争，坚决地争！"张学德说，"争不来复刊也要争出理来，在政治上争占上风。"

"对，在政治上争主动。"王郭斌挥一下拳头，"他们有权，我们有理。"

第二天下午，各校学生代表齐聚女师大礼堂。贺红荃和艾素箐几位女生作为东道主热情地迎接他们。刘专员准时到场，他身兼县长和保安司令，大权在握不可一世。十几个马弁，提着驳壳枪，挂着冲锋枪，威风凛凛簇拥着他踏进大礼堂，快步登上讲台立在讲桌旁。刘专员今天穿了一套新军装，穿上长筒皮靴。把军帽交给马弁，露出灰暗的头顶，威严地望着台下，这才发现有点尴尬。这个大礼堂有五百余人的位置，但是台下只有三四十个青年学生，他们仿佛有意戏弄，远远地坐在后面偏离讲台，空了一大片。他摊开一只手臂："请，请到前边来嘛。"

"请，请专员自行方便吧。"王郭斌狡黠地向讲台拱拱手说。女生代表忍不住唧唧笑。专员灰暗的脸上浮上一层阴云。

"随便嘛。"刘专员解嘲般地说着，挥挥手叫马弁让开，竟然走下讲台，来到学生代表面前，"随便座谈嘛，兄弟也是从学生时代过来的嘛！让我们先认识一下好吗？"

"榆中张学德""榆中王郭斌""女师贺红荃""职中王溯深"……

"久仰，久仰。"他摸出怀表睹了一眼，表示时间有限。随即一字一板地宣布，"根据国民政府关于新闻书刊管理法的规定，勒令《前哨》停刊，刊号立即注销。希望同学们遵照执行。兄弟公务繁忙，尚请谅察。"整整武装带，接过军帽要走。

"且慢！"王溯深站起来质问，"《前哨》宣传抗日救亡，哪条违反了规定？强令停刊的具体理由是什么？请明确回答。"

"你们的调门太高，替谁宣传嘛！"刘专员打着官腔。

"哎呀呀，堂堂乎专员大人竟然说出这样的话来。"贺红荃以惊讶而嘲讽的声调说，"这就奇怪了，抗日的呼声高了，有什么不好？专员的意思是政府不主张抗日，害怕抗日，反对抗日救亡的啦？"

"误会！误会！"刘专员站起来又坐下，看那样儿是强忍肝火，没法发作。他在官场混得久了，习惯于上下之间唯唯诺诺，没想到这些学生竟敢当面反驳，更没想到在这封闭的边城竟有如此放肆的女流之辈，一时应变不过来。"同学们！"他训斥般地说，"国家兴亡，民族至上。一个政府，一个军队，一个领袖，一个主义，统一抗战不得各言其是，扰乱视听，被奸人所利用……"他口沫飞溅，不时掏出手帕擦嘴。

"统一抗战不是禁止抗战。"张学德抓住空隙打断专员的说教，单刀直入地问，"是不是全国只准允许一种报纸一个刊物，只允许一个人可以说抗日，将国人的口都查封住，我们合理合法的抗日刊物被强行查封，执法者违法，公理何在？！"

"放肆！"刘专员忍耐不住，暴哮一声。几支驳壳枪，冲锋枪哗啦推上了子弹。

"哈哈哈……"王郭斌笑着指着马弁的枪口，"动起这家伙啦，蒋委员长号召全民抗战，你们的枪口对着谁？"

同学们情绪激愤，哗地全站起来，挺起胸膛迎上去，椅凳碰得暴响。

"出去，出去！"专员将怒气泼向马弁，挥手叫马弁收起枪退出礼堂。

"请不要误会。"刘专员缓和地说，"误会，纯属误会。"他双手往下压，要求同学们坐下，他换上极不自然的笑脸，"国家兴亡，匹夫有责嘛！我了解青年的爱国热忱，但是抗日救亡自有领袖运筹，同学们安心求学，要坚持到最后一课……"

"专员是读过政法大学的，怎能不顾同学们抗日救亡的合法权利，这最后一课的主张岂不是叫我们坚持到亡国的那一天，难道要中国重演普法战争的悲剧吗？"张学德质问。

"亡国论，亡国论。"同学们激昂地大声呼喊。

放学铃响了，刘专员看看怀表咬咬嘴唇，"明天，明天上午十时在这里继续谈。"

"准时。"王郭斌说，"如果专员不来，我们三校同学就到专员公署请啦。"

刘专员脸色难堪，大步走出礼堂，这时女师近百学生站在院子里唧唧嬉笑，指指点点，专员避开正面，在一群马弁掩护下急急离去。

刘专员回到官邸，气恼难消。他虽然也有过狂热的学生时代，但在官场混了几十年，只谙于钩心斗角，逐势利看风头，早将书生意气丢得一干二净。自信以他的阅历，地位，权势对付这几个中学生何足道哉？岂料这些初生牛犊却叫他下不了台，软的不行，硬的不吃，反而招来嘲弄。

第二天上午十时，当各校代表来到时，整个女师院子里没人走动，各个教室都在上课。只见女师校长在大门口至大礼堂之间的方砖地面上往复踱步。他仍然是半男半女的装饰，偏分头上抹了油，阴丹士林长衫刚过膝盖，同女生的裙子差不多，皮鞋发亮，背剪着手，低着头，不愿看人。同学们走进礼堂时，发现门内两旁站着四个佩带手枪的兵，大兵铁青着脸，尽量摆出威严的模样。

同学们刚坐好，门口大兵喊敬礼，接着一阵皮鞋响，刘专员，肃反主任踏进大礼堂。紧跟着八九个马弁。刘专员脱帽，点头，伸出一只手将肃反主任让到他昨日的位置上。身后一群马弁列成扇面，学生代表坐成三角形。

"徐主任对诸位的爱国热忱甚为，甚为，这个，甚为重视。"刘专员的开场白过于急促，打了几个喀，才把调门调整过来，会场引起哂笑的涟漪。他不自然地连连咳嗽几声，掩饰地说，"兄弟偶感风寒，特请徐主任亲莅训示。"他边擦汗边向肃反主任点头，退到一旁。

榆林地区肃反会徐主任略示谦虚地点点头，说："兄弟今天同诸位相晤甚为高兴，后生可畏嘛。"他牙缝里透着冷风说，"昨天刘专员都已训导过了，诸位还有什么要求吗？"

"为什么查封《前哨》？刘专员并未提出任何正当理由。"张学德首先站起来说，"《前哨》是经过注册发行的，我们要求取消查封，允许《前哨》继续发行。"

"查封《前哨》既无法律依据，又无正当理由。"女师同学艾素箐站起来说，"今天要求徐主任允许复刊，不过首先要回答一个问题。"艾素箐声音清脆激昂，指指礼堂内外说，"今天警备森严，里外站满了大兵，子弹上膛，如临大乱，是威胁呢还是要对我们动武呢？首先澄清这个问题。"

"别误会，别误会嘛！"徐主任双手往下压，要求同学们坐下，他说，"随身警卫嘛！"这时从旁门撞进来几个女生说："外边的士兵多着呢，禁止人来往，在女师院里搞起威严了。"

"像啥话？"贺鸿荃大喊，"为什么不把这一套对付汉奸日寇去？"全场人声大作。

肃反主任摆一下头，给专员使了个眼色，刘专员离开座位，探头门外挥手，"去，去，都回去。"他转身回来说："别误会，并无他意，是贵校长怕外头有人捣乱。"随后听到脚步踏踏，士兵撤走了。

"宣传抗日是允许的。"肃反主任努力使自己平静下来说，"青年学生不了解外界的情况，要是被别人利用，到那时你们能说清楚吗？"

张学德举起一份《抗战与文化》说："散布亡国沦为什么不禁止？难道他们是合法的，受保护的？"

"那是西安的刊物，我们管不了。"刘专员插话说，"不能允许榆林的刊物被人利用呀！"

"被谁利用了？""拿出依据来？"学生们一片呼声。

"停，停！肃静！"肃反主任大声吼叫，离开座位，马弁拔出手枪，他恼羞成怒地叫喊，"成何体统！《前哨》必须停刊。这是不容更改的命令。会晤到此结束。散，散！"

他挥了两下禁止一切的手势，大步追上已走到门口的刘专员，带上一群马弁走了。在他们身后，唱起了同学们悲愤的歌声：

我们是一群流浪汉，我们是一群爱国犯，自由，自由，救亡图存的自由，被那汉奸走狗，剥套得没有！大片国土在沦陷，千万妇女儿童在日寇铁蹄下呻吟，中华民族已到最危险的关头，我们再也不能忍受，我们再也不能忍受！我们的血沸腾了，我们要挺起身来战斗，战斗，战斗……

歌声由压抑，悲愤到激昂。激愤的歌声冲出礼堂，在校园里回荡。

《前哨》虽然被封，却激起了学生的抗日救国热情，让参与抗争的积极分子们获得了学生们的拥戴。张学德同王郭斌以及女师职中的几位积极分子都进入学生会，改变了国民党学生控制学生会的局面。他们可以用学生会的合法名义说话了。

44　战地服务团

　　1938年，日军和伪蒙军分路进攻东盛进犯，仗一下打到家门口，榆林城顿时紧张起来。以前说亡国危机，说的是东北被占，华北沦陷，大片国土的丧失，那尚是黄河以东的事。现在日寇的魔爪骤然从陕北的背后伸来，说不定"最后一课"真的就降临到这一代人的头上，这是多么可怕的情景啊！于是榆林城同仇敌忾，团结起来一致对外，抗日救亡成了压倒一切的事情。

　　日寇攻打东盛，国军不增兵支援，反倒收缩防线，摆明是要放弃东盛，固守榆林城。可是出乎意料，仗打了几天，敌人被击退，守军居然胜利了。全城一片欢腾。伤员抬进了榆林城内唯一的一所医院。女师那位训导主任带上女学生，到医院来慰问伤员，让那些女学生哭哭啼啼地在伤员床前连说带唱：

　　"啦……嘿，恭喜恭喜各位先生们，各位勇士们，今天是旧历的新年，各位的家里一定是都在伸着头颈儿望，望你们回到家乡，去看看年老的爹娘年轻的太太，去抱抱可爱的小弟弟小姑娘。他们哪里晓得，你们正为着我们老百姓，为着千百的妇女儿童，受了极名誉的伤，躺在这病院的床上，听……"

　　"我不听！"伤员头上绷带渗出了血，从床上挣扎起来咆哮，"老子没死，哭什么？滚！"

　　"去去去，"一个挂武装带的小军官像轰苍蝇似的挥手，"哭哭啼啼地，我们还打仗不？到战场上来几段还差不离！"

　　女生们灰头土脸地退出来，她们想不通，这是有名《慰劳歌》，这些伤兵为什么不愿意听？

　　王郭斌听到这件事情，说："怎样慰问都找不对门吆！"

　　"到战场上来几段？"张学德发现了机会，"我们组织战地服务团，把团员和进步同学拉出去，就到战场实地慰问，争取青年团的合法化。"

247

"好。"王郭斌完全赞同,"就叫西北青年战地服务团,到东盛去,回来后就是西北青年团了。"

"机不可失,乘硝烟未散,说干就干。"张学德马上写了组织战地服务团活动的报告,获得特委的支持。于是他们通过共青团员开始在学生中动员。"到战地服务团去!到前线去!"这个口号召立即获得同学们的响应,不到两天的时间,报名参加的就有一百多人,学生的爱国热情沸腾起来。平日按时打点的铃声乱了节拍,课堂上同学们提出一大堆抗日救亡的问题要老师回答,正式课程进行不下去,学校震荡起来,校方慌了手脚。连夜召开会议商讨对策。校方知道抗日救国是大势所趋,不能直接干涉,所以只强调升学,考试成绩和家长的企望。上课,自习,就寝都恢复了点名,增加了作业,期望以学业压住学生参加战地服务团的热情。

那天,榆中校长午后回到校长室,擦擦汗坐在方桌前,抓来几份报纸,校役沏好一杯茶。忽听门口有几个人喊:"报告!"随着竹帘的掀动,进来几个学生。他们向校长行过鞠躬礼后,在方桌前一字儿站定。校长欠欠身子表示欢迎,可是同学不动,这才发现学生们立正的姿势,赶紧说了句"请稍息",伸出一只手,让同学们在身后的长椅上坐下。

"有什么事?"校长问,"我还有事要出去。"

"我们是学生会的代表,有几个问题请校长表明态度。"

"表明态度,嗯?讲。"校长抓来纸笔。

"校长对蒋委员长关于全民抗战的号召一定拥护吧?"

"当然,当然。"

"对同学们的抗日救亡活动一定支持吧?"

""当然,当然。"

"那么,对我们组织战地服务团的问题,校长一定支持吧?"

"哦!"校长迟疑了一下,圆滑地说,"我不曾反对啊!你们来校求学,我要为你们负责,为你们的家长负责,你们也要为自己的前途考虑嘛!"

"国家兴亡匹夫有责,这是校长教导的。"张学德接上说,"自愿参加战地服务团的都是认真考虑的结果，校长既然不反对，我们有几项最低要求请校长给以明确表态。"

"请讲。"校长抓起铅笔。

"一，对参加服务团的不能视为旷课，不影响学籍。二，考试要给补习时间或者准许补考。三，本届毕业生不影响毕业。"

"就这些吗？"校长松了口气，他知道外地组织战地服务团的多了，甚至还有教授带队。本校学生这样有限的行动算不了什么，大多数稳定下来就行了。他略做斟酌便顺水推舟地说，"这三条都同意。"

得到校长的这三个同意，参加服务团的同学心定下来，退出去几个，又进来几个，战地服务团筹备工作顺利完成，并在女师礼堂举行成立大会。

同学们冲破女师的禁令，闯进女师校门，按时到礼堂集合。礼堂的气氛从来没有今天这样活跃。男女同学随心入座，互相大胆地问这问那，随意说笑。纯洁的友谊，跳动着灼热的心，洋溢着青春的气息。女同学都换上了淡黄色的军服，长发剪成了短发，不抹脂施粉。素洁的装饰飘逸着高雅。她们举止大方，纵情谈笑，表现出比男性更解放更大胆的风韵。

贺红荃跳上讲台，苗小的身材，嘹亮的声音喊道："喂喂喂，听我说呀，哎呀呀，听我说呀！"她拢一下短发，掏出洁白的手绢擦擦汗说，"咱们开始吧，开始正式议程吧。"

礼堂的欢声笑语轻轻流去，悄然静了下来。只见她一双大眼睛活溜溜地在会场中寻找。"喂喂喂，王郭斌同学，你在哪儿呢？还有张学德同学？"她飞眸四盼，面前一片黑华华的眼睛使她有点儿慌乱，"你们扭捏啥呢？"

"那不是吗？"艾素箐坐在最前面，站起来转过身声音清脆地指点着："你，你两个过来呀"她觉察到众多的目光投向了她，睑儿刷地绯红，借着掏手绢拭汗的掩饰，挡住视线落了座。

"你就开始嘛，这是女师的地盘嘛。"王郭斌摆出个请不动的模样，"同学们说好不好？"

"好！好！"一阵热烈的掌声。

好胜的贺红荃毫不迟疑地说:"主持就主持,做一次会议司仪吧,但得听我的指挥。今天第一项议程就是推选战地服务团的正副团长。我提议王郭斌同学做服务团的团长。好不好?"

"好!好!"同学们以热烈的掌声通过。

艾素箐举手站起来:"我提议张学德同学做副团长。"

"好!好!"又是一阵热烈的掌声。

"第二项议程。"贺红荃高声说,"请当选的正副团长上来主持会议啦!"她神采飞扬地笑着,转动机灵的大眼睛在掌声和笑声中退下来。

战地服务团宣告成立了,这是三个中学男女同学自愿组成的团体,这在榆林地区又是破天荒的第一次。服务团分为三个分队,女生一个分队,贺红荃做分队长,男生两个,分别由张学德同王郭斌任队长。大家讨论了有关事项,决定由女师绣一面旗子,待准备就绪即出发。会后同学们手挽着手高唱义勇军进行曲走出礼堂走出女师校门。

两天后,张学德他们正在宿舍讨论出发的时间,留校同学如何联系等事项的时候。又来了八九个同学要来参加服务团,他们是以高中班何一民为首的国民党学生,除罗业伟外都是高中三年级应届毕业的。

这些人走后,王郭斌说:"龟孙们也来凑热闹,昨天还反对,今天倒找上门来啦。"

"来者不善。"张学德说,"他们突然参加,恐怕内情不简单。说不定国民党要有动作。"

说话间,教务主任派人来通知:明天下午在榆中礼堂召开服务团全体会议,国民党肃反委员会徐主任要亲莅训话。

第二天下午,参加服务团的都来到榆中的大礼堂。门口内外已经站了几个马弁,都挂两支驳壳枪,沉甸甸的子弹带交叉胸前又在腰间围了一圈。这些马弁并不是真的要打仗,就是当官的一种门面。

教务主任和有几个陌生的军官站在主席台下的左侧。保安队的李队长,身穿灰军装,怀里抱支盒子枪,坐在紧靠门角的一把椅子上。

教务主任的西服敞开,领带贴在鼓胀的肚子上,从男同学这一行的座间走过去,又从女同学的一侧转回来。突然,外边一片皮鞋响,夹杂着枪械晃动的响声。门口喊敬礼，十几个马弁护卫着六七个戴礼帽，穿阴丹士林长衫的人，其中有校长，师部政训处主任，还有一个矮胖的军官，踏进礼堂时都摘下礼帽，点头哈腰，一套社交场上的恭谦。留在外边的马弁三三两两地在窗前的长台阶上来回巡逻。

"嗯，开会啦！"教务主任提高嗓门，"嗯，今天召开榆林中等学生战地服务团成立大会，徐主任亲莅训导，我……"

"且慢！"王郭斌站起来，"我们的战地服务团，三天以前就成立了，叫西北青年战

地服务团，今天成立的是哪一个？"

"你们看呀。"艾素箐展开一面红旗说，"这是西北青年战地服务团的旗帜。"

很多同学情绪激动地站起来，大家议论纷纷，会场震荡起来。

"请安静，同学们请坐下。"教务主任喊叫着，两手往下压，走进坐排间，点着名让站起来的学生坐下。会场渐渐静下来。李队长和窗外的马弁纷纷把枪插回木匣。

肃反委员会主任开始训话，他和善热忱地赞扬青年学生的抗日热情，大讲大敌当前团结抗日，然后回到主题，说服务团的名称应定为榆林中等学校学生战地服务团，名副其实，众望所归嘛。王郭斌捅捅张学德："怎么样？"张学德说："这名字也行。"这时候，肃反主任话锋一转说："为了响应各界的呼声，特派68师政训处两位政训员，还有我们的刘委员，李队长，随同战地服务团活动。另外，服务团的团长一定要年龄较大，班级较高，各方面都能接受的同学。我们决定由张玉彬来担任团长。"

他的训话戛然而止，这时，张玉彬站起来向大家行十五度的军人礼。他是应届高中毕业生，校足球队队长，虽然参加了国民党，但为人不坏，三校同学都认识他，确实是各方面都能接受的人选，许多事由他出面交涉更好一些。张学德对王郭斌说，国共合作，这样也好。

王郭斌起立带头鼓掌，表示同意，何一民那一伙也鼓掌响应。台上的头面人物看到双方都接受，满意地走了。

张玉彬满脸不高兴地说："快毕业了，摊上这份差事，咳，跟你

251

们走一遭吧。"他指着坐在最前面的何一民,"何一民,你当第一分队长,路上别给我找麻烦。"又分别点将,"王疯子,二分队队长,张学德,三分队队长。贺红荃,女师队长。"指派完队长,他忧虑地说,"东盛那一带可不是好玩的,小股土匪出没无常,怎么办?"

张学德说:"军训时的步枪封存在学校,何不发给子弹让每人带一支?"

"这倒是个好主意。"张玉彬完全赞同,于是去肃反会交涉。

45　长城内外

　　当局给战地服务团拨来十支七九式步枪，每支配一整带（五十发）子弹。何一民不要枪，他私下说：万一遇上土匪，谁拿枪谁去抵抗。张玉彬带了一支，其余集中在张学德同王郭斌的两个分队。战地服务团的出现，引起榆林古城各界的重视。出发的头一天，沿途城镇的党政军机关便得到训令，既要严加防范也要予以保护。因为服务团里不仅有"危险分子"，也有上层社会人士的子女。

　　边城六月虽已绿柳放荫草木荣荣，但早晨仍似初春时的清冷。当朝阳越过东边山脊，阳光洒向郊外沙野的时候，这支四五十人的年轻学生队伍，向榆林北门走来。他们身穿草绿或褪成浅黄色的学生军装，不束腰带不打裹腿。女生的军帽下露出短发，更显得素洁高雅。带枪的同学走在几个分队的前列，而队列不按高矮顺序排列，显得凌乱但却是活泼多彩。瓮城外，门洞旁，几个大兵持枪立正，目送这支新奇的队伍从眼前通过。在城楼上的垛口中，有一个佩着武装带的军官探出身子，怀前抱着驳壳枪，困惑地观望着这些不军不民的"洋学生"。

　　离开城门口，踏上北去的古道。本来就很松散的队伍更加没有了约束，大家唧唧咯咯地说笑起来。时而发出爽朗的笑声，时而唱起了歌。女同学们的声音清脆嘹亮，像一股温馨的细流，荡漾起喜心悦耳的声波。道路两侧菜田里的农家男女，停住手中活伸起腰，诧异地张望着这些快活的青年人。

　　战地服务团的四个分队，一个是女生队，另外三个由男生自行选择。结果是两方泾渭分明。何一民的第一分队清一色是亲官方或者是倾向国民党的，张学德和王郭斌带领的第二和第三分队则是亲共或者左倾的。

　　团长张玉彬走在最前头，战地服务团的红旗插在枪筒上。他的背包挂兜以及风纪扣都按军训的规格装束得整齐利落。他正在为毕业后的出路发愁，压根儿没有参加抗日救亡活动的兴趣。虽然并不情愿当这个团长，但他不能拒绝，否则会惹上麻烦，只好硬着头皮来支应这遭差事。他不担心何一民这伙人，因为他们听从随队官员的指挥，不会出什么乱子。他担心的是王郭斌和张学德，他俩是这次活动的发起人，也是服务团真正的核心，不知道这两个亲共分子会搞出什么事情？当然，他还在意这几个随队的官员，这些人可得罪不起。

此次出行，师部派来两个操湖南口音的政训员，年龄大的姓李，他太太是女师学生，也在服务团里。年纪轻的姓王，他俩都换上了军便服，同学生们的服装差不多。肃反会派来一武一文。武的是李队长，身穿灰军装，束条皮带，打裹腿，带支驳壳枪，一声不吭走在队伍的后头。文的是委员刘合秉，古府县国民党党部书记长。他矮个子，穿一身深蓝色制服，胯股旁的衣襟下，着意露出黑色的手枪套。这条路他常来常往，但不是骑毛驴便是坐架窝子，而今徒步走路，累的他直喘气，一次一次停下掏出手帕擦汗。

服务团从扼踞边防要隘的镇北台下穿过长城。长城内外迥然两重天地，绿色的田园树木顿然消失。放眼望去，浩浩沙漠远接天边，沙丘地伏犹如翻滚的洪浪。渺小的服务团像是一把沙粒撒进茫茫的沙海。晴空万里，骄阳照射沙野，闪闪烁烁地放射出熊熊热炎，黄沙烫脚，热炎灼脸。望远处看，古道已被黄沙覆盖，走近了，才看出断断续续的古道轮廓。初试征程的青年们不谙长途行军要领，开头那一阵子走得过猛，此刻陷在松散的沙土里，一脚一个窝儿迈不出步。携带的每样东西，似乎都成倍地增大了分量。队伍解体了，疏疏落落在热炎中熬煎，在断断续续的古道上拉出一条断断续续的队伍。

张学德在一处横断古道的沙梁上停住脚，将步枪换到左肩上，望见前头那些移动的身影，稀稀拉拉一直伸到对面漫漫的沙坡上。张玉彬已经到了沙坡的转折点。他将团旗卷起连同步枪搁在背包上，步履虽然慢下来了，看那姿势还有劲头，显示出球场健将的实力。两个政训员紧随其后，他们是久经军旅生涯的军人，比学生有耐力。

艾素箐正奋力跋上沙梁，她肩上斜背着一张厚厚的棉被，白净的棉被在烈日照射下像发酵了的面团膨胀起来。丝手绢在帽檐上搭出个垂帘儿护着脸。她走近张学德，掀开纱帘，满脸红光，舌头抿抿干裂的嘴唇，气喘吁吁又含情脉脉地望着他。自从她第一次看到张学德，就倾心于他。张学德的脸本来就被热炎灼烤的通红，现在让她这样地瞧着，腾地恍如着了火，血液沸腾怦怦心跳，不知该怎样是好。他笨拙地只说出两个字"给我"，伸出手抓过她的棉被搁在背包上，棉被压上颈项，超过头顶高高隆起。

他没多想，觉得应该这样。她没迟疑，似乎本来就该如此。她卸掉了重荷仿佛一下子跳出了沙窝，那双摄人灵魂的眼睛笑盈盈地，闪耀着挚爱的灵光。

他们开始并肩走。张学德有生以来第一次感受到女性的魅力，兴奋而紧张。这位来自貂蝉故乡的高门女子，生就了花颜玉质的姿色。她体态盈盈，风韵高雅，脸儿不施脂粉，肌肤白皙细腻红白相映，剪去长发改成标志着新时代的偏分短发，红润的嘴唇露出洁白整齐的牙齿，淡淡的细眉下一双韶光流盼的眼睛，泛动着情愫无邪的秋波。她端庄大方，很有主见，敢抗争，求进步，向往着新时代创造美好的人生。张学德早就觉察到她在注视着他。但他深知自己贫困的家境和现在身负的使命，知道这样的富家小姐对于他来说是可望而不可即。可她今天却大胆地来的面前，让学德心慌意乱。

这个学期只剩两个多月。艾素箐的家里早就为她安排好了婚姻大事，是幸福还是悲剧，悬于一决之间，她怎能不忡忡于心呢。她家富有，乃父属于上流社会人物，而她文芳俊姣，垂青她的不少。她父母选择了比她家更富有的亲家。她几次抗命，要求婚姻自由，要在新时代的青年中寻觅称心如意的人。而固执的父母怕她闹出什么风雨来，决定等她毕了业就完成婚姻大事。

贺红荃是她的同乡，同学和闺蜜。她俩都是一个心思，都要婚姻自由，也都想找一个"革命者"。艾素箐看中了张学德，贺红荃看中了王郭斌。只是她们不知道这两个人为什么没有其他男生那种主动性。

"来！我背上。"艾素箐伸来红润的手抓住学德肩头上的枪带。学德心头一动，望了她一眼。她正好也望着他，脸便绯红了，莞尔一笑露出洁白均匀的牙齿。

学德心里一阵温暖，不知道为什么脱口而出："你的牙真白呀，是真的还是假的？"

　　"哎呀呀！这才问得怪呢，你看是假的吗？"她龇出牙让他看，干裂的嘴唇奔出一粒血珠儿挂在唇上。他掏手绢犹豫了一下，放弃了。这一动作她看得清楚，自己掏出手绢抹拭掉，白手绢印上了血痕。

　　"哎呀，你，你看你。"他笨拙地说，"开玩笑嘛，倒认真啦！你的牙齿真像一颗一颗琢磨好，再一颗一颗镶上去，美得很哩。"

　　"唧唧唧，唧唧唧。"她开心地笑了。

　　身后嚓嚓响，李队长来了。他将匣子枪搭在肩上，提着皮带，倾斜上身带动两脚快步走过，不知赶到前头去做什么。

　　大家实在走不动了，口干舌焦说话更困难。可是沙地干热，不能坐下来歇脚，只可搁下背包站立片刻。烈日当头，无风无云，不闻声响，大家都在灼热的沙路上熬煎。转过一道沙梁，前方沙湾里露出一簇柳树梢。望柳生风，在赤日炎炎的沙海里，这簇绿色带来希望和喜悦。大家抖擞精神向树下聚集。

　　沙弯里，五棵古柳下，一片荫凉，一片青草地。同学们急急放下行李，长呼一声，横七竖八地任意躺下，眯住眼品味树荫下那醉人的凉爽！

　　张玉彬捷足先登，最先恢复了体力。几次要大家起来走，可是没人理会，也只好放弃了引人讨厌的努力。张学德坐了起来，瞧瞧树荫下东倒西歪的人。艾素箐头枕着厚棉被，步枪扔在脚下，枪口杵进沙土里。荷花小姐的头正好在杨麻子的脚跟下。年轻的肢体，晒得红彤彤的脸，无忧无虑地自由放任。片片叶影，点点阳光洒在身上闪烁着青春的光彩。

　　张学德望着古柳出神。应该是黄沙未侵入之前，便有了这几棵柳树。当狂风卷着黄沙滚滚袭来，碰上柳树的阻挡，急打旋折回头，日积月累在树身的西北侧堆起一个大沙丘。粗陋的树干，歪斜扭曲伤疤累累，鼓出刺眼的僵结。残枝断杈上又长出柔若游蛇的细枝条。枝蔓交错绿叶稀疏，树冠蓬散，酷似狂怒的雄狮。不屈的古柳，在这孤立无援的塞野，同风沙进行不息的斗争。风沙未能使它屈服，干旱未能将它枯死，严寒也未能夺去它的生机。不屈的古柳在搏斗中求得生存！

同学们慢慢地恢复了活力，又重新挺起了腰。王政训员立在树杈下，凝视着草丛间星星点点的黄花和紫花，轻声儿吟唱起歌儿来："五月的鲜花开遍了原野。鲜花掩盖着志士的鲜血！为了挽救那垂危的民族，他们曾顽强地斗争不歇……"

歌声悲怆凄凉，似在痛楚中的呻吟，似在伤情地倾诉。动人的歌声引起了共鸣，大家都跟着唱起："……再也忍不住这满腔的怨恨，我们期待着这一声怒吼，吼声惊起了这不幸的一群被压迫者，一齐挥动拳头！"

歌声由低沉而转向高亢悲愤，激情奔放的眼眶里含着泪花。

"蚂……！"突然，树根前一声急促尖利的惊叫。只见荷花小姐急急蹦跳，两手在身上拍打，惊恐地指指方才坐过的树根，"蚂蚁！蚂蚁！麻子哥快，快打呀！"

杨麻子同荷花小姐合演过《小放牛》，叫惯麻子哥了，此刻顺口喊了出来。杨麻子应声而起，抓一把步枪冲到树前大喝："呔！大胆的蚂蚁竟敢惊吓我家公主，杀杀杀！"他比画了几下，一本正规地向后转，走到小姐面前立正，行了个持枪礼，挺胸直腰"报告公主，蚁匪大部被歼，残部四下逃窜。正在追杀中，完结。"再一个军礼，做个鬼脸转身退开，他从头到尾本着严肃的姿态，一丝不苟的动作，引得大家捧腹大笑。

这时候，大家低头看，呀！遍地是蚂蚁！黑色大蚂蚁酷似铁甲武士，成群结队，忙忙碌碌，奔走不息。草根间，树根下，黄土缝隙里，无数的小洞，各色甲壳虫，软体虫，长翅的黄蚁，触角长长的土牛，进进出出穿梭在蚁群间。树枝上结出一层层蛛网，飞蛾在叶背下产卵。

沙漠中有这几棵树，便有了一个世界。刚才，他们就躺在这个虫蚁的世界上。

日斜树影移，炎热开始收敛，沙丘抛出一抹阴凉。张玉彬在前边的路上招手吆喊，他不知道从哪里找来一辆牛车，一个衣衫褴褛的赶车人，依着牛，手遮太阳朝这边望。同学们跑去将行装扔上车，朝炊烟升起的地方走去。

46　沈木宣演

　　从榆林到沈木，一天的路程走了两天。服务团实际上已成为公派团体，沿途车马食宿，听讲演，看演出都当作公差来支应。服务团住进沈木县的"最高学府"——沈木完全小学。小学校打扫得清爽干净，临时放了假，房舍及设备虽然老旧，但样样俱全，课堂和寝室是分开的，黑板擦，粉笔匣，小桌小凳，鸡毛掸，炕铺，门帘，煤油灯，每一处每一样东西都带着童稚无邪的气息。门窗敞开，空气流畅。这些风尘仆仆的青年，恍如回到了小时的乐园。女同学们住在属于教员活动的小院里，僻静安适。同学们饱餐一顿大碗羊汤面条，饥渴疲乏全部消除。

　　沈木是一个小县，国民党县党部书记长，谦恭地迎接随团来的几个官方人物，请他们进县党部大院后面接待上客的小窑院。这个念过高中的中年地方官，在政界混了若许年，谙知接待应酬谦恭捧场是官场的基本功，别看这些人官位不比他高多少，但是来自大地方，说不定将来就靠上了谁。炒勺暴叫，油烟刺鼻，酒香肉香弥漫着后窑。小县书记长为几个官员接风洗尘，机敏恭维地频频举杯："诸位辛苦，为了国家，为了民族……"

　　战地服务团的到来轰动了沈木县，演出的那一天，四乡人骑毛驴，坐牛车从几十里以外赶来。男女老少都换上了新衣裳，像赶庙会似的将一个宽敞的庙院挤得插不进腿。县政府的衙役，城区的保甲长出来维持秩序。平常不肯出来的县长亲自登台致欢迎词，随队的肃反会委员刘合秉也上台发表抗日救亡的讲演。演出节目间的空隙，几个学生出来宣传讲演，一个个慷慨激昂。在这里抗日救亡的语言是共同的。刘合秉高喊：打倒日本帝国主义。把嗓子都喊破了。张学德负责组织听众喊口号。老乡们不知道怎样响应，事先教了几遍。在讲话演出高峰点上，扼要，简短，有力的几声口号喊出去，全场响应，声起声落，几千只手一齐挥动，几千个声音汇成一股强大的声浪，响声震天，回荡在全城。

话剧是头一天集体编排的，只确定一个轮廓，有哪些角色，几幕几场要达到什么效果。台词由各个角色按照剧情自行创造。演出时幕后有导演，只控制前台的过场和时间。服装道具都是临时借用的，谁演什么角色或自愿选择或由导演指定。不动锣鼓管弦，布景极为简单。演出话剧这在沈木还是第一次，更稀罕的是，一改男扮女角的老套子，由女生扮演女角，仅这招就够轰动了。

剧情不复杂，台词有很大的随意性，表演也说不上艺术性，漏洞百出引得台下哄哄笑，但却也充满了激情和生活气息。青年人的生动活泼和大胆奔放将现场气氛推到高潮，抗日救亡的呼声引起全场共鸣，台上台下融成一片，演出结束时全体出来谢幕，掌声雷动，欢声如潮，老乡们把他们看作敢闹腾的娃娃，怀着深情厚谊，依依散去。

张玉彬也一扫忧郁寡欢的情绪，活跃起来仿佛要追回不该失去的青春。他即是编剧也是导演，分配角色，扮演主角，成了演出的总大拿。何一民的角色也成功。最出色的是杨麻子，他扮演乡间木匠惟妙惟肖，从此便改叫他"杨木匠"了。女同学的演出以及分组宣传中将服务团的活动渲染得异彩纷呈。本来颇有隔阂的年轻人在合作中一下拉进了距离，相互配合相互激励，充满了团结抗日的气氛，张学德这些"激进分子"同何一民这些国民党学生关系缓和了，男女同学之间解除了屏障，坦然接触，不用异样目光相互猜度了。

服务团在沈木的活动圆满结束，明天即将离开。离开前的这天，贺红荃和艾素箐约张学德到她们的住处去谈一谈。两个对一个，避免了其他人可能的猜疑和一对一的尴尬。

夜来人初定，明月照古城。张学德在约定时间来到她们的住处，门虚掩着，他轻咳一声进了门。两位姑娘改变了一下姿势表示欢迎。娇小的贺红荃坐在炕头前，一腿伸直一腿盘席，艾素箐坐在中间，曲抱双腿，下巴触在膝盖上翘跷起脚。两位姑娘显然经过一番精心梳洗，短发油亮，衣领袒开，虽未施脂粉，但更显得素洁清雅。

地上倚墙一张小方桌，一把靠背椅，她们让张学德坐下，却一时不知道怎么开头。张学德想，既然人家女生主动邀请，自己作为男生也应该主动一些，便直截了当地说："两位不必作难，你们想知道什么就直接问吧。"

他主动破题，让两位姑娘放开了拘谨。艾素箐问："你和王郭斌去过延安，你们是不是共产党？"

"我们是不是共产党不重要，重要的是你们怎么看待共产党。"张学德不能直接回答，把球踢回去。

"我们也想去延安，可以介绍我们去吗？"贺红荃换了一种方式问。

"你们都是富家女子，家里能同意？"学德已经接到特委的指示，要组织一些中学毕业的进步青年去延安，正好想知道她们的态度。

"去延安，谁也挡不住。"艾素箐坚决地说

"一个女子同家庭决裂可是非同小可，还有父母安排的婚姻，你们想过可能有多困难吗？"

她俩沉默下来，因为她们知道，真要去延安将面临来自家庭的巨大阻力。终于，艾素箐打破沉默，问："听说延安是婚姻自由，是吧？"

学德讲了延安发生的黄克功情杀事件和延安的"恋爱三原则"：一要有共同的政治方向；二，要互相了解，有真正的爱情基础；三，必须要自愿。两位姑娘听得眼中充满向往。学德觉得到了把婚姻问题讲清楚的时机，说："我和王郭斌都已经结婚了。"话一出口，眼见两位姑娘酷似霜打花朵垂下了头。他接着说，"我们两个都决定要摆脱封建婚姻强加的锁链，连这一点都做不到，还枉谈什么解放被压迫的劳苦大众呢？"听到这个，她们又重新兴奋起来。

民国时期仍旧是男尊女卑，男人可以一夫多妻，女性地位极低，所以追求婚姻自由反倒是女性更迫切更大胆。在很多新时代青年的观念中，包办婚姻属于封建传统，是不能承认的。

张学德具体讲了他们的婚姻情况。他实际上已经退婚。王郭斌虽然是门当户对的结合，而且已生有一女，但是已经决心与包办婚姻决裂。张学德说，"在延安，人人平等，没有各种封建势力的羁绊，只要到了延安，婚姻大事就能掌握在自己手里。"

"这么说，不去延安就不能谈婚姻大事了？"贺红荃问。

"你想想，我们已经决心投身革命，去延安只是时间问题，如果去了延安，就不能保证回来，还能考虑其他事情吗？"

这确实是一个现实问题，两位姑娘又沉默起来。

月儿离开窗户，隐在西城楼的一角，张学德告辞退出。

战地服务团在沈木的活动初战成功。西北角上这座长久闭塞的小城听到了抗日的呼声。老乡们惊愕地遥望战火染红了的远方，探问日本鬼子离这儿多远，能打到这里来吗？抗战能胜利吗？

战地服务团要出发了。上午八时，小学校的大门外停下几辆牛车，行李已经放在牛车上，同学们准时来到大教室前集合。张玉彬又将服务团的旗子插在枪筒上，那几个官方人物相继出现。刘合秉在这些官员中职位最高，最后出现，陪他出来的有沈木县长、党部书记长，还有像保长，教育科长之类的官员。一帮人簇拥着他从小学校的大门开始，点头哈腰，揖让着走进来，适可而止地停在一旁。

张玉彬站在队前宣布："战地服务团不去东盛了，改去古府县，出发。"

"为什么？"张学德大声问。队形乱了，同学们都围上来。

"请，请。"张玉彬向后退，将刘合秉让到前面来。

原来，县党部派刘合秉随同战地服务团，一个重要原因是他熟悉这一带的地形。所以他深知前方道路的凶险。不止路不好走，而且土匪出没。如果碰到大股土匪，他们这几条枪根本抵挡不住。这些松松垮垮的小姐公子哥，要是让土匪掠走一个两个，那他就麻烦了。他深谙为官之道，可以无功，决不能有过，赌上自家前程陪学生们胡闹不值得。战地服务团在沈木县的成功让想出一个主意，让战地服务团去古府县，既能在自家地盘上风光一下，也不落下临阵脱逃的恶名。

"同学们，请静静，听我说嘛！"他恳求地连连抱拳，强作笑脸，"兄弟为同学们着想呀。东盛的战事结束了，那里已经不是战场，何必还去呢？这是一。那条路太难走，风沙大，人烟稀少，何必找苦吃呢？这是二。第三，最要紧的是那一带土匪多，都骑马，来去一阵风，万一碰上，后果难以设想啊！何必去冒险呢？兄弟欢迎诸位到敝县来。都骑马，用不了半天就到，吃住敝县全包啦。"他拍拍胸脯说，"玩上几天，不，不，宣传几天，走时爱骑马的骑马，想坐车的坐车，兄弟不会薄待诸位的，好吧，行不行？"

"不，不行！"张学德逼近他大声说，"我们的目的地就是东盛，任何人不能随意改变，战事虽结束，战地还在，浴血抗敌的驻军还在。道路难不住人，那一带是我军控制的地方，不是土匪的世界，不能变，到东盛去！"

"到东盛去！""到东盛去！"众多的声音汇成强大的浪潮。

"不，不去东盛！"何一民吭声大叫，"到古府去！"

两方学生短兵相接，都提高声音要压倒对方，挽起袖子，涨红了脸，再下去只有动手了。

"少数服从多数！"张学德大声喊，"民主表决！"

"反对表决。"何一民喊叫，"要自愿，谁愿去哪儿就去哪儿，不表决。"

"好。"王郭斌大喊，"愿去东盛站起来。"他握起集合队伍的拳头。"哗"大多数人站到他那边。

"愿到古府的站过来。"何一民也举起集合的拳头，七八个同学站到他那边。

刘合秉没想到在这个节骨眼上，张玉彬躲得老远不说话，估计也是想去东盛的。两个政训员同李队长也没出头助阵，因为他们的任务是监视激进学生，只能跟着激进学生走。刘合秉悻悻难耐，但他决计不去东盛的，只好说："那我们就兵分两路吧。"

他带着何一民那一队伍，上了牛车，往古府去了。

于是张玉彬又站到东盛队伍前头。大家齐声唱起义勇军进行曲，踏着整齐的步伐走出校院，离开了沈木县城。

47　大漠惊魂

　　走出沈木城关，道路朝西偏了一个角度。面前是一片塞外江南的小盆地。大概是风力旋转将排山倒海的沙漠扼制在西边。这里杨柳依依，灌木丛丛，清溪绕浅滩，田园绿河湾。牛儿漫步，羊群云游，野鸟跳跃啁啾，燕子凌空穿梭。此时春耕已过，夏耘尚未开锄，仍然是一片春色。空气像玻璃样的清亮透明，和风拂拂摇动枝条涤荡着青年们的心怀。

　　"呵，太美啦！"同学们情不自禁地欢呼。谁说路难走来着？马沛久酷爱诗文，触景生情诗兴大发："常说追春到江南，谁知塞外也春风。啊……"

　　李队长走在最前边，牛车在队尾，木轮车慢悠悠滚动，同学们说说笑笑好不快活。

　　小盆地宛如天然盆景，漂亮是漂亮，但是太小，牛车够慢的了，只走多半天便到了头。也就是走出了沈木县境。牛车到此止步了。

　　不是路难走，而是根本没有路。

　　这是伊克昭盟境内，当地政府派出向导，带来几匹瘦马驮行李。刚刚还赛江南，现在却是另一样天地。向西望去沙漠起伏，浩浩无边，北面则是望不到头的丘陵高原，沙丘纷纷扬扬，黄土残体干旱得发白，没有树木，渺无人迹。四处望去没有路的踪迹，向导走到哪儿，哪儿就是路。

　　同学们在烈日的炙烤下走得筋疲力尽，终于，天空放出一条条扫帚云。刚感觉有点凉爽，猛然一声巨响，在西北方向一堵巨大的"沙墙"拔地而起。沙暴翻滚升腾，蔽日遮天，以排山倒海之势隆隆而来。张学德牵着一匹瘦马，正走在沙丘上，一看不好，赶紧掏出两副风镜递给艾素箐和贺红荃。此时此地这种五分钱一副的小物件是至为难得的。艾素箐接过风镜，抓住张学德的子弹带。大家纷纷抓住马镫，马尾，

263

马鬃或者任何可以抓住的地方。仅仅片刻工夫，沙暴就呼啸而至吞没了服务团，恍惚宇宙又回到混沌时期。沙暴带着强大的旋转力，在旋转中呼呼滚动。碎石飞射，黄沙没头盖脸地倾泼过来，大家互相拉扯着一脚高一脚低地奋力移动。抬起这只脚，另一只沙土已没到脚腕，如果原地不动，很快就会被沙子埋住。张学德担心有谁失散，转身来朝天鸣了三枪，前后鸣枪回应，都朝枪声的方向靠拢。

　　还好，这只是沙暴的边沿，时间不长，便过去了。沙暴过后，大家睁眼一看，本来在眼前的沙窝不知去向，原地鼓起一道沙梁，周围的丘陵地貌完全改变了面貌。怪不得这里不能修路。大家惊魂未定时，却见黑云漫天压地而来，声声炸雷惊天动地，闪电划破天空，穿破前头的沙暴。前边风声未息，后边的暴雨又呼号而至，激起灰白色的水雾，瓢泼大雨裹挟着冰雹遮天盖日地倾泻而下，顿时天昏地暗起来。同学们在课堂上学过尖端放电的道理，此时采用军训时原地防空的方式对付雷电冰雹，互相挽起手臂蹲下围成圈俯下头。衣裳淋透了，水从脖颈流到脚跟，气温急骤下降，冷得发抖。

　　不一会儿，强风携带着黑云冰雹和雷电向远方扑去。西下的太阳立即放出金灿灿的光芒，东南边暮然抛出一道鲜艳的彩虹，从旷野的这一头跨过高空落到沙野的那一头，宛如刚刚冲洗过的彩带，光彩夺目。全队人马聚集在沙丘下，一个个全身湿透沾满沙土，依在一起，无限感叹地望着巧夺天工的大自然。彩虹下滚滚而去的黑云，深红色的沙暴重叠成巨大的天幕，渐渐远去，留下一尘不染的蓝天。

　　天色虽然尚早，但经过这一番折磨，大家已经筋疲力尽。他们在一小片硬土坡上停下来。坡下是一段壕沟，有几棵柳树，一洼水。张玉彬从坡下转上来，说："不走啦，就在这里宿营。"同学们诧异，在这荒无人烟的地方怎么宿营？好像要回答他们的疑问，突然从土坡下冒出来几个衣衫褴褛的妇女和小孩，好奇地上下打量这些分不清男女的人。原来他们已经站到人家屋顶上了。

　　这种屋子非常简陋，近似远古时代。沿土坡掘坑开槽，上面搭几条小椽木，铺上荆条，再覆盖上泥土便是家。这个"村庄"，有一洼水，几棵树，两三户人家。一家几口人，睡一条炕，盖一张破被，半缸混浊的饮用水，一只大锅，灶台下放一堆牛马粪。几家合用一头老黄牛。这些生活在地平线以下的人，蓬头垢面，面色憔悴，身上带股牛粪味。问起国事，根本不知今日之世是哪朝哪代。

为了给服务团腾出地方，村民搂起破被褥便走，几家挤到一起去了。李队长本事不小，要粮派伕都是他出面，不知从哪里弄来柴火粮米，大家烤衣裳，凑合一顿饭，人不解衣，马不下鞍，浑浑噩噩群居了这一夜。

第二天，拂晓便出发，几个村妇提着牛粪筐，站在坡顶上，指着不远处冒着烟的地方说："后半夜那里来了一帮子土匪，抢走了大烟土，离开不大一会儿。"学生大吃一惊，出发前老听说有土匪，没想到离得这么近，假如土匪昨夜闯到他们这里，那又将如何呢！

虽然已经到了伊克昭盟，可是还没看到草原，所见之处是"天苍苍，地茫茫，飞沙走石太荒凉"，没碰上一个行路的。难得碰到一个"村庄"，也不过几棵树，几户人家而已。这一带是蒙汉杂居的地区，时间长了相互影响，汉人不像汉人，蒙古人不像蒙古人。太阳特别毒，将土地水分晒干，变成不沙不土的荒地。偶尔下一次阵雷雨，也必夹带冰雹。这里种地是碰运气看天气，春天将鸦片或芝麻种子撒进地里，便不管了。男人们离开家到外边闯荡，能挣多少挣多少。收割时回来，能收多少就收多少。这里主要产物就是鸦片，抽鸦片，贩鸦片，交租用鸦片，帮伙抢鸦片。贫瘠的土地，泛滥的鸦片，将这里变成没有希望的地方。

走在这片贫瘠荒芜的土地上，他们心情十分沉重。可是谁都没有预料到，远远的地平线上竟然出现一派金光。走近一看，却是一片气势宏大的喇嘛庙。庙宇富丽堂皇，庙顶上斗大的铜球光芒四射，沉重的锤鼓向四方送出威严的声响。

离远看，庙外的高处恍如有一群牛。走近了才看出是一群喇嘛。他们都穿大黄袍，下摆垂到脚面，束根红腰带，脖颈挂着长串珠，一声不响地打量着向大庙走来的服务团。有两个会说几句蒙语的同学打前站，向他们说明是来宣传抗日救亡。可是这些人即不知道什么是日本，也不知道为什么抗日。有的喇嘛正说着话，突然就地打个旋蹲下去，一会儿起来走开，原来是大小便。这些佛祖殿堂的宠儿，大都还在青壮年期，营养充足身体健壮。忽然发现了队伍中的女同学，兴奋得手舞足蹈，用蒙语喊叫着女人！要不是学生带着枪，说不定就冲过来了。

喇嘛庙殿堂巍峨，雕梁画栋，镏金镀银，匾帐如云。供台上点满了一层一层的长明灯，后殿的粮房满仓，一排十几只大缸盛满了油。一只大陶缸常年盛满浓郁的红茶，外边用特制的毛毡包裹保温。喇嘛庙里的执事人，拥有超越王法的特权。喇嘛庙的一切日用均由四乡供俸，极度贫穷的老百姓，异常虔诚地倾其所有供奉神灵。土匪不抢喇嘛庙，官兵不进喇嘛庙。而这次对这些青年学生破例，不仅让他们进庙参观，还给每人尝了一碗浓茶。

"铛，铛，铛……"锤鸣鼓响了，喇嘛纷纷披上袈裟入座。学生们退出庙院。"吭啷"一声，一扇布满青铜蘑菇钉的漆黑大门，在他们身后关上了。

整天辛苦劳作的大众穷到极点，却省吃俭用供奉喇嘛们念经，同学们议论纷纷。

战地服务团经过二天的行军到达距东盛四十里的团部所在地，住进一家庄主的城堡。到达时暮色朦胧，主人安排卸下行李，提来大桶大碗羊汤莜麦，让同学们大快朵颐。饭后同学们被领进一排分割成小间的长工房。墙上挂油灯，门角立几根木棒，当屋放一只便桶。土炕烧得热烘烘。出面支应的是几个长工。一再嘱咐夜间一定把门关紧，不管听到什么动静，绝对不可开门。

油灯熄灭，一切落入黑暗中。片刻后听见外面有很多人走动，"咔喇咔喇"一阵枪栓推上子弹的声音，脚步四散走开。接着敲响了铜锣，有人拉长声音高声吆喊："放狗啦！放狗啦！"

锣声和喊声刚刚息静。突然，一派狗群狂奔怪叫的声浪掀翻了整个城堡。不知道有多少狗在外面奔跑，厮打，嚎叫，撞得门扇猛烈晃动。在屋顶上翻滚，利爪抓得屋顶哧哧响。偶尔有狗从屋顶上重重落地，"吱吱"怪叫。"咣，咣咣……"打更的梆子却不紧不慢地在城头上安然游荡，将学生们带入梦乡。

黎明时分，随着一阵吭长的吆喊，狗又疯狂地叫起来，然后，就安静下来。接下来是门户打开，人们开始走动的声音。城堡远不如喇嘛庙那么大，但是黄土构筑的堡墙倒也厚实，城头土堡垒构成交叉火力。这里是屯集粮草的寨堡。一排一排长工房，一幢一幢蘑菇顶粮食仓，后院一排是豢养狗群的地方。近百名监管长工，每人佩发一支步枪。日间留下十多人守护，晚间回来轮班上城，巡逻守夜。坐北向阳几间砖瓦平房，住一个干瘦老汉儿是这里最高的总管。问他管辖内有多少田亩，牛马和羊群？他说不清。

年轻人好奇，想要一睹狗群的阵容。总管唤来"狗官"，笑着吩咐他："去，带他们同你的弟兄们见见面。""狗官"就是养狗的头头，中等个头，粗壮的身躯黝黑的脸，小辫子在头上盘了几圈，一身油垢斑斑的旧衣裤，穿双长筒马靴，腰系毛线带子，握一把长皮鞭，那副趾高气扬的样子好像不是管狗的，倒是像管人的。

尚未接近狗房，"汪！汪！汪！"暴起一派恐怖的吼声。狗群扑过来，前爪趴在栏杆上张开血盆大口，龇着牙，眼放凶光，身躯高过人，一纵一纵地急着要跳出来，栏杆摇晃得吱吱响。同学们吓得不敢靠近。"狗官"高傲地瞟了他们一眼，挥起长鞭"啪"的一声脆响，狗群立即退下，乖乖儿蹲在各自位置上。歪着头，垂下长舌头，讨好地瞅着"狗官"，等待他的指令。

这里大约有四十多只狗，按母系分窝，一个个愣头愣脑肥大如牛犊。狗舍收拾得干净整齐，铺着厚厚的谷草。饮食，粪便有人专职打理。狗的生活比周围的老百姓高贵得多，舒适得多。"狗官"同人说话笨拙得结结巴巴，但是在狗的面前则威风凛凛一呼百顺，让同学们刮目相看。

这里距东盛只有半天的路程。因为东盛驻军的李营长外出，两三天后才能回来，所以服务团要在这里休整，活动两三天。

团部和东盛县政府就驻在附近。这个团部实际上是远在榆林的团部派出的临时机构，是东盛驻军同后方的联络站。团部负责军官是李团副，他弟弟就是谎称丢了钱，差点让张学德蒙受不白之冤的李世雄。王郭斌同李世雄关系不错，临行时要他写了一封信带在身上。

王郭斌和张学德一安顿好，便向团部走来。团部驻地在城堡外东北角的高地上。同城堡互为犄角，在机枪射程之内。这里屋舍马厩，适宜于军营，可容纳更多的兵马。其地形利于防守，也便于撤退，比羊圈式的城堡机动得多。哨位也是隐蔽的。他们刚跨入警戒线，一声"站住！"已在刺刀尖下了。

他们报上姓名，传令兵跑步去报告。

李团副同关县长正在谈论战地服务团，上级的通报中点到张学德和王郭斌的名字，怀疑是危险分子。李团副听了传令兵的报告，没好气地说："娘卖屁，说曹操，曹操到。带进来！"

他俩进屋，见一文一武两个官儿对坐炕桌前，态度甚为傲慢。他俩按军训中对待长官的规格，行了十五度鞠躬礼，落座在指定的长条板凳上。团副同其弟长相差不多，但外貌打扮没有那么随便。一身军装中规中矩，标准的军人光头。关县长五十多岁，身材修长，穿着地方官员的灰制服，大背头，八字胡翘起，后脑勺扁平，正宗东北人。

王郭斌向李团副拱拱手："李世雄托我两个带信问候兄长。"递上信去。团副看过信，态度马上友好起来，微笑着问："请问二位，对时局有何主张？"这既是了解服务团此行的目的，也是对他们的探测。

张学德用国民党地区通行的语言讲述了延安的主张：退让就是纵敌，妥协无异于投降。敌人兵力分散，打不赢持久战，只要团结抗战，中国不会亡，最后一定胜利。王郭斌从国家兴亡匹夫有责说起，从东北沦亡华北陷落，讲到老百姓流离失所时，引用了王明的一段讲话，说对敌人只有抵抗到底才有希望，同时，他对李团副在东盛战斗中的作用做了过大的夸奖。李团副越听越高兴，挺直腰咬紧嘴唇激动起来。

"好的，说的好！"关县长频频点头。

"好样的！"李团副大为赞赏。

"我们是否可以同士兵弟兄们见个面？"王郭斌乘兴提出，这是他们事先没商量过的。

"好！让弟兄们也见识见识。"团副立即喊来特务排长领他们去。

团部有一个特务排，一个通讯班，一人一匹马，一条马枪，一支驳壳枪，四枚手榴弹。人员精干，武器精良，平常同外界不接触。骑兵爱马，排长首先领我们去马棚看马。这些马似乎都认得排长，见到他，立即活跃起来，摆耳朵，刨蹄子，抖鬃毛，甩尾巴，仰起头伸出嘴，眼睛活灵活现地甚是可爱。排长摸一把耳朵，马儿高兴地抖一下身子，生龙活虎跃跃欲腾。

特务排全副武装就地坐，全身装备沉甸甸，离开马是走不动的。一个个精神抖擞英武昂扬。张学德向士兵表达了战地服务团前来向他们慰问。请弟兄们自己讲在东盛战斗中亲身体验。他们虽然没直接参加战斗，但在战区进行了侦察通讯联络活动。几个战士用简短单纯的话讲得真实生动，王郭斌对他们大加赞赏，说全国将士都如你们这样，抗战必然胜利。场面甚为欢快。

下午县政府送来整羊，莜麦面，一小桶酒。随后政训员，李队长陪着关县长，李团副前来慰问服务团。这一下寨堡热闹起来，所有的人都出来，在主管所住的瓦房前举行联欢会，关县长，李团副，张玉彬都发表慷慨激昂的讲话，在互相见面握手时，张玉彬特别将那几个家庭地位高的同学逐一介绍，借以提高身价。这两个官儿也不敢怠慢，抱拳谦逊，"幸会！幸会！辛苦！辛苦！"大家无拘无束，甚为欢快和谐。

李团副高兴地说，诸位不辞辛苦来到团部驻地，有什么要求尽管提，卑职愿意效劳。荷花小姐朝后甩了一下短发，芳韵夺人地说："寄信难呀，团部能否从军邮上代为转递？"团副哈哈大笑，"小事一桩，包在我身上。"

官员们高高兴兴地走了。学生们全羊配大碗酒狂欢起来，直到夜幕降临，狗群出了笼。

这一天过去了，不知张玉彬在何处过的夜。第二天出现在他们面前，宣布今天到四乡去宣传。服务团划成几个小组，由大兵保护分头下乡，枪支弹药集中起来，留在堡子里。王郭斌夜间开始腹泻不能出去，同有病的"杨木匠"留下。

大约近午时分，守护城堡的长工，从城头上下来，懒懒散散地在堡子里信步浪荡。寨门半开，有几个留在碉堡上瞭望的，也在打盹。因为土匪不在这时候出来。

突然，一百多土匪骑兵，冲起一道黄尘，疾风般地突进城堡。迅速控制了各个要点，防止有人出去到军营报信。土匪在各个房间里搜索枪械弹药，他们来到王郭斌两人所在的长工房，一脚踹开门，看见服务团的枪支弹药便扑上去。

"大哥，听我一句。"王郭斌看土匪无意伤人，胆子大起来，拦住一个要说话。

"娘卖屁，想怎？"土匪叱喝。

"这几支不是庄主的，我们是宣传抗日的学生。给我们留下吧。"

"娘卖屁，老子不管谁的，借去用用。"土匪一把推开他，抱起枪就走。

"大哥，我有话呀，我有话……"王郭斌同"杨木匠"尾追出来，扬手呼叫。押后的匪首拉住坐骑，转过身勒马提枪，大声喝道："娘卖屁，活够啦？！"

"我们是抗日救亡的学生，都拿走，我们的安全没保障啊，交个朋友，留下吧。"王郭斌央求说，"江湖弟兄义气为重呀。"

匪首第一次碰见敢向他要枪的，对他的勇气挺有好感："哼，算你有种，好吧，给你留一支。"纵辔跑出一箭之地，扔下一支枪，一带子弹。

土匪不敢久留，一声呼哨翻身上马，从进寨到出寨也就片刻工夫，沙暴般地疾驰而去。

王郭斌拣来枪，精疲力竭地垂下头，落魂失魄走不稳，回味方才眨眼间的那一幕，仿佛白日噩梦。还好，服务团所有人都安全，也算有惊无险。

第三天，战地服务团收拾好行李，行李放在牛车上，还有几匹军马，停在一旁。"杨木匠"背上仅有的那支枪，同学们整好装，站好队，预定出发的时间已经过了，才见张玉彬和那几个官员出现。

张玉彬背着他的枪，在队前宣布："战地服务团的任务已经完成，东盛不去了，今天开始往回走。"他喊口令要大家向后转。

"不，不行！"张学德走出行列大声说，"我们的目的地是东盛，已到附近了，你又要向后转，不行，我们一定要到东盛去"

"不到东盛决不回头！"同学们齐声响应。

"唉唉唉，你怎啦？"王郭斌抢上前来对张玉彬说，"你得了什么病？一次一次的向后转，到了东盛门口，岂能不去？"他转过身来问同学们，"向后转还是到东盛去？"

"到东盛去！"同学们又呼喊响应。

土匪光天化日之下敢突袭城堡，让张玉彬惊慌不已，现在只剩下一条枪，再往前走，碰到土匪怎么办？他望望政训员和李队长，希望他们出来说话。可是他们只是面面相觑一声不吭，因为他们并没有接到命令，只能让学生自行决定。张玉彬急得跺脚，带着泪冲着张学德他俩说："霉王八，不要命的，张爷爷这条命给你们搭上啦，东盛就东盛，骨头丢在那里没人替你们拣。"他咬紧嘴唇跺脚，"走！到东盛去，爷爷豁出来啦。"

同学们都笑了，王郭斌瞅着他说："你张铁脚原来是泥捏的！"

他哭不得笑不得："去你奶奶的。我算倒了八辈子霉，跟上你两个要命鬼。"

牛车马首都调转过来，服务团向东盛前进了。

271

48 东盛保卫战

　　东盛城不大，从这头可望到那头。人不多，一小片平顶土房。但是土城却十分坚硬，从底到顶没用一块砖石，全是黄土夯成。日本鬼子率领伪军近千人。骆驼队驮着三天的给养弹药，拖着几门山炮，从包头渡过黄河，来到东盛。东盛守军一个营，不到六百人，只有一挺重机枪，几挺老式轻机枪，没有防空炮火，主要武器是七九式步枪，手榴弹，炸药包。孤军驻守，附近没有增援部队，而且中国军队也极少有增援的先例。按照日军的经验，飞机扔几颗炸弹，大炮轰一通，国军便会溃退，日军根本没有准备硬打。

　　东盛的东郊有一个高地。距城墙不到五百米，可以居高临下控制土城。日伪军未发一枪一弹便占据了这个战略要点。高地上交通沟和掩体纵横交错，但是空无一人，敌军更断定守军无意苦战，于是故意放开西门不围，给守军留一条逃路。敌人从容不迫地布置好火力开始进攻。先是招来两架飞机，低空盘旋，俯冲，扫射，向城内投了几枚炸弹。没想到，炸弹下去如同掉进泥坑里，即没有惊天动地的声响，也飞不起弹片。两门山炮轰击城墙，土城墙只掉落几块土皮，好不容易打出一个小缺口，很快被沙袋堵住。轻重机枪射过去仿佛被城墙吞噬得无声无踪。敌军两次攻城，刚接近土城，机步枪子弹夹着手榴弹雨点般地打下来，只得缩回来。守军既不投降也不撤退更不出击，硬是固守顽抗。

　　本来上级的要求李营长略做抵抗即可机动转移。他明白，保存实力是顶要紧的，但是不抵抗便撤退对民众不好交代。等到和敌人一交手，他发现敌军也没有传说的那么可怕。便放手打退了几次进攻，居然坚守了三天三夜，大大超过了要求。他观察到敌人在调整部署，是不是又要攻城？他立即派出一个连，趁着夜色从西门出去，控制西南方向的一处高地，准备掩护撤退。天刚拂晓，这个连到达高地，打出三发信号。敌军望见信号甚为惊恐，不知道是哪里来的增援部队。立即下令倾其所有火力，向守军轰击，城内几处起火，城头硝烟弥漫，士兵连续作战数日，已是极度疲倦，情况十分危急。李营长下令将手榴弹揭开盖集束起来，准备在敌人攻城时全部投出，然后在硝烟和爆炸声中撤退。

突然，敌人的炮火停止。按照惯例，炮火轰击后便是攻城，李营长命令部队准备迎战。等了一会儿，城头上各处报告，没发现敌人。他甚为诧异，摸不清敌人玩的什么诡计。派出侦察兵。很快得到报告：敌人已撤退，驼队在前，大炮重武器居中，骑兵押后，正在快速北去。原来，打到第三天，敌人的粮秣弹药所剩不多，最难过的是带来的水快喝光，附近却找不到水源。这么多人马离不开水，又怕有援兵杀到，于是放弃攻城。

"娘卖屁。"李营长骂了一句走出碉堡，穿上胎羊皮大衣，带了两个马弁，兴高采烈地策马出城登上东边高地，拔出二十响快慢机，朝敌军撤退的方向"咯，咯，咯……"连发两梭子，高声叫道："娘卖屁，跑得快，下次胆敢再犯，把你们统统歼灭！"说完，纵马回到营部，向团部和师部发告捷电报。杀猪宰羊，开怀畅饮醉卧营房。

这一仗保住了东盛，稳定了西北战局，确实是劳苦功高。李营长的声望暴涨，在他面前，什么团副，县长，党部书记，特派员等等都不在话下。

风尘仆仆的青年迈着时代的脚步来到这个边陲的老县城。李营长看到这些朝气蓬勃的青年人，精神为之一振。部队久住此地，枯燥无味。经过这次战斗，士兵辛苦了，上边没来视察，也没人慰问，官兵有怨言，他也不满意。正好，这些男女青年学生前来慰问，宣传抗日，满可以活跃一下，提高士气。

东盛城仍然留着那场战斗的痕迹。大炮在城墙上轰开的一个弹洞透着光，上头空悬着岌岌欲落的土块。小县城虽然有一段街道，但没有生活气息，也不见居民的活动。只有几个应差的民夫和士兵接待服务团。

抢先到达的李队长，政训员及张玉彬已向李营长做了报告，服务团一进县城便分别进入指定的住地。

这个李营长的弟弟是张学德的同班同学李合章,和他的友谊颇深,出发前写了一封信给张学德,要其兄多加关照。张学德和王郭斌放下行李便去见李营长。李营长听政训员介绍过这两个人是"激进分子",感觉来者不善。吩咐两个随身马弁出去"迎接"。两个马弁提着二十响快慢机,警惕的目光在他俩的身上迅速搜索,打了个请进的手势,一个前导一个押后跨进室内转入耳房,一个留在门口,一个守在侧角。

李营长坐在炕沿上,两脚踏着灶台,面向门口,右手旁放一支勃朗宁,他铁青着脸严阵以待。

张学德和王郭斌向李营长行了十五度军礼。他点了一下头,示意可以随便坐。他们扫了一眼面前的阵势,泰然若定,依着炕沿而立。

"你们的团长已来过,二位找我有什么要说的吗?"李营长的语气生硬。他违反内务条例准则,在室内戴着军帽。

"服务团没有上下级,我们都是平等的同学,团长带队伍,但不是长官。"王郭斌说。

"钦,团长总是团长嘛,一个团体不能没有纪律。"李营长不赞成。

"团长来是接洽工作,我们来是个人拜见。"张学德接上说。

"嗯。"他有点勉强,"有何见教?"

"岂敢。"王郭斌说,"抗日战争爆发以来还没听说哪里的守军打退敌人保住了城市。李营长在东盛做到了,陕北军民受到了极大鼓舞……"王郭斌知道军人都喜欢听战功,这么说即是投其所好,也是真心地赞扬。

"这一仗不仅保住了东盛,而且稳住了西北战局。"张学德也是由衷地赞扬,"以少胜多,敌人还有飞机大炮呀。"

李营长高兴了,话匣子打开了,情绪高昂地讲他如何指挥作战,如何坚守城池。讲着讲着,突然想起他弟弟也在榆中:"你们是几年级几班?认识我弟弟吧?"

"我们是合章的同班同学。"张学德拿出信递过去。李营长看过信,高兴地舒口气,埋怨地说:"这,这为啥不早拿出来呢?你们是合章的朋友,也就是我的朋友呀。"

战地服务团，在东盛活动了三天，李营长派出通信兵四处传令。蒙汉两族的人，当作支应官差从四处赶来参加集会，观看学生演出。送来牛羊白酒慰劳部队，也慰劳服务团。士兵出动搭起台棚，参加集会的一百多人，有骑马的，有坐大车来的，大概周围几十里能来的都来了。讲演，演出节目，呼口号，这在东盛是从未有过的场面。

东盛的活动圆满结束。张学德同王郭斌又提出，既然已经来到昭盟，能不能去蒙古族集居的地方看看？李营长同意，指定了一个居民点，但命令不得再越出一步，不得超过一天的时间。

战地服务团离开东盛，来到东盛西北相距十五里的高家窑。这里十几户人家全是泥土房，在这一带算是大村庄了。但还不是蒙古人集居的地方，不远处另有三四户人家的小村子，那才全是蒙古族人，但定居在泥土房里，没有蒙古包，脱离了游牧，也汉化了。

服务团到达不多时，便来了一个神秘人物。他骑一匹小黄马，穿着地方官员的灰军装，腰间别支勃朗宁手枪。随从骑匹黑马，带支驳壳枪。一个自称是保长的人，弯腰打躬地忙不迭跑上前迎接，一口一个"特派员辛苦。"李队长在此人面前变成了小灰猫，小心翼翼地不离左右，送他进入专设的小房间，马弁在外头遛马做警戒。

他是榆林来的特派员，属于中央特工系统的人，是"通天人物"，军人、党部、政府部门的事他都可干预。他有特殊的任务，也就有特殊的权力。他对服务团非常感兴趣，提出要和同学开座谈会。他吆三喝四，杀鸡宰羊，忙得保长晕头转向。说是座谈，实际上是他自己滔滔不绝，不知他是有意还是无意地掀开一角内幕，倒是引人入胜。

他说昭盟有七个旗，各旗都有自己的武装，中央也管不到他们。其中达拉旗的势力最大。日本在这个旗长期潜伏着一个特务，是会说蒙语的牧羊人。平常少言寡语，被看作是可靠的奴仆，升到总管，随便出入旗府内外。日本人占领包头后他突然不见了。不久却以日军特使的身份出现，煽动达拉旗归附日军，要组成伊克昭盟政府，成为满蒙政府一个部分。有人同意，有人反对，昭盟动荡起来了。

特派员奔波于各旗之间，争取他们联合抗日。蒙古族人崇拜天神，听了他的话犹豫不定，于是在达拉旗召开了七个旗的头目大会，由大喇嘛登坛祭神，挑选来一黄一黑两头牛，黄代表汉，黑代表蒙，拴在祭坛前的两根立杆上。众喇嘛分列左右，大喇嘛在高坛上诵经祈祷。待到诵经上达天庭，从外面带进来一个蒙住眼睛的人。这个人手执匕首，站在两头牛面前。要他原地快速左转三圈，右转三圈，然后用匕首刺牛，若刺中黄牛就象征汉人气数已尽，应该反汉。刺中黑牛则说明反汉不吉，应该反日。刺牛的结果也决定特派员的命运，若刺中黑牛，他将是座上宾，若刺中黄牛，他当下便会被活埋。结果是天赐大幸！黑牛挨了一刀。那些本意想叛离的蒙古头人，这一刀泄了气，都耷拉下头，但也不甘罢休，硬说此人的心不诚。于是换了个人，又来第二次。结果又是刺中了黑牛，神意不可违呀，于是驱逐了日本特使。日本人不甘心，派兵来进攻东盛。如果日本人占领了东盛，人心就会不稳，昭盟可能就不属于我们的了。所以这一仗打得好，太重要了。

听他这么一说，同学们恍然大悟。怪不得日本人跑到大漠里来攻打这么个小城。原来东盛在昭盟有这么重要的地位，东盛保卫战的胜利真的是意义重大。

不过，特派员说，现在达拉旗仍然不稳，还是脚踏两只船。头人撒出人收揽土匪，日本间谍活动猖獗，喇嘛也蠢蠢欲动，高家窑属于达拉旗的地方，再往前走非常危险。他大侃一阵后说有要事，拱手上马带人向北驰去。

同学们登上高地放眼望去，茫茫荒野，丘陵起伏，干枯的黄土丘陵酷似沉浮在洪流中的枯尸，而在如此荒凉的地区，却演绎着敌我双方你死我活的斗争，这片广袤而贫瘠的土地，如何才能恢复新的生机呢？

同学们虽然不知道特派员的话有多少水分，但也都明白这个地方非常凶险。"夜长梦多"，所有的人都认为该返回了。他们当天立即动身，踏上回程路，刚一上路，便都归心似箭了。

49　胜利归来

他们为了绕过沙漠，避开土匪出没的地面，回程多走了一天路。这几天为了同学的安全，不准掉队，不准单独行动。张玉彬打前站，李队长押后，一路上无大波折，终于脱离了多事的地区，来到安全地带。同学们都松了口气，三三两两走在河滩潮湿的沙土路上，放慢了脚步，歌声笑语荡漾起来。

他们回到沈木西北的小盆地。只不过相隔十几天的时间，这里已是盛夏了。林木繁茂，田园绿油油地遮蔽了田埂，几只雄鹰在高空盘旋，唳唳长鸣。同学们忽然发现前头灌木丛间冒出一大片绿色，宛如巨蟒在窜动。原来是徒步前进的大队士兵，草绿色新装，帽檐起伏，军旗飘动，排成四路纵队快速前进。同学们立在路旁，观看这支庞大的军队。

服务团回到沈木，又住进小学。这次小学没停课，只是腾出宿舍让他们住。书声，铃声，歌声，服务团的学生们又回到了他们熟悉的世界。还没坐稳，当地政府就来找服务团了。原来68师师长高成山，陕北的最高长官要来沈木了。

沈木县地方小，拿不出像样的欢迎阵容。政府官员知道，榆林的这些中学生，在张学良，杨虎城，汤恩伯这些大人物眼里也是有分量的。高成山驾到，服务团正好来到本地，何不是天意？于是，服务团便成了欢迎队伍中主力军，排在最前头的最前头，张玉彬举着服务团的旗子，站在最显眼的位置上，张学德，王郭斌和贺红荃三个队长在他身边，又特意拉来几位漂亮的女同学烘托气氛。大家挺胸直腰眼睛盯着城门洞。

"高师长到！"有人高喊，大家一阵紧张。又说还没来。又喊了几次到，又紧张了几次，又说没来几次，把人们揉搓得疲累难支。

"来啦！来啦！真来啦！"伏在城垛口瞭望的人远远看见，回头大声呼喊通知下面，下面的人接着紧急传报，一声接一声，开头是破嗓门呼叫，后来压低了声，最后则是急促的小声："来啦！真来啦！真的来啦。"

在一片寂静中，城门洞冲进来三个疾驰的骑兵，一个勒住马，战马双蹄立起，原地打了个旋，立马一旁。另两个骑兵马不停蹄继续跑，穿过站立在街头欢迎的人群。

接着，大队骑兵从城门洞涌进来，走在前面的正是高成山。那个立在道边的骑兵举手行礼，大声报告："报告师长，前边有学生队伍欢迎！"报告完毕，策马追前去了。

高成山勒住缰绳下了马，身后一大片士兵忽地一声同时翻身下马。高成山全副戎装大步走在前头，来到学生战地服务团面前，行了一个军礼。

服务团的团长走前一步，行个军礼："学生张玉彬。"

高成山认出这个多次在球场上大出风头的足球队长，将军胡间露出一抹笑意："驴入的，认得你。"

"学生王郭斌！""学生张学德！""学生贺红荃！"他们依次敬礼报告。

将军打量了他们一眼，笑了笑："驴入的，学生娃娃们，在外头闹啥？快回学校好好念书去。"说完跃上马背。

"谢谢师长教导！"他们同时行礼致谢。

师长在马上向欢迎的地方官员招一下手。脚跟刺了马一下，战马长嘶，撒开双蹄起跑，几十匹战马奔腾起来，沉甸甸的冲锋枪，驳壳枪，子弹带，马刀，发出沉重的声响，闪烁着威严的光，掀起一股惊心动魄的风暴穿城而过。

"哈，还认得我老张哩。"张玉彬狠狠拍了一下大腿。

张学德见过延安的红军，完全没有国民党军队的这种排场，武器装备有着天壤之别，可是在战场上倒是红军打胜仗，看来国军这些虚头巴脑的东西是中看不中用的。

战地服务团加快返回榆林的速度。从沈木到榆林，走的时候用了两天，回去却一天就到了，而且天色尚早。服务团来到北门前，看见北门外的一片沙梁上，聚起迎接的人群，三个学校很多同学都来了。

同学一涌上来，含着热泪在相互拥抱，拳头捶打，几个围着一个，抹眼泪，拍打尘土。大家有说不完的话。张玉彬举起团旗，让所有同学都加入服务团行列，排成四路纵队，踏着整齐步伐，唱着义勇军进行曲，喊着雄壮的号子，意气昂扬地走进古城，踏街入巷，来到榆中校内的前院。待大家排成横队庄严立正。张玉彬站在队前，用颤抖的声音宣布："同学们，榆林中等学校抗日救亡战地服务团，完成任务，胜利归来了！我宣布，这面旗子将交给学生会，战地服务团的活动到此结束，解散！"

"胜利！胜利！"同学们欢呼着解散了，互相握手，眼圈里噙着泪依依告别。

同学们回校后便投入毕业考试前的复习和补课，以为战地服务团的事情都结束了。岂知过了十几天，战地服务团东盛之行不知道为什么忽然得到重视，政府通知要召开榆林各界庆祝东盛作战胜利和欢迎战地服务团胜利归来大会。校场滩搭起讲台，前来集会的部队，学生，政府和各界人士近千人。张玉彬又打起战地服务团的旗子，服务团成了全场注视的中心。

战地服务团去古府的那部分学生也"归队"了。他们去古府好吃好喝地玩了几天便回榆林，当时还很是得意，可是现在所有的荣光都落在去东盛的学生身上，这让他们追悔莫及。在这个集会上，不管当时支持服务团还是反对服务团的"各界人士"都悉数出席，相继登台亮相，发表慷慨激昂的讲演，高呼抗日口号，表明他们对服务团做了毫无保留的支持和保护，用赞扬服务团的成功来表明他们对抗日救亡的真诚和尽力。王郭斌也跳上台去发表讲演。他充分发挥了宣传鼓动的技能，讲得生动有力，博得一片掌声。

庆功大会几天后，地下共产党员，国民党68师驻延安办事处主任严方卓回榆林述职。他约张学德和王郭斌去城内的东山坡上会晤，传达了特委对他们工作的肯定，特别表扬了他们组织战地服务团并且成功完成了使命。

至此，战地服务团的活动获得了国民党和共产党两方面的认可，促进了抗日救国运动，算是完美结束。

50　走出无定河

　　天色近午，种田的人们纷纷地从地里回家吃午饭。这时候，宕岔北庄来了一个城里人，向人们打听张学德家，可是没人知道谁是张学德。正为难时，有一个和学德上过小学的人路过，这才知道张学德就是"三叔"家的小放。于是大家簇拥着他来到张子招家。这个城里人从坡跟下"噔噔噔"走上来，看到这破旧不堪的窑院，他疑惑地问："这是张学德家？"周围的人齐声说是。那人才登上院口，放开嗓门拉长声儿叫："张老先生大喜啦！令郎张学德先生中学毕业哩！"

　　张子招正在家里准备午饭。忽听外面有人喊。喊一遍，什么先生令郎的，不知道喊谁。喊二遍，听上去好像是喊他家，听到喊第三遍，老两口才慌慌乱乱地迎出来。就见一个城里打扮的年轻人，双手举一张展开了的大喜报，冲着老人长揖作拜，说："恭喜！恭喜二位，快来接喜报！"

　　张子招不是第一次接喜报，知道是好事，双手颤抖着接过来，卷起交给老伴。来人从挎兜里掏出三个装了火药的铁炮，摆放在院口，弄好药捻，取下别在耳朵上的烟卷，划根火柴点着，摆手叫人们闪远些。

　　"更！更！更！"三声炮响，铁炮蹦起，激起三股黄土，震得破窑洞簌簌掉土，院里院坡底下看热闹的人齐声叫好。送喜报的人本来是赶着吃午饭来的，可是瞧着这家院的模样，也就没了吃饭的心思。按规矩送喜报的人应将喜报贴上墙，他瞧瞧那疤癞不平的墙面，放弃了。只是坐在灶台上，不进家，也不走，慢悠悠地吐烟圈。张子招知道他在等着赏钱，只是一时摸不出来，将手伸进肚兜里挖肠翻肚摸出一元白洋来，双手捧过去。城里人瞟了一眼，不肯接，张子招说："高高手吧。"乡亲们也说情，城里人无可奈何地拿下钱，不高兴地走了。几个后生找来高粱秆一破两半，用干树枝削了一把木钉，搭上人梯，将喜报钉在窑面土墙的最高处。

张子招面对喜报，啼笑皆非。要说穷，宕岔数他最穷，地是租的，窑洞是破的。要说惨，宕岔数他最惨，两个女儿一个儿子都没了。可是，要说喜报，宕岔南庄北庄都算上，就数他家的喜报最多。他家门口的三响铁炮，比大财主刘汉玉家的刘壁还多一次咧。可是他是啥家境？人家是啥家境？儿子确实争气，城里"洋学堂"读到中学毕业，可惜他生在这个穷人家，能顶个啥？对于种庄稼的受苦人，读书是祸害，人读废了，心读野了，连娶来的婆姨也不要了。张子招心里明白着呐，小放读了那么多书，宕岔肯定是留不住了。他深深地叹一口气："养儿养女有啥用嘛？到头来一场空哟！"

张子招预料的不错。学德毕业后面临着各种选择，但确实没有选择留在宕岔种地。中学毕业生在陕北非常稀少，在城市里找个工作并不难，国民党和共产党也都在拉拢和争夺这些知识分子。但是，张学德和王郭斌早就联系妥当，十几天后便带着一批进步毕业生去延安，上抗日军政大学。

毕业分别的时候到了。尽管家庭背景不同，但是同学就是同学。大家在学校朝夕相处共同学习，没有真正的利害冲突，没有地位高下之分，同学之间的友谊是单纯的。同学们合影留念，互相留言，握手告别！但是，中国正处于动荡之中，对外有抗日救国，对内有国共之争，时代的潮流将同学们推向不同的方向。

毕业是永难忘怀的惜别。毕业是走向未来的大分野。毕业是政治信仰的分道扬镳。

女师毕业典礼一结束，就纷纷地被家人接走。贺红荃和艾素箐几个女生已经约定和张学德他们去延安。艾素箐和张学德以暂时分手的心情促促别离，岂料她未能冲出家庭这一关。其父是地主兼富商，对共产党有反感，知道她看中了一个穷小子，要去延安会面，大发雷霆，坚决反对，把她控制在家。多年以后他们再次见面，已经物是人非了。

张学德拿到毕业证书。来到文印室，要开一张去西安报考黄埔军校的护照，这样可以避免在到达延安前被国民党扣押。管文印的拓先生是张学德的亲戚，年逾花甲，久坐文案弓了背，架副老花镜，穿件褪了色的长衫，迟疑地问："何必去西安？"

学德知道他亲共，明白他的意思，低声说："要路过延安。"

拓先生会意地点点头，知道学德家穷，问："路费够吗？"

"有两元钱。"

"等一等，等一等。"他搁下笔，摸出手章，开了一张纸条，转进会计室，从一月八元的薪水中取来四元塞给学德，"拿上，没多的，路上多留点心。"张学德确实需要钱，万分感激地收下，向拓先生深深鞠了一躬，踏上回宕岔的路。

张学德进村时，太阳尚未落山，可是他感觉却是从白日陡然进入了黄昏。早上还在"现代化"的城市里，周围是朝气蓬勃的青年同学，喊的是为国家为民的口号。现在却回到封建落后的小山村。窑洞，草棚，村路，断墙头，显得零落破败。沟壕里，村坡间散乱着枯骨，烂鞋，鸡毛，柴草。印象中金碧辉煌的庙宇也变得黯淡无光。村头院畔上，平常聚人的地方，只见几个捏着旱烟袋的老人，合住眼皮在树荫下懒洋洋地打盹。

学德来到自家的窑院。坡跟下的小井泉，依然汩汩溢流。坡上有麻雀出没的痕迹，家鸡在土坡当中卧出几个窝。院口的榆树长出不少嫩绿的新叶，好像是欠着身子，伸出一条枝干来迎接他。院前残墙外边的牵牛花，伸出蔓头，热情地望着他。张学德跑进窑院，静悄悄不闻人声。他一眼看到窑壁上的大喜报，感觉不可思议，没想到校役居然跑这么远来送喜报。他拿出长大成人的模样，轻嗽一声，踏着稳重的脚步跨进家门。

学德的母亲正在家里拜佛。自从栓柱遇难，她就把自己囚禁在破窑院里不出来。做饭，喂鸡，打扫家，手不停，脚不停，这样好受些。尽管佛爷从未向她施舍慈悲，而她对佛的信念，一如既往毫不动摇。她仍然跪在佛台前一日三叩首，早晚一炉香，净手敬佛，合掌诵经夜间坐功，从不间断从不懈怠。她祈求佛爷放过小放，让她承担一切灾祸，阿弥陀佛！

突然，她听到外面有动静，一只手托住炕沿，倾着身子吃力地睁大右眼，问："谁？小放？"

"娘！"学德喊了一声，扑到她怀里。

"咿呀！小放，快叫娘看看！"母亲掬着他的脸，急切地抚摸着，用特有的嗅觉从儿子的气味和鼻息中探知他的变化，高兴地说："长大了，没受罪，在外头没惹出什么事吧？"

"没，没有嘛。"学德笑着宽慰她，"放心吧，我长大啦。"

"娘就怕你长大了，心野了，在外头惹事哦。"母亲长吁口气回头望望炕角，"地窨子还通着呢。娘不放心哦！老佛爷保佑，再不敢有什么事嘛，阿弥陀佛。这回不再念书了吧？"

"不了，念到头啦！"

"收住心吧，咱这家……"

水缸里的鱼儿"乓"地蹦起。这是七年前学德从冰窟窿中抓来的，现在已长到一掌大了，母亲像照料娃般地养护着。窑洞墙壁高处的燕巢里，老燕子祖护着几只已经会飞的小燕子。母亲怜爱地说："一共四只小燕儿。"

寡嫂回来了，她将野菜筐搁在门台上，朝学德打招呼。她四十刚过便花白了头，一心一意俸侍摇摇垂暮的两位老人。挑水下地，挖野菜，背炭推磨，挽犁杖，都靠她了。

张子招拄挂根湿漉漉的柳树杈，背着一小捆柳树枝，梢叶遮住了白发零乱的头。吃力地走上院畔的陡坡。刚刚登上了小坡头，就听到窑院里有熟悉的声音。学德跑出来，接下他背着的柳树枝。张子招携带着一股野草味混合着陈旧的粪土气味，紧紧搂住学德，让他顿时沉浸在父爱之中。

学德的视野被外部世界放大了，初回来时看什么都小了脏了。两天过后，宕岔在他的眼里又恢复了原状，庙脊上的兽头昂首翘尾，关帝庙院的两根旗杆，直指苍穹。山村小道蜿蜒曲折，通向山岭起伏的广阔天地。小井泉明亮的泉水，从彩色斑斓的石缝里涓涓潜流，井水清澈见底，沁人心脾。

田地里没什么活了，他挑满了水缸，鱼儿随着注入的清水欢腾跳跃。墙那边牵牛花，经他一收拾，又开出几朵粉红的喇叭花。他清扫院子，挑来新土垫子小坡，给小羊搭起个凉棚。又背回来一百多斤炭块，破窑院明亮了，老人的脸上出现了喜悦。

几天过后，凉爽的晚上，村里静下来，张子招燃着艾绳，一家人坐在院子里。

"念了这些年书，今后有什么打算？"张子招知道这是早晚要说的事情，"我看呀，这家养活不住你，你也养活不了这个家，总得有点出息哦！"

"你老人家们老了，我不忍心撇下嘛！"学德真心地说，"可是，留下来就算守得住家，也守不住穷嘛。"

"守在家里又是一个受罪的。"张子招恨恨地说，"咱家是被人欺侮惯了的。你姐，你哥，都没活好，抬不起头哟！"他深深地叹了一口气，"你窝在家里陪我们受罪，也没人说好，还会找碴。我同你娘老了，哪里黑了哪里休，你不用管我们，还是出去闯吧，这世事得变一变。"

"是嘛，守在家里也是担惊受怕，外边世面广，出去闯吧，常回来看看我们就行，想你哟。"母亲居然也赞同，

两位老人主动提出让学德出去闯，而且一直不提接媳妇，显然他们已经商量过了。他们当然希望学德留在身边，但是他们从惨痛遭遇中明白，走出去才有活路。

宕岔是国民党统治区，学德知道去了延安就很难再回来，而且参加革命就得有掉脑袋的准备，也许永远不会回来了。他抓紧时间在宕岔到处看看，要把这里的一切记在心里。他到山野，去看曾经割过草的地畔，砍过柴的崖头，曾经租种过的黍谷地。环顾四野重重山岳，黄土地升腾起热烘烘的气息，遍野都是碧绿庄稼。黍谷吐出长穗，正在扬花灌浆的时节，山风吹来，绿波涌动，送来阵阵黍谷的清香。他扑簌扑簌地落着泪，感受着乡土难离的痛苦。他来到古城坡上找到哥哥栓柱的坟墓。坟头上长了几株蒺藜，蔓条交错覆盖坟堆，上面又缠绕了黄灿灿的无根草，无根草丝丝蔓蔓伸出无数触角将蒺藜一扎一扎地死死缠住，难分难解。他默默地说，哥，你太冤了，可是你当初的选择没有错。他弯下腰来拔掉坟头上的杂草，填了几把新土，深深的鞠躬告别。

为了不让父母过早地痛苦，直到要走的这天，学德才告诉他们。

张子招嘴唇哆嗦着："总得走，走吧。没法子，你大啦，照顾好自己。"他叹口气，"我们，哪里黑了哪里休，命哟！命哟！"母亲伸出手颤抖手，上下抚抚着他："叫娘再看看，再看看，说走就走，这就要走啦？"她喃喃地说，"常回来看看，想你哟！"

学德将拓先生给的四元钱留下，强装笑脸转身走出家门。他不敢回头，跑下小坡，跳过小溪，爬上宕岔庄村边的高地，在一片谷田地头上停住。回首远眺，他家院前短墙依稀可辨，父母的身影隐约间似未离开。他跪倒田头，放声痛哭，抽咽着朝父母的方向磕了三头。起身朝无定河畔走去。

学德沿着无定河东去三十里，到了王郭斌家。这么一个深宅大院，这么大的家业，他也舍得放弃，这让张学德相当佩服。王郭斌已准备好行装，学德一到，起身就走。他母亲和妻子抱起儿女立在门台上，眼巴巴地看着。他摆了摆手，没回头，就离开了家。

渡过无定河便是镇川堡。镇川堡是绥榆公路上的军事重镇。公路穿街而过。街面有几家大商号。国民党军的团部大本营在这里驻扎。设有岗哨，有士兵巡逻。这里富户多，读书的多，为官的多，有几位同学约定要同他们一同去延安。他们为了防止意外，绕开街道，转到堡外东北角上被一道山梁掩蔽的独家庄院。

这是朱厚启的家，庄院并列两套，气派宏大，胜过王郭斌家。刚一接近，一阵凶猛的犬吠，就听一声断喝，立即安静下来。朱红大门一开，朱厚启迎出来。进门一看，他妻子身着旗袍风韵绰约，落落大方礼仪可嘉。长工，羊倌，厨娘，家犬，骡马，粮仓，一派殷实富户的气派。在学校不显他，只不过爱好音乐，拉胡琴，吹唢呐。而在家却是说一不二的一家之主。夫人旁敲侧击地说，过去是她管家，现在先生毕了业，这个家全交给他了。言外之意就是这个家离不开他。饭后来到门前的黄土山梁上，山梁从西向东，横在大庄院前，天然照壁，风水宝地。在山梁上大半个镇川堡和通向米脂的公路，近在视野之下。长工在树荫下铺好毛毯沏好了茶，他们几个坐下讲话。朱厚启说，他现在走不了，需要多几天把家安置好，随后到延安找他们。这也难怪，这么大的家业怎么能说走就走？提到镇上几位同学，王郭斌说："你们等着，我去找他们来。"便跑下山梁去。不到一顿饭的工夫，他慌慌张张返回来。

"走，快走。"他抓起行李，拽起张学德就走，只留下莫名其妙的朱厚启。

"你说呀，出了什么事？"

"要抓我们，躲开再说。"

他们跨越公路，穿过一片高粱地，跳下无定河的老岸，隐住了身，透过青纱帐，观察着公路上动静。王郭斌依着河岸歇一会儿，才把气缓过来："都变卦了，被父母，老婆，家业，牵住了腿。都是一句话，让我们先走，他们以后来找我们。我们来的消息早就传出去了。张连昌你知道，张团长的儿子，比我们低一班的，他叫我们快走，晚了便走不脱了。"

正说着，窥见公路上一小队骑兵疾驰而过，向村子里冲去。他俩赶紧沿着无定河疾走。无定河水西移，这里空出一段沙土河滩，沙滩一面倾斜，他俩一跛一跛地沿着河岸走。大约过了一顿饭的工夫，又看见那队骑兵拉开距离，逡巡着缓缓返回。估计是扑空以后回来追捕他们的。

等到骑兵走远，他们转上公路，直奔米脂县城。黄昏时刻，他们进了米脂，这里是八路军的警备区，他们从此脱离了国民党统治区，走向延安，投入了革命的洪流。

其他本来计划去延安的同学，有的人留下来延续家族的财富和地位，有的人去西安求学，有的投了国民党，有的几经周折还是去了延安。人各有志，趋舍异途，正耶？误耶？成乎？败乎？

历史将做出判定。

后　记

　　这是关于我爷爷和父亲的故事，是民国后期一个陕北普通农民家庭的真实经历。我应该是没有见过爷爷的，因为我没有一点印象。实际上，我对父亲也知之不多。一方面是父亲的工作很忙，很少有时间和我们聊天。另方面，父亲在一个接一个的政治运动中总是"跟不上形势"，以至于他不敢在我们面前"乱讲话"，生怕我们年幼无知说出去，那会惹来大麻烦。记得在"文革"初期的造神狂热中，父亲无意中当着我的面说："毛主席是伟大，但不是神。"这句话在当时足以打成"现行反革命"了。听他这样说，我很吃惊，母亲却已经是惊恐了。她再三嘱咐我，父母在家里说的任何话，都不许在外面说！显然父母都有"地下工作"的经验，从此再也听不到他们谈论"国家大事"了。

　　父亲曾经说老家很穷，但我是不太相信的。在我接受的教育中，旧社会穷人家的孩子只能背着柴火或者拿着放羊鞭子，无比羡慕地聆听课堂里的琅琅读书声。上学，那是所有穷人家孩子梦寐以求但却不可能实现的梦想。父亲不但能读书，而且能读到中学毕业，就算穷也穷不到哪里去吧？

　　读过我父亲写的回忆录《平凡的历程》，才知道我"熟悉"的那个历史并不真实，起码是不全面的。原来在旧社会，穷人家孩子面临的问题不是穷得上不起学，而是"强迫教育"必须上学，甚至在陕北那样的偏远农村也不能"幸免"。国民政府，军阀和"土豪劣绅"都出钱出力办教育，还发放"贫寒学生津贴"，这一切颠覆了我对民国时期的刻板印象。

　　《平凡的历程》真实地展现了民国后期陕北农村多灾多难天灾人祸的社会现实，揭示了当时农民那种看不到尽头的穷，没有翻身希望的穷。这也许是当时社会发生了天翻地覆变革的深层原因。

《平凡的历程》是对那个时代"的原生态"记录。真实地描述了当事人的经历和对社会的观察和认识。《平凡的历程》大约36万字，我选择了部分内容，改编写成小说，谨以此纪念我逝去的父亲和那些曾在苦难中挣扎在奋斗中前行的先辈们。

2021年6月20日父亲节，温哥华

CPSIA information can be obtained
at www.ICGtesting.com
Printed in the USA
BVHW031032030721
611101BV00001B/29